Jüdische Schriften aus hellenistisch-römischer Zeit

Jüdische Schriften aus hellenistisch-römischer Zeit

Herausgegeben von Werner Georg Kümmel
in Zusammenarbeit mit
Christian Habicht, Otto Kaiser,
Otto Plöger und Josef Schreiner

Band V · Lieferung 4
Gütersloher Verlagshaus Gerd Mohn

Jüdische Schriften aus hellenistisch-römischer Zeit
Band V

Apokalypsen

Josef Schreiner: Das 4. Buch Esra

1981
Gütersloher Verlagshaus Gerd Mohn

Die Abkürzungsverzeichnisse
befinden sich in der ersten Lieferung dieses Bandes

ISBN 3-579-03954-7
© Gütersloher Verlagshaus Gerd Mohn, Gütersloh 1981
Gesamtherstellung: Mohndruck Reinhard Mohn OHG, Gütersloh
Printed in Germany

Josef Schreiner
Das 4. Buch Esra

Inhalt

Einleitung

1. Zur Einführung

Diese pseudepigraphische Schrift ist nach Esra benannt, der hier als Dialogpartner des Engels Uriel und Offenbarungsempfänger fungiert. Ihre Zählung als viertes Buch Esra verdankt sie der Reihenfolge der Esrabücher in der lateinischen Bibel (Vulgata), wo Esdras I das kanonische Esrabuch, Esdras II das Buch Nehemia, Esdras III den apokryphen Esra (eine durch drei Texte erweiterte Auswahl aus dem Ende von 2 Chr, sowie aus Esr, Neh), Esdras IV die von den christlichen Büchern V (= Kap. 1; 2) und VI (= Kap. 15; 16) gerahmte apokalyptische Schrift bezeichnet. Darum beginnt die von der Vulgata eingeführte Kapitel- und Verszählung dieser Schrift mit Kapitel 3 und endet mit Kapitel 14. In ihr erzählt der Apokalyptiker Esra sieben Visionen, die er im 30. Jahre nach dem Untergang Jerusalems (587 v. Cr.) in Babel gehabt habe. Die Visionen 1–3 sind Dialoge, die mit kurzen Angaben über visionäres Erleben gerahmt sind, in 4–6 schaut der Seher Gesichte verschiedenen Inhalts und in 7 erhält und erfüllt er einen Offenbarungsauftrag: Zuerst (1. Vision: III 1–V 19) fragt Esra, warum Zion zerstört sei, andere Völker und insbesondere Babel, deren Taten schlechter waren, erhalten blieben und mächtig sind. Der Engel antwortet, daß der Mensch das Walten (die Wege) Gottes nicht begreifen kann und auf die Lösung im kommenden Äon warten muß. Wiederum geht der Seher (2. Vision: V 20–VI 34) von der Tatsache aus, daß Gott sein erwähltes und geliebtes Volk den Völkern preisgegeben habe und fragt nach dem Plan und Verfahren, die dahinterstehen. Er erhält die Antwort, am Ende erst, das nicht ferne sei, werde Gottes Ziel und Verfahren in Rettung und Heil der Gerechten offenbar. Nun möchte Esra (3. Vision: VI 35–IX 25) wissen, warum denn diese (die Israeliten) noch nicht die Welt als Erbe besitzen, die ihretwegen geschaffen worden sei. Der Engel verweist auf die kommende Welt als das Erbteil Israels, bezeichnet die gegenwärtige Welt als mühsamen Durchgang, der im Halten des Gesetzes gemeistert wird, und verteidigt die Tatsache, daß verhältnismäßig wenige dies können und so zum Heil gelangen. Darauf erlebt Esra (4. Vision: IX 26–X 59) im Gesicht, das ihm gedeutet wird, die kommende Verherrlichung Zions in Gestalt der trauernden und plötzlich zur herrlichen Erscheinung Zions verwandelten Frau. Dabei gibt er als Gesprächspartner der Frau dem Entschluß Gottes, der das Gericht über sein Volk verhängte, recht, wird mit der Aussicht auf die künftige Herrlichkeit belohnt und den Seligen zugerechnet. Die Erscheinung eines aus dem Meer kommenden Adlers (5. Vision: X 60–XII 49) und eines aus dem Wald hervorkommenden Löwen schließt sich an, in der die Macht des vierten Weltreichs, sein Vergehen und sein Verschwinden unter dem Gerichtswort des Messias dargestellt wird. Danach sieht Esra (6. Vision: XII 50–XIII 56) einen Menschen, den Messias, aus dem Meer aufsteigen, der ein feindliches Heer durch den flammenden Hauch seines Mundes vernichtet, ein friedliches aber, die zehn Stämme Israels, zu sich ruft und sie beschützt. Schließlich (7. Vision: XIII 57–XIV 48) wird Esra seine bevorstehende Entrückung angekündigt. Er diktiert unter göttlicher Inspiration die bei der Zerstörung Jerusalems verbrannten heiligen Schriften und vieles andere, was ihm geoffenbart wird, fünf Schreibern vierzig Tage lang. 94 Bücher werden geschrieben, von denen 24 veröffentlicht, 70 aber geheimge-

halten und nur den Weisen übergeben werden. Eine Schlußnotiz berichtet die Entrük-
kung Esras.

2. Text und Übersetzungen

IV Esra ist nicht in der Originalsprache erhalten geblieben. Es ist in lateinischer, syri-
scher, äthiopischer, zwei arabischen, armenischer und georgischer Übersetzung über-
liefert; hinzu kommt ein Fragment in sahidischem Dialekt (Teile von XIII 40–46).
   Die lateinische Übersetzung (= Lat) wird in einer Reihe von Handschriften gebo-
ten. Die jüngste kritische Ausgabe der Lat von R. Weber[1] legt folgende zugrunde:
A = Codex Amiatinus (Amiens, Bibl. mun. 10, s. IX)
S = Codex Sangermanensis (Paris, Bibl. nat. Lat. 11505, a. 822)
C = Codex Complutensis (Madrid, Bibl. de la Univ. Centr. 31, s. X)
M = Codex Mazarinaeus (Paris, Bibl. Mazarine 4, s. XI)
E = Codex Epternacensis (Luxemburg, Bibl. Nat., s. XI)
l = (León, Archivo catedralicio 15, s. VII) in IV 67–VIII 52.
Ein wichtiger Zeuge ist auch c = Vulgata Clementina.

Violet[2], der zum Teil andere und weitere Hss in seiner kritischen Ausgabe heranzieht,
faßt AS zu φ (fränkische Gruppe) und CM u. a. zu ψ (spanische Gruppe) zusammen,
da AS einerseits und CMEl andererseits tatsächlich näher miteinander verwandt sind.
   Die oratio Esdrae (VIII 20–36), die auch als Canticum im Brevier verwendet wurde, ist in zahlreichen weiteren Hss überliefert. Hier bieten MEl eine andere Rezension, die Bensly[3] im Anhang nach dem Text von M bietet, Violet[4] in Herauslösung der
Gruppe ψ neben φ abdruckt, die Ausgabe von Weber[5] aber nicht notiert; sie wird in
den Anmerkungen bei VIII 20–36 als Lat[2] von Lat[1] unterschieden.
   Die syrische Übersetzung (= Syr) ist nur in einer einzigen Hs auf uns gekommen,
die von A. Ceriani in der Bibliotheca Ambrosiana entdeckt und in Band V fasc. 1,
S. 41–111, der Monumenta sacra et profana 1868 ediert wurde. Ceriani fertigte eine
lat. Übersetzung der Syr (1866) in Monumenta sacra et profana I, 2, S. 99–124, an,
die bei Hilgenfeld[6] abgedruckt ist. Eine neue kritische Ausgabe hat R. J. Bidawid[7] vorgelegt.
   Die äthiopische Übersetzung (= Äth) wurde zuerst von Richard Laurence[8] und

---

1. Robertus Weber: Biblia Sacra iuxta vulgatam versionem, Stuttgart 1969, tom. II, p.
1934–1967.
   2. Bruno Violet: Die Esra-Apokalypse, 1. Teil: Die Überlieferung (GCS 18), Leipzig 1910.
   3. Robert L. Bensly: The Fourth Book of Ezra, Cambridge 1895, p. 93.
   4. B. Violet: Die Esra-Apokalypse, 1. Teil, S. 228–239.
   5. R. Weber: Biblia Sacra, S. 1951.
   6. A. Hilgenfeld: Messias Judaeorum, Lipsiae 1869, S. 212–261.
   7. R. J. Bidawid: 4 Ezra ed. in: The Old Testament in Syriac, Specimen editionis, Leiden
1966.
   8. R. Laurence: Primi Esrae libri, qui apud Vulgatam appellatur quartus, Versio Aethiopica,
Oxoniae 1820.

dann von A. Dillmann[9] auf Grund von zehn Hss ediert. Eine lat. Übersetzung der Äth bot Laurence in seiner Edition und Praetorius[10] bei Hilgenfeld.

Eine arabische Übersetzung (= Ar[1]) wurde in einer Hs in Oxford (Bodl., Or. Mss. 251) entdeckt, von S. Ockley[11] übersetzt und von H. Ewald[12] herausgegeben. Eine Kopie dieser Hs liegt in Rom in der Bibl. Vaticana.

Eine zweite arabische Übersetzung (= Ar[2]) ist von J. Gildemeister im cod. Vaticanus Ar. 462 entdeckt, ediert und ins Lateinische übersetzt worden[13], wobei er eine weitere in Oxford befindliche Hs, die einen Auszug enthielt, verglich. Ein bisher unbekanntes Fragment, IV Esra VII 75–91 enthaltend, fand Violet[14] in Paris. Von zwei weiteren arabischen Fragmenten, die er in seiner mehrspaltigen Textausgabe übersetzt bzw. im Original mitgeteilt hat, berichtet Violet[15].

Die armenische Übersetzung (= Arm) ist mit zahlreichen Hss vertreten[16]. Sie ist in der armenischen Bibel[17] gedruckt. Eine lat. Übersetzung von Petermann findet sich bei Hilgenfeld[18].

Die georgische Übersetzung (= Geo), von der Violet[19] berichtet, ohne die Hss ausfindig machen zu können, wurde von R. P. Blake[20] nach einer Hs der Bibl. des Griech. Patriarchats von Jerusalem mit lat. Übersetzung herausgegeben. Das Ms enthält den Text bis VII 59 vollständig, von VII 125–IX 20 lückenhaft. Das zweite noch existierende und ältere[21] Ms der Lavra von Iveron des Berges Athos wurde von R. P. Blake[22] ebenfalls mit lat. Übersetzung ediert, wobei für den in der Jerusalemer Hs enthaltenen Textbestand die abweichenden Lesarten angegeben werden. Die Athos-Hs enthält nur Auszüge aus dem Text: III 1–V 45; V 50–VII 3; VII 76–114; VIII 20–62; XIV 18–24. 27–48. Es fehlen also in der altgeorgischen Übersetzung Teile der dritten (VII 76–95. 114–124; IX 20–25) und siebten (XIV 24–26) Vision und die Visionen 4–6 ganz.

9. A. Dillmann: Veteris Testamenti Aethiopici tomus quintus, libri apocryphi, Berolini 1894, S. 153–193.

10. A. Hilgenfeld: Messias Judaeorum, S. 262–322.

11. S. Ockley, in: W. Whiston: Primitive Christianity reviv'd, vol. IV, London 1711. Eine lat. Version von H. Steiner steht in: Hilgenfeld: Messias Judaeorum, S. 323–377.

12. H. Ewald: Das vierte Esrabuch nach seinem Zeitalter, seinen arabischen Übersetzungen und einer neuen Wiederherstellung, Abh. d. Kgl. Ges. d. W. zu Göttingen, XI 1863.

13. J. Gildemeister: Esdrae liber quartus arabice, Bonn 1877.

14. Siehe B. Violet: Die Esra-Apokalypse I, S. XXXVI.

15. B. Violet: Die Esra-Apokalypse I, S. XXXIX.

16. Siehe M. E. Stone: Manuscripts and Readings of Armenian IV Ezra: Textus 6 (1968), S. 48–61.

17. In der Mechitharisten-Ausgabe der armenischen Bibel 1805 und in der Mechitharisten-Ausgabe der Apokryphen des AT 1896 in Venedig.

18. A. Hilgenfeld: Messias Judaeorum, S. 378–433.

19. B. Violet: Die Esra-Apokalypse I, S. XLI–XLIII.

20. Robert P. Blake: The Georgian Version of Fourth Esdras from the Jerusalem Manuscript, in Harvard Theological Review 19 (1926), S. 299–375.

21. Nach R. P. Blake, a.a.O. S. 299, ist die Jerusalemer Hs auf 1050, die vom Berg Athos auf 978 zu datieren.

22. Robert P. Blake: The Georgian Text of Fourth Esdras from the Athos Manuscript, in: Harvard Theological Review 22 (1929), S. 57–105.

Aus diesen verschiedenen Übersetzungen einen Text zu gewinnen, der dem ursprünglichen Text, soweit es möglich ist, nahekommt, ist ein schwieriges Unterfangen. Es wird noch dadurch erschwert, daß sie alle nicht direkt aus dem Urtext von IV Esra übersetzt sind. Ihnen ging ein griechischer Text voraus[23], aus dem sie geflossen sind[24]. Von diesem ist außer einigen Zitaten[25] nichts erhalten geblieben. A. Hilgenfeld[26] hat eine Rückübersetzung von IV Esra ins Griechische vorgelegt, die einen Eindruck von dem verlorenen Text vermitteln kann und für die Beurteilung der aus ihm gefertigten Übersetzungen nützlich und hilfreich ist. Daß es je eine griechische Fassung unseres Esra-Buches gegeben habe, hat J. Bloch[27] bestritten, doch ohne die für seine Existenz vorgebrachten Argumente zu widerlegen. Mit Recht hat daher M. Stone[28] diese Auffassung abgelehnt, neue Gründe beigebracht und die verlorene griechische Version als Basis für die erhalten gebliebenen alten Übersetzungen bezeichnet. Nach F. Zimmermann[29] wird denn auch im übrigen die Existenz des griechischen Textes allgemein angenommen.

Ebenso ist man heute davon überzeugt, daß der Urtext nicht in griechischer, sondern in hebräischer oder aramäischer Sprache geschrieben war. Dies zeigt sich mit hinreichender Deutlichkeit an Lat, die nicht nur viele Gräzismen aufweist, sondern auch eine große Anzahl von Hebraismen durchscheinen läßt. J. Wellhausen[30] und im Anschluß an ihn B. Violet[31] haben eine Reihe von sprachlichen Besonderheiten festge-

---

23. So bereits G. Volkmar: Das vierte Buch Esra, in: Handbuch der Einleitung in die Apokryphen II, Tübingen 1863, S. 313–317, mit Beispielen für die Wiedergabe des griechischen Textes in Lat; A. Hilgenfeld: Messias Judaeorum, S. XXXVIII–XLVI, ebenfalls mit Übersetzungsbeispielen für Lat Äth Syr Ar¹ Arm.

24. Schon A. Hilgenfeld, a.a.O., vertritt die Auffassung, wobei er nur für Arm äußert: de armenio interprete iudicium ferre non audeo.

25. Es sind: Clemens Alexandrinus, Stromata III, 16, 100 = IV Esra V 35; Constitutiones apostolicae VIII, 7 = IV Esra VIII 23; Const. apost. II, 14 erinnert an IV Esra VII 104f. Siehe R. L. Bensly und M. R. James: The Fourth Book of Ezra, Cambridge 1895, S. XXVII–XXXVIII; B. Violet: Die Esra-Apokalypse I, S. XIV, L–LX.

26. Messias Judaeorum, S. 36–113.

27. J. Bloch: Was There a Greek Version of the Apocalypse of Ezra, in: JQR 46 (1955/56), S. 309–320, 309: »That the original, written in the Hebrew language was translated into Greek is an assumption that does not rest on solid evidence. It is very doubtful whether a Greek text of the Apocalypse of Ezra ever existed.«

28. M. Stone: Some Remarks of Textual Criticism of IV Ezra, in: HarvThR 60 (1967), S. 107–115, 107f.

29. F. Zimmermann: Underlying Documents of IV Ezra, in: JQR 51 (1960/1), S. 107–134: »It is universally admitted that there was a Greek version preceding the Latin« (107). So auch J. M. Myers: I and II Esdras (Anchor Bible), 1974, S. 118: »The consensus is that between the Semitic original and the Latin and other versions there is a Greek translation now lost and upon the basis of which they were made.«

30. J. Wellhausen: Rezension zu: The Fourth Book of Ezra by the late Prof. Bensly and M. R. James in: Gött. gel. Anzeigen 158 (1896), S. 10–13; ders.: Zur apokalyptischen Literatur, in: Skizzen und Vorarbeiten VI, 1899, S. 215–249.

31. B. Violet: Die Apokalypsen des Esra und des Baruch in deutscher Gestalt, S. XXXI–XXXIX. Auch J. M. Myers, a.a.O. 116f. So z.B. die Wiedergabe des hebräischen Inf. abs. mit Partizip neben dem Verbum finitum (pertransiens enim pertransivi III 33 und die gleichen Konstruktionen in IV 2.26 V 30.45 VI 14.32.38 VII 5.14.21.70 VIII 8 IX 1.29 X 32 XI 45 XII 41

stellt, die auf ein semitisches Original hinweisen. Für die Existenz eines aramäischen Urtextes, den auch J. Wellhausen in Erwägung gezogen hatte[32], ist vor allem L. Gry[33] eingetreten. Ihm schließt sich J. Bloch an[34]; er vermutet sogar, daß Syr eine Transliteration des aramäischen Textes in syrische Buchstaben sein könnte. Gegen die von Gry aufgestellte Theorie wendet sich M. Stone[35] mit guten Gründen. Tatsächlich erscheint die Annahme eines hebräischen Urtextes wahrscheinlicher[36]; denn viele Textprobleme lösen sich auf dem Hintergrund des Hebräischen, nicht aber des Aramäischen[37]. Das gelegentliche Vorkommen von Aramaismen, auf die Violet[38] hinweist, spricht nicht dagegen; denn auch die Übersetzer der LXX interpretieren öfter vom aramäischen Wortverständnis her. Die Annahme, es habe eine Übersetzung ins Aramäische gegeben, die dem griechischen Text voranging und seine Vorlage bildete[39], ist nicht erforderlich[40].

Naturgemäß ist jede Übersetzung auch eine Interpretation der Vorlage. Ein Vergleich der erhalten gebliebenen Wiedergaben von IV Esra zeigt dies deutlich. Alle gehen wahrscheinlich auf den gleichen griechischen Text zurück, der allerdings wohl im Lauf seiner Weitergabe eine gewisse Rezensionsarbeit erlebte, so daß die Sekundär-Übersetzungen wohl nicht alle eine im Wortlaut gleiche Vorlage vor sich hatten. Das Problem stellt sich besonders für Ar^1 Ar^2 und Arm, deren Text sich mehr oder weniger stark von dem der anderen Übersetzungen unterscheidet. Die größten Unterschiede

XIV 3), et factum est (*waj^{e}hi* mehr als 30 mal), et erit (*w^{e}hājāh* mehr als 15 mal), vidi et ecce *(wā'erae' w^{e}hinneh* 20 mal, meist in XIII und XI), ecce bzw. et ecce (*hinneh* bzw. *w^{e}hinneh* über 60 mal), ferner eine Reihe von Hebraismen wie si inveni gratiam ante oculos tuos (IV 44 V 56 VI 11 VII 102 XII 7), loquere bzw. dicere in corde meo bzw. suo (III 28 VIII 58 IX 38), cor maris (IV 7 XIII 25.51).

32. In: Skizzen und Vorarbeiten VI, S. 234 Anm. 3.

33. L. Gry: Les dires prophétiques d'Esdras (IV Esdras), Paris 1938, I p. XXVI: »L'original était de langue araméenne.« Siehe die Argumente und Belege p. XXVI–LXXII.

34. J. Bloch: The Ezra-Apocalypse was it written in Hebrew, Greek or Aramaic, in: JQR 48 (1957/58), S. 279–294,294: »It is more likely that the Urtext was in Aramaic and not in Hebrew.«

35. M. Stone: Some Remarks, S. 111: »Gry's arguments based on differences between the versions as reflections of Aramaic variants could be sustained only on the basis of a theory of multiple Greek recensions. Since he does not show the variants to have any pattern in relation to the major grouppings of the versions reacted on other grounds, this seems unlikely ... A theory which maintains that the translators of the versions consulted the Aramaic original but translated from Greek is not persuasive.«

36. Als erster hat Jo. Morinus: Exercitationes Biblicae de Hebraici Graecique textus Sinceritate, Paris 1633, p. 225, dies vertreten. Violet: Die Apokalypsen, S. XXXI, zählt weitere Verfechter dieser Theorie auf und sagt: »Hierbei haben sich, soviel ich sehe, alle jüdischen Gelehrten ... bedingt oder unbedingt für das Hebräische ausgesprochen ... auch die letzten Herausgeber Gunkel und Box denken ernsthaft an das Hebräische.«

37. So F. Zimmermann: Underlying Documents, S. 109, mit Hinweis auf Beispiele.

38. B. Violet: Die Apokalypsen, S. XXXIX.

39. F. Zimmermann: Underlying Documents, S. 109.134.

40. Der Übersetzer kann, wie gesagt, in einzelnen Fällen seiner Wiedergabe ein aramäisches Wortverständnis zugrunde gelegt haben. Sodann muß man wohl auch bedenken, was Violet: Die Apokalypsen, S. XXXIX, anmerkt: »Erstens lassen sich« die Stellen mit Aramaismen »ebensogut hebräisch erklären, zweitens kann das damalige Hebräisch einzelne Aramaismen enthalten haben, ohne darum Aramäisch zu werden.«

weist Ar² auf, für die H. Gunkel[41] deshalb eine andere griechische Übersetzung als Vorlage annahm. Da Ar² aber »sehr wenig treu übersetzt und oft nur paraphrasiert, ausläßt und zusetzt«[42], ist ein solcher Rückschluß recht unsicher; die abweichenden Lesarten gehen dann doch wohl eher auf den Übersetzer der Ar² zurück.

Auch Ar¹ hat zahlreiche besondere Lesarten, so daß auch für sie die Frage gestellt wurde, ob sie nicht einer anderen griechischen Übersetzung folge[43]. Jedoch die Art der Wiedergabe, wie sie sich beim Vergleich mit den anderen Übersetzungen abzeichnet, legt einen derartigen Schluß nicht nahe. Ar¹ interpretiert vielfach und verfährt oft sehr frei.

Noch schwieriger ist die Beurteilung der Arm. Teilweise mit den anderen jeweils wörtlich übereinstimmend, weicht sie oft stark ab, bietet verschiedentlich lange Zusätze[44] und oft einen kürzeren (vgl. VI 5–11.49–52), vielleicht nachträglich aufgefüllten Text[45]. Da armenische Übersetzungen allgemein treu den Wortlaut wiedergeben[46], fragt es sich, ob der Übersetzer einen ganz anderen griechischen Text vor sich hatte oder eine völlig verschiedene Übersetzungstechnik, die auch in einer Bearbeitung des Textes bestand, anwendete – eine Frage, die nach M. E. Stone noch nicht entschieden ist[47]. Aus den genannten Gründen sind Ar¹ Ar² und Arm, wenn es um die Gewinnung des ursprünglichen Textes von IV Esra geht, nur bedingt zu gebrauchen: »Ar¹ Arm kommen nur für einzelne Lesarten in Betracht«, während »Ar² einzelne Notizen liefert«[48].

Am treuesten, was den Wortlaut anbelangt, bezeugt sicherlich Lat den ursprünglichen Text; mit ihr schließen sich Syr Äth Geo gegenüber den übrigen zu einer Gruppe

41. Das vierte Buch Esra, S. 334: »Eine zweite griech. Übersetzung liegt in Ar² vor ... Doch hat Ar² auch Lesarten, die auf die erste griech. Übersetzung zurückgehen, vgl. 7,26.104;9,19, wo er dieselbe griech. Verschreibung hat wie Lat. Der Text des Ar² scheint also ein Mischtext zu sein.«

42. H. Gunkel: Das vierte Buch Esra, S. 334. B. Violet: Die Apokalypsen des Esra und des Baruch, S. XXIV, meint, daß zur Erklärung »die Annahme von Randnoten in der gleichen griech. Übersetzung vollauf genügen« würde; »und diese Randnoten könnten von dem einen griech. Übersetzer herrühren«.

43. Siehe die Bemerkung bei B. Violet: Die Apokalypsen, S. XXIV.

44. Nach V 11.14.35.36.40; VI 1.20.38.54; VII 139; VIII 1.41.61; IX 3.16.21. Hinzu kommen zahlreiche kleinere Zusätze, besonders in V; VI; VII 39–42.

45. B. Violet: Die Apokalypsen, S. XXV, zitiert das Urteil Marquarts: »Ich bin zur Überzeugung gekommen, daß Arm. keine vollständige Hs eines Esra vor sich hatte, sondern nur Auszüge, Vorlagen, aus denen er dann später einen zusammenhängenden Text herstellen wollte. Dabei ergaben sich – zur Herstellung des Zusammenhangs – oft umfangreiche, selbständige Einschübe aus Bibelstellen.« Vgl. die Auffüllungen in III 16–20.24f.; IV 24. R. P. Blake: The Georgian Version of Fourth Esdras from the Jerusalem Manuskript, in: HarvThR 19 (1926) S. 299–375, 314 hat Marquarts Urteil für völlig richtig gehalten.

46. M. E. Stone: Some Features on the Armenian Version of IV Ezra, in: Le Museon 79 (1966), S. 387–400, 400; ders.: Some Remarks on the Textual Criticism of IV Ezra, in: HarvThR 60 (1967) S. 107–115, 113.

47. Some Remarks, S. 113. Arm läßt z.B. die Worte »Messias« oder »Sohn« aus: VII 28f.; XIII 32.37.52; XIV 9 (so Stone, a.a.O. S. 114) und setzt die 1. Person der Gottesreden in die 3. um (Stone: Some Features, S. 393).

48. H. Gunkel: Das vierte Buch Esra, S. 334.

zusammen, wobei Syr der Lat am nächsten steht[49]. Syr neigt eher zu Paraphrasen und Zusätzen als Lat. Äth liebt noch mehr die umschreibende Wiedergabe, steht aber in manchen Lesarten Lat näher als Syr. Geo[50] ist wahrscheinlich aus dem Armenischen, nicht jedoch aus der überlieferten Arm, mit der sie nichts zu tun hat, übersetzt. Sie ist mit Äth verwandt, so daß wohl beide auf den nämlichen griechischen Archetyp zurückgehen. So ist Geo mit der von Lat angeführten Gruppe verbunden. Dieser Gruppe muß das größte Gewicht bei dem Versuch, den ursprünglichen Text wieder zu gewinnen, gegeben werden[51]. In den Fällen, in denen Lat Syr und entweder Geo oder Äth übereinstimmen, sind die Chancen groß, daß der Konsens die ursprüngliche Lesart bezeugt[52]. Entsprechend wird bei der folgenden deutschen Übersetzung verfahren. In den Anmerkungen wird eine Auswahl von Lesarten[53] aus den alten Übersetzungen geboten, insofern sie zu dem von der Gruppe Lat Syr Äth Geo bezeugten vermutlich ursprünglichen Text in Beziehung stehen und wichtige Informationen zu seinem Wortlaut oder Inhalt enthalten.

3. Aufbau und Quellen

IV Esra stellt sich selbst als einen Bericht bzw. eine Darstellung von sieben Visionen vor, die ein und derselbe Seher erlebt hat. Allerdings unterscheiden sich die Visionen 4–7 nach Form und Inhalt erheblich von 1–3. Diese sind bloße Dialoge mit knappem visionärem Rahmen; 4–7 enthalten ausgedehnte Visionen, neben denen das Gespräch zwischen dem Engel und Esra zurücktritt. In den Gesprächen der Visionen 1–3 kommen verschiedenartige apokalyptische Stoffe zum Tragen; 4–7 sind jeweils im Thema einheitlicher gestaltet. So erscheint die Frage, ob IV Esra ein einheitliches Werk sei und aus der Hand eines Verfassers stamme, als berechtigt. Hinzu kommt die Bemerkung in III 1 »Salathiel, der auch Esra heißt«, die möglicherweise zwei verschiedene Autoren nennen könnte.

Nach einzelnen Versuchen, diesen oder jenen Abschnitt dem Verfasser von IV Esra abzusprechen[54], hat R. Kabisch[55] es unternommen, das Buch in mehrere Quellen und

---

49. J. Wellhausen: Rez. zu: The fourth book of Ezra ..., in: GGA 158 (1896), S. 10–13,12: »Der Lateiner und der Syrer ergänzen sich in erwünschter Weise; jener hat sich im Ganzen enger an die griechische Vorlage gehalten, dieser aber sie meist weit besser verstanden; jener ist vielfach unlesbar, dieser fast überall recht lesbar.«

50. Siehe dazu R. P. Blake: The Georgian Version of Fourth Esdras, S. 305–318, dessen Beurteilung hier wiedergegeben wird.

51. So mit Recht auch M. E. Stone: Some Remarks, S. 115.

52. So R. P. Blake: The Georgian Version of Fourth Esdras, S. 318, dem man nur zustimmen kann.

53. In der Regel werden sie nach Violet und R. P. Blake: The Georgian Version of Fourth Esdras, zitiert. Für den vollen Text der alten Übersetzungen muß auf diese beiden Werke verwiesen werden.

54. C. Clemen: Die Zusammensetzung des Buches Henoch, der Apokalypse des Baruch und des vierten Buches Esra, in: ThStKr 71 (1898) S. 211–246, 237, bietet folgende Übersicht: »Eine größere Einschaltung fand im vierten Buch Esra, nämlich in 7,25–8,19 zuerst Vogel (Commentatio de coniecturae usu in crisi Novi Testamenti 1795, 52ff.), dem sich Hilgenfeld (Die Propheten Esra und Daniel 1863, 30ff.; Messias Judaeorum 1869, L ff.; Zeitschr. f. wiss. Theol. 1876, 432ff. 1886, 145f.) durch Ausscheidung wenigstens von 7,45–115 anschloß, während Ewald (Gesch. d.

einen Redaktor aufzuteilen. Er unterscheidet: S (eine Salathiel-Apokalypse): III 1–31; IV 1–51; V 13b–VI 10.30–VII 25.45–VIII 62; IX 13–X 57; XII 40–48; XIV 28–35; E (eine Esra-Apokalypse): V 1–13a; VI 11–29; VII 26–44; VIII 63–IX 12; A (die Adler-Vision): X 60–XII 40; XIII 57f.; M (die Menschensohn-Vision): XIII 1–53a mit verschiedenen Zusätzen; E² (ein Esra-Stück): XIII 53b–56; XIV 1–17a.18–27.36–47. Hinzu treten eine ganze Reihe von Zusätzen eines Redaktors, der diese Quellen vereinigt und zum vorliegenden Esra-Buch gestaltet hat. Entsprechend verschieden sei die Abfassungszeit: S nach 100 n.Chr. in Rom; E um 30 v.Chr. in Jerusalem; A um 90 n.Chr., durch einen Zeloten verfaßt; M in pompejanischer Zeit in Jerusalem; E² gleichzeitig mit S; R sei ein Zelot um 120 n.Chr. Kabisch, dem G. H. Box[56] folgt, trifft seine Quellenscheidung nach inhaltlichen Gründen, wobei er »die Stoffmassen des Buchs im allgemeinen richtig unterschieden und einzelne gute Beobachtungen gemacht« hat[57]. Von der Form und Struktur des Textes aus wird nicht argumentiert[58]. Aber es fragt sich, ob man von der Verschiedenheit der apokalyptischen Stoffe und Ideen her, selbst wenn Spannungen vorhanden sind oder zu bestehen scheinen, auf verschiedene ursprünglich selbständige Quellen schließen darf. Dagegen spricht schon der durchgehende Aufbau der Visionen in einer ständig wiederkehrenden Dialogform einer Reihe von Gesprächsgängen[59], auf die hier jeweils in den Anmerkungen zu der unten gebotenen Übersetzung hingewiesen wird. Die Dialogform wird selbst in den Visionen 4–7 nicht ganz verlassen.

Neuestens hat E. Brandenburger[60], der (2.1) einen Überblick über »Literarkritische Lösungsversuche: die quellenkritische Konzeption« gibt, mit neuen überzeugenden Gründen für die Einheitlichkeit von IV Esra plädiert: Der Verfasser des Buches hat »mit außerordentlichem literarischem Geschick in einer überzeugenden Darstellung« durch die 4. Vision die disparat erscheinenden Teile Vision 1–3; 5–6; 7 zusammengebunden. »Bis in den Beginn von visio 4 hinein steigert sich die Disputationshaltung Esras als Widerpart der Offenbarungsreden des Engels. In der Eingangsklage von visio 4 ist also die literarische Zuspitzung des Dialogteiles präsent. Vom anderen Ende her

Volkes Israel VII², 1868, 69,3) vielmehr nach 7,101 eine Lücke annahm. Anderseits hielten Noack (Der Ursprung des Christentums I, 1857, 357ff.) und v. Gutschmid (Zeitschr. für wiss. Theologie 1860,52) Kap. 11f. für später, Dillmann (Sitzungsberichte der Berliner Akademie 1888, 215ff.) wenigstens Kap. 12 für überarbeitet.« »Neuerdings hat de Faye: Apocalypses juives (1892), S. 111, A. 1, in der dritten Vision eine Reihe von Stücken universalistischer Haltung bezeichnet, die unmöglich jüdischen Ursprungs, sondern christliche Einsätze sein müßten (7,45–74. 102–115. 127–819.9,14–22)«, so H. Gunkel: Das vierte Buch Esra, S. 350.

55. Das vierte Buch Esra auf seine Quellen untersucht, Göttingen 1889.

56. IV Ezra, S. 551.

57. H. Gunkel: Das vierte Buch Esra, S. 351.

58. W. O. E. Oesterley: II Esdras (The Ezra Apocalypse), Westminster Commentaries, ed. by W. Lock and D. C. Simpson, London 1933, S. XII, wirft Kabisch vor: »but neither gives adequate grounds for the assumption«.

59. Wie K. Koch: Esras erste Vision. Weltzeiten und Weg des Höchsten, in: BZ N.F. 22 (1978), S. 46–75, und im Anschluß an ihn W. Harnisch: Der Prophet als Widerpart und Zeuge der Offenbarung. Erwägungen zur Interdependenz von Form und Sache im 4. Buch Esra, III Anhang, nachgewiesen haben.

60. Die Verborgenheit Gottes im Weltgeschehen. Das literarische und theologische Problem des 4. Esrabuches.

schiebt sich in visio 4 die Rolle Esras als Repräsentant der apokalyptischen Weisheit herein. Zugleich wird dieses spannungsvolle, von zwei Seiten her aufeinandertreffende Gegenüber im Mittelteil von visio 4 durch das Mysterium der Verwandlung Esras zur Lösung gebracht. In der Person Esras hat der Verfasser die volle Spannung des Gesamtwerkes ... zusammengehalten« (3.8, 7. Abschnitt). Die einheitliche Konzeption des Buches zeigt sich nach Brandenburger (4.1 nach Anm. 6) insbesondere an den Rahmenstücken, die die einzelnen Visionen eröffnen (III 1–3; V 20–22; VI 35–37; IX 26–28; X 60 + XI 1a; XII 51 + XIII 1; XIII 57–XIV 2a) und schließen (V 13–15; VI 29–34; IX 23–25; X 50–59; XII 35–40a; XIII 53–56) sowie an den Zwischendialogen (X 27b[29]–39; XII 3b–9; XIII 13c–24 und V 16–19; XII 40b–50). »Die Rahmenstücke zeigen grundsätzlich Konstanz in ihrer Struktur« (4.2, 1. Satz), weisen aber auch Variationen auf, die »auf die Hauptzäsuren im Gesamtwerk zwischen visio 3 und 4 sowie 6 und 7 hin«-weisen. »Sie gliedern das Werk also deutlich in einen Dialog-, Visions- und Testamentteil« (4.22 Ende): Vision 1–3; 4–6; 7.

Sicherlich hat der Autor von IV Esra apokalyptische Vorstellungen, Traditionen und Stoffe aufgenommen, die zum Teil schon feste Form angenommen hatten[61]. Am ehesten könnte man bei der Adler-Vision und bei der Menschensohn-Vision an eine schriftliche Vorlage denken, die übernommen und in das Werk eingebaut wurde[62]; doch zwingend läßt sich das nicht beweisen. Bei der Adler-Vision spricht dagegen, daß sie anscheinend erst später nachträglich überarbeitet worden ist.

Der Verfasser von IV Esra hat in seine Visionen und in die Dialoge, die sein Werk auch formal bestimmen, Abschnitte eingebaut, die von anderen Redeformen geprägt sind, wie Geschichtsüberblicke (III 4–36; VI 38–59), Parabeln (IV 13–21.40–42.48–50; V 46–49.52–55; VII 3–14.51–61), Klagen (III 28–36; V 28–30; VI 55–59), Gebete (VII 132–139; VIII 6–16.26–36), Schilderungen der Herrlichkeit Gottes (VI 1–6; VIII 20–24) und des Endgerichts (VI 25–28; VII 26–44; VIII 52–54), Aufzählungen von Zeichen (V 1–13; VI 18–28; VII 26–33; IX 1–3), hymnische Auslegung zu Gen 1 (VI 38–54), hymnische Darstellung der Erwählung Israels (V 23–27), einen Midrasch zu Ex 34,6f. (VII 62–69), Familien-Novelle (IX 38–X 4), Esra-Legende (XIV 18–49)[63], Visionsschilderungen und deren Deutung (in IX 20–XIV 49). Hinzu kommen Anklänge an andere Redeformen: Das weisheitliche Lehrgespräch hat sicher auf die Dialoge eingewirkt. Zusammenfassungen der Gesprächsinhalte erinnern oft an weisheitliche Sentenzen; Reflexionen, wie die Weisheit sie kennt, sind eingeflochten.

»Esra« hat ein in der Darstellung sinnvoll voranschreitendes Werk geschaffen[64], das

61. Zu diesem Schluß gelangt auch C. Clemen: Die Zusammensetzung, S. 245, in seiner Auseinandersetzung mit Kabisch.
62. Nach Oesterley: II Esdras, S. XII, hat es »four independent literary pieces« gegeben, die miteinander durch einen Redaktor verbunden wurden: III–X; XI–XII; XIII; XIV. Der Verfasser von IV Esra hat sicher mehr als nur redaktionelle Arbeit geleistet; er hat die übernommenen Stoffe, soweit möglich, seinen Interessen gemäß gestaltet und sie innerlich verbunden. – M. E. Stone: The Concept of the Messiah in IV Ezra, in: Suppl. to Numen XIV (1968) S. 295–312, 303, meint zu Kap. XIII »that there is reason to think that the vision is an independent piece while the author tried to write an interpretation to it«.
63. Vgl. H. Gunkel: Das vierte Buch Esra, S. 340.
64. Nach E. Breech: These Fragments I have shored against my Ruins: The Form and Funk-

in Vision 4–6 auch die großen Themen der Heilserwartung aufgreift: Zion, Weltreich, Messias, die in der Apokalyptik einen Platz, wenn auch von unterschiedlichem Rang einnehmen[65]. Nachdem in der 4. Vision der Umschwung vom fragenden, zweifelnden, oft opponierenden zu einem Esra, der dem Entschluß Gottes recht gibt (X 16), erfolgt ist, werden ihm die künftige Herrlichkeit Zions, das Geschick und Ende des gegenwärtigen Weltreichs und die messianische Zukunft offenbart; er wird ausersehen, die verlorenen heiligen Schriften und die Geheimnisse Gottes mitgeteilt zu erhalten.

Als eine Quelle von IV Esra betrachtete Violet[66] im Anschluß an M. R. James die Antiquitates Biblicae des Pseudo-Philo wegen der »vielen Parallelen«, die in beiden Büchern auftauchen und eine Benutzung des einen durch das andere Werk wahrscheinlich machten. Jedoch sind Berührungspunkte in Inhalt und Aussage, auch ohne daß eine Abhängigkeit vorliegen muß, zu erwarten, wenn die beiden Schriften aus der gleichen Zeit und dem nämlichen geistigen Milieu stammen. Dies aber dürfte der Fall sein[67]. »Starke Übereinstimmungen im Aufbau und im Detail«[68] gibt es auch zwischen

tion of 4 Ezra, in: JBL 92 (1973), S. 267–274, besteht das Buch aus einem Triptychon (III 1–IX 27), drei klimaktischen Traum-Visionen (IX 24–XIII 58) und einem Epilog (XIV). Das Triptychon besteht nach Breech aus:

1. Aussage über Esras Verwirrung:	III 1–3	V 21–22	VI 35–37
2. Klage gegenüber dem Höchsten:	III 4–36	V 25–30	VI 38–59
3. Dialog Uriel-Esra:	IV 1–V 13	V 31–VI 28	VII 1–IX 22
4. Erzählung (Situation Esras):	V 14–20	VI 29–35	IX 23–26

Am Ende jedes Dialogs werden

Zeichen für das Ende angegeben:	IV 51–V 13	VI 11–28	VIII 63–IX 22

In XI–XIII stellt Breech folgenden Aufbau fest:

1. Traum-Vision:	XI 1–XII 3	XIII 1–13
2. Antwort Esras:	XII 3–9	XIII 13–24
3. Deutung des Engels:	XII 10–35	XIII 20–53
4. Erzählung (Situation):	XII 36–51	XIII 53–58

Sozusagen im Übergang zwischen beiden steht die Zions-Vision, die folgenden Aufbau zeigt: IX 27–28 der Seher ist verwirrt und wendet sich IX 29–37 an den Höchsten, steht im Dialog mit Uriel X 6–8, versucht, die klagende Frau zu trösten X 5–24, die das himmlische Zion repräsentiert X 44–49, und wird selbst getröstet X 50–59.

65. W. Harnisch: Der Prophet als Widerpart, II.2 vor Anm. 21; II.2 bei Anm. 27, meint, es sei »ernsthaft mit der Möglichkeit zu rechnen, daß der Komplex der Adler- und Menschensohnvision dem ursprünglichen Entwurf von 4 Esr sekundär zugewachsen ist«. »Mit großer Wahrscheinlichkeit« habe »der ursprüngliche Textzusammenhang von 4 Esr eine Reihe von sechs Offenbarungsepisoden« umfaßt. »Diese ist klimaktisch gestaltet, wie die präzis kalkulierte Abfolge der Dispositionssignale erkennen läßt. Visio IV (+ 13,54f.; 12, 40b–50) besitzt überleitende Funktion. Berücksichtigt man diesen Sachverhalt, ergibt sich eine Sequenz nach dem Schema 3/2/1: Lehrgespräch und Kontroverse zwischen Esra und Uriel (I–III), Peripetie der dialogischen Bewegung (IV + VII,1), Epilog mit Besiegelungscharakter (VII,2)«. Unter VII/1 versteht Harnisch XIV 1–36, unter VII/2 den Rest XIV 37–48. Rein literarkritisch betrachtet, sind die Textumstellungen für diese These nicht günstig.

66. Die Apokalypsen, S. XLVII–XLIX.

67. Nach Chr. Dietzfelbinger: Pseudo-Philo: Antiquitates Biblicae, (Jüdische Schriften aus hellenistisch-römischer Zeit II/2), Gütersloh 1979, S. 95f., sind die Antiquitates Biblicae »zwischen 70 und 132 nach Christus niedergeschrieben worden«, und es ist anzunehmen, daß sie »ihre Heimat im palästinischen Judentum haben«.

68. A. F. J. Klijn: Die syrische Baruch-Apokalypse, in: Jüdische Schriften aus hellenistisch-römischer Zeit V/2, Gütersloh 1976, S. 113. Ausführlich handelt Violet: Die Apokalypsen des Esra

IV Esra und Apc Bar(syr). Die Frage, welches der beiden Werke älter sei und als Quelle für das andere in Betracht komme, ist viel erörtert und gegensätzlich beantwortet worden[69]. Man vertritt heute weithin die Auffassung, »4 Esr sei vor Apc Bar« entstanden[70]; dafür sprechen die besseren Argumente[71]. Esra stellt sein Problem am Anfang vor und diskutiert es folgerichtig nach verschiedenen Seiten und unter bestimmten Aspekten. Baruch läßt diese Ordnung vermissen. Er greift neben anderen Gedanken und Anliegen auch die des Esra auf und versucht sie im Sinn einer nur positiv gewendeten Sicht von der Erwählung Israels zu lösen[72].

4. Abfassungszeit und theologische Einordnung

IV Esra selbst nennt einen Zeitpunkt, in dem der Seher seine Visionen erlebt hat. Die Angabe steht am Anfang des Werkes, das darüber berichtet: im 30. Jahr nach der Zerstörung der Stadt (III 1). Sie ist auf den Fall Jerusalems 587 v. Chr. bezogen; Esra weilt »in Babel«. Es braucht nicht bewiesen zu werden, daß das Werk 557 v. Chr. nicht entstanden sein kann. Der historische Esra der Perserzeit (Esr 7,1–10) konnte damals noch nicht gelebt haben. Das Datum weist vielmehr, wie mit Recht allgemein angenommen wird, auf das 30. Jahr nach der Zerstörung Jerusalems vom Jahr 70 n. Chr. Dreißig Jahre lang sieht »Esra« nun schon Frevel und Sünde (III 29), seitdem Zion unterlegen ist. Beide Angaben mögen runde Zahlen sein, geben aber doch einen Hinweis auf die Entstehungszeit des Buches, insofern man aus III 29 folgern darf, daß das Datum von III 1 nicht eine bloße Nachahmung von Ez 1,1 ist. Demnach düfte IV Esra um 100 n. Chr. entstanden sein.

Diesen Ansatz bestätigt in ihrer ursprünglichen Gestalt[73] die Adler-Vision, wo mit den drei Häuptern die römischen Kaiser Vespasian, Titus und Domitian gemeint sind. Da auch das letzte Haupt bereits untergegangen ist, schreibt der Verfasser nach dem Tod Domitians[74]. Dieser Zeitansatz gilt für das uns vorliegende Werk. Nur wenn »mit

und des Baruch, S. LXXXI–XC, darüber. Siehe auch die Anmerkungen in der folgenden Übersetzung.

69. Vgl. E. Schürer: Geschichte des jüdischen Volkes im Zeitalter Jesu Christi III, Nachdruck Hildesheim 1964, S. 309ff.

70. Klijn: Die syrische Baruch-Apokalypse, S. 114; W. Harnisch: Verhängnis und Verheißung der Geschichte (FRLANT 97), S. 11 mit Anm. 1.

71. »Da Baruch einen viel unselbständigeren Eindruck macht als IV Esra, wird Baruch als der abhängige Teil zu beurteilen sein«, O. Eissfeldt: Einleitung in das Alte Testament, Tübingen³ 1964, S. 853.

72. In dieser Hinsicht kann man sicherlich sagen, daß die »Apc Bar doch eine weit fortgeschrittenere theologische Reflexion« enthält, so Klijn: Die syrische Baruch-Apokalypse, S. 114.

73. J. Keulers: Die eschatologische Lehre, S. 118, denkt an eine christliche Überarbeitung im Jahr 218 n. Chr.

74. J. Keulers: Die eschatologische Lehre, S. 119f., stellt sich »auf den Standpunkt, daß das Jahr 30 nach der Zerstörung Jerusalems die Abfassungszeit unseres Buches genau angibt, daß also die ursprüngliche Adlervision aus dem Jahre 100 n. Chr. stammt ... Die beiden Gegenflügel, die nach den drei Häuptern noch eine schwache und stürmische Regierung führen, sind der schwache und alte Nerva und der zwar kräftige, aber dem Verfasser noch unbekannte Trajan, der bei seiner Wahl in Germanien war und erst Ende 99 nach Rom kam.«

der Möglichkeit zu rechnen« wäre, »daß der Komplex der Adler- und Menschensohn-
vision dem ursprünglichen Entwurf von 4 Esr sekundär zugewachsen ist«[75], entfiele
dieses aus der fünften Vision gewonnene Argument. E. Brandenburger[76] spricht sich
mit guten Gründen »gegen die Zuweisung von visio 5 und 6 an einen Redaktor« aus.
W. Harnisch[77] fragt: »Ist es absolut unsinnig zu erwägen, ob der Primärentwurf von 4
Esr nicht bereits in der Zeit vor 70 n. Chr. oder sogar dem ersten vorchristlichen Jahrhundert entstammen könnte?« Aber soweit sich Anzeichen für einen »Sitz im Leben«
in den Visionen 1–4 feststellen lassen (vgl. III 1f. 28f.; X 19–23), weisen sie doch wohl
angesichts aller im ersten Jahrhundert v. Chr. und im ersten Jahrhundert n. Chr. denk-
baren Situationen am ehesten auf die Lage nach 70 n. Chr. hin. Damals war die Stadt
verwüstet und der Tempel zerstört. Es bestand keine Aussicht, daß sich Israels Geschick wenden würde. Esras Fragen bedrängten in jenen Jahren die Frommen in der
ganzen Wucht, mit der sie gestellt werden.

Über den Verfasser von IV Esra läßt sich nur sagen, daß er zu jenen »Frommen«
gehörte, die mit apokalyptischen Vorstellungen die Probleme ihrer Zeit zu bewältigen
suchten und ihrer Hoffnung auf die kommende Gottesherrschaft Ausdruck verliehen.
F. Rosenthal[78] sieht ihn in enger Verbindung zu »der Partei der Schriftgelehrten zu
Jabne« und hält ihn für »einen Schüler eines der hervorragendsten Lehrer jenes Krei-
ses des R. Elieser b. Hyrkanos . . ., an dessen Geist und an dessen Lehren so viele Stellen in unserem Buche anklingen«. Diese Einordnung des Verfassers spricht dafür, daß
IV Esra in Palästina geschrieben ist. B. Violet[79] meint, »der Ort der Abfassung ist wohl
unzweifelhaft Rom«. H. Gunkel[80] sucht den Verfasser unter den Deportierten im
Orient. Nach III 1 befindet sich Esra »in Babel«. Aus dieser Angabe läßt sich jedoch
für den Aufenthaltsort nichts Sicheres ableiten. Wenn »Babel« Deckname für Rom ist,
müßte der Seher doch nicht dort verweilen; denn er versetzt sich mit der Wahl seiner
Namen (Salathiel, der auch Esra heißt) in die Situation der nach Babylonien Deportierten.

Noch mehr als damals erhebt sich in der Zeit nach 70 n. Chr. das Problem, unter
dem »Esra« und alle Frommen im Volk Gottes leiden: Israel ist dem Verderben über-
antwortet, die Stadt Jerusalem untergegangen, Zion in die Erniedrigung versunken.
Warum läßt Gott dies zu und wendet das Geschick seines Volkes nicht? Wo bleibt die
Verwirklichung der Zusagen, die mit der Erwählung Israels gegeben wurden (III
28–36; V 28–30; VI 55–59)? Gewiß hat das erwählte Volk gesündigt (III 25.34; IV
24; VIII 16f.), aber nicht mehr als die anderen Völker, die jedoch in Frieden und
Wohlstand leben (III 29–36). Warum macht Gott dann diesen Unterschied? Ja, die
ganze Menschheit ist der Sünde verfallen seit dem Fall Adams, der schon das »böse
Herz« (III 25) in sich trug (III 5–26). War damit nicht Gottes Schöpfungs- und Heils-
veranstaltung von vornherein zum Scheitern verurteilt, weil seit Adams Sünde das Böse in der Welt seinen Lauf nahm (VIII 116ff.)? Also konnte sich auch Israel dem Bösen nicht entziehen, und lag die Schuld an allem Übel letztlich doch bei Gott, der es

75. W. Harnisch: Der Prophet als Widerpart, II.2 vor Anm. 21.
76. E. Brandenburger: Die Verborgenheit Gottes, 4.23 nach Anm. 40.
77. W. Harnisch: Der Prophet als Widerpart, V Ende.
78. Vier apokryphische Bücher aus der Zeit und Schule R. Akiba's, Leipzig 1885, S. 70f.
79. Die Apokalypsen, S. L; vgl. J. Keulers: Die eschatologische Lehre, S. 108.
80. Das vierte Buch Esra, S. 352.

nicht verhindert hat (vgl. III 8)? »Die Schöpfertreue und Gerechtigkeit des Gottes Israels« ist »in Frage« gestellt[81]. Muß sich dieser »Weg« (das Verfahren) Gottes nicht ändern? Oder wie soll man ihn verstehen können (vgl. III 31)?

Der Verfasser von IV Esra macht »Esra« zum Verfechter dieser Problematik und der sich daraus ergebenden Fragen, die in Vision 1–3 erörtert werden. Er berichtet aber nicht über ihn, sondern spricht mit dem Ich des Sehers. Dadurch zeigt er, wie sehr er einerseits das Problem ernst nimmt und seine ganze Schwere mitempfindet. Andererseits vermag er auf diese Weise den angezielten Leser, eben die jüdischen Frommen seiner Zeit, die sich spontan mit »seinem« Ich identifizieren, zur Wandlung in der 4. Vision zu führen (X 16). Sie sollen sich wie er belehren und zurechtweisen lassen und schließlich zu der Einstellung hinfinden, zu der er sich in der vierten Vision bereit findet bzw. in der Vision sich überwältigen läßt. Seine eigene Position, die ihm gewiß angesichts des Elends seines Volkes und des Bösen in der Welt nicht leicht fällt, kleidet er zunächst in die Reden des Engels Uriel, des himmlischen Offenbarers[82]. Denn die Gespräche laufen »offenkundig auf die Engelaussagen zu. Stets ist es Uriel, der das letzte Wort behält.«[83] In seinen Äußerungen beantwortet Uriel die Fragen Esras jedoch nur teilweise im Sinn einer Lösung des Problems. Oft stellt er lediglich die Gegenposition daneben, und er ist weniger bestrebt zu überzeugen – es gelingt anscheinend auch bis zum Ende der Redegänge nicht (vgl. noch IX 15) – als zurechtzuweisen. Von Vision 4 an aber nimmt »Esra« selbst die Position des Engels ein. »Angesichts der Erscheinung des ihm anvertrauten Wirkungsfeldes und des ihm in der klagenden Frau begegnenden Spiegelbildes seiner eigenen Torheit wird Esra demonstrativ aus der Befangenheit seiner skeptischen Reflexionen und der Fehlhaltung seiner vorwurfsvollen, Sinnlosigkeit behauptenden Klagereden wunderbar herausgerissen. Er nimmt unwissend, also überwältigt, jene Haltung ein, die in der Gerichtsdoxologie die Gerechtigkeit Gottes und die eigene Schuld anerkennt sowie den Gesetzesgehorsam übernimmt und so im Vertrauen auf Gottes Weltordnung um Israels Geschick trauert und klagt.«[84]

»Esra« setzt in dreimaligem Anlauf, jeweils zu Beginn der Visionen 1–3 in der Diskussion mit Uriel klagend und anklagend bei seinem Problem an, das er zunächst mit einem Rückblick auf die Heilsgeschichte (III 1–36), dann von der Erwählung Israels her (V 21–30) und schließlich umfassend mit dem Blick auf die ganze Schöpfung (VI 36–59) angeht.

Im ersten Durchgang[85] (Vision 1) wird im ersten Gesprächsgang (III 1–IV 4) »Es-

81. W. Harnisch: Verhängnis, S. 58; vgl. S. 19–60 zu diesem Abschnitt.

82. So mit Recht E. Brandenburger: Adam und Christus, S. 29f.; W. Harnisch: Verhängnis, S. 60–67. Mit Recht sagt Brandenburger (S. 30): »Durch die Gestalt des Esra werden bedrängende Fragen und Klagen, wird ein ganzes Seinsverständnis laut, mit dem sich der Verfasser auseinandersetzt und worauf er durch die Gestalt des Engels als Vertreter Gottes autoritativ antwortet.«

83. W. Harnisch: Der Prophet als Widerpart, I.4 nach Anm. 8.

84. E. Brandenburger: Die Verborgenheit Gottes, 3.8, 4. Abschnitt.

85. Siehe zu den folgenden Angaben über den Umfang der einzelnen Gesprächsgänge die Anmerkungen zum Text. Eine sicher erweisbare Einteilung ist kaum möglich, da inhaltliche Gesichtspunkte und die Auffassung über die Zielsetzung des ganzen Werkes die Abgrenzung mitbestimmen. So kommen K. Koch, W. Harnisch und E. Brandenburger jeweils (teilweise) zu anderen Ergebnissen. Siehe auch die Angaben und Tabellen bei W. Harnisch: Der Prophet als Wider-

ras« Bitte und Frage, wie dieser von ihm kritisierte »Weg« Gottes verstanden werden soll (III 31), von Uriel aufgenommen. Der vergängliche Mensch könne ihn nicht begreifen (2. und 3. Gesprächsgang: IV 5–11a; IV 11b–21). »Esra« kommt auf sein Problem zurück (IV 25), wird auf das Ende dieser bösen Weltzeit verwiesen, fragt, wann es denn nun komme (IV 33) und erhält die Antwort, daß es nach dem Plan des Höchsten, zur rechten Zeit und nicht in ferner Zukunft geschehe (4.–6. Gesprächsgang: IV 22–37.38–43.44–50). Schließlich werden dem Seher Vorzeichen des Endes kundgetan (7. Gesprächsgang: IV 51–V 19).

Erneut erhält »Esra« (Vision 2) auf seine Fragen die Auskunft, er könne den Weg Gottes nicht ergründen (1. und 2. Gesprächsgang: V 33–35a.35b–40). Doch niemand, sei er früher oder später geboren, hat einen Vor- oder Nachteil hinsichtlich der Nähe zum Ende, auf das die Schöpfung sichtlich zuläuft (3.–6. Gesprächsgang: V 41–44.45–49.50–55). Die Schöpfung wird durch Gott heimgesucht, der das Ende unmittelbar nach »dieser Welt« herbeiführen wird; dafür wird es Vorzeichen geben (7. und 8. Gesprächsgang: V 56–VI 10.11–34).

»Esra« wagt einen dritten Anlauf (Vision 3), fragt, warum Israel diese Welt nicht besitzt, die doch seinetwegen erschaffen ist (VI 59), und wird weg von den Nöten und Drangsalen der gegenwärtigen auf die kommende Welt verwiesen (VII 16). »Esra« nimmt dies zum Anlaß, um nach dem Geschick der Frevler zu fragen, die jetzt und im kommenden Äon leer ausgehen, und wird zurechtgewiesen: Sie haben es so verdient und sind über das Endgericht belehrt (1.–3. Gesprächsgang: VI 35–VII 2.3–16.17–44). Aber werden nicht wegen des bösen Herzens und der sozusagen allgemeinen Sündhaftigkeit nur wenige die Seligkeit erreichen? Uriel antwortet, daß dem Höchsten, der die zwei Welten geschaffen hat (VII 50) – und hier gehen seine Worte in die Gottesrede über (VII 59–61) –, nur die wenigen Gerechten wertvoll sind. »Esra« wird wieder mit seiner Klage über das traurige Los der vielen zurückgewiesen, wird aufgefordert, sich nicht unter die Frevler zu rechnen und erhält eine Lehrauskunft über die sieben Arten der Verdammnis und die sieben Stufen der Seligkeit schon jetzt nach dem Tod (4.–6. Gesprächsgang: VII 45–61.62–74.75–101). »Esra« fragt nach der Möglichkeit der Fürbitte der Gerechten für die Frevler, erhält abschlägigen Bescheid, rekurriert auf die in Israel immer wieder erfolgte Fürbitte, wird auf die Vorläufigkeit dieses Äons und die Endgültigkeit des Gerichts verwiesen, setzt sich dennoch für die seit Adam sündigen Menschen ein und erfährt wieder, daß die Frevler unentschuldbar seien (7.–9. Gesprächsgang: VII 102–105.106–115.116–131). Nun appelliert »Esra« an den barmherzigen Gott, erfährt darauf von Uriel, daß Gott die kommende Welt wegen der wenigen Gerechten erschaffen hat, fleht in einem langen Gebet um das göttliche Erbarmen für die Gutwilligen, wird mit der Gegenposition Uriels konfrontiert, bittet noch einmal um Verschonung des Volkes Gottes und wird zurechtgewiesen: Er soll sich nicht den Sündern gleichstellen (10.–12. Gesprächsgang: VII 137–VIII 3.4–41.42–62a). Noch einmal fragt »Esra« nach dem Zeitpunkt des Endes, wird auf die Vorzeichen hingewiesen sowie auf das unterschiedliche Los der Gerechten und Frevler und wird ermahnt zu fragen, »wie die Gerechten gerettet werden«: durch Werke und

part, Anhang, und E. Brandenburger: Die Verborgenheit Gottes, 4.6 vor Anm. 164 bis Ende Kap. 4, und Anm. 167 zum 4. Kapitel.

Glauben. Ein letztes Mal schneidet »Esra« das Problem der großen Zahl der Verworfenen an. Uriel verweist auf den Tun-Ergehen-Zusammenhang und bleibt – in der Gottesrede – auf seinem Standpunkt der Rettung der wenigen (13. und 14. Gesprächsgang: VIII 62b–IX 13.14–25).

In der vierten Vision bahnt sich der Umschwung schon in der einleitenden Rede Esras an, und zwar in zweifacher Hinsicht: Die Väter Israels gingen verloren, weil sie das Gesetz nicht hielten (IX 32f.); das Gesetz aber »bleibt in seiner Herrlichkeit« (IX 37) – eine ausgesprochen deuteronomistische Sicht[86]. So vertritt er faktisch, mit dem beinahe unmerklichen Übergang in der Zitation der Gottesrede (IX 29–31), die Position des Engels Uriel und wird fähig, die Klage des in der Gestalt der Frau erscheinenden Zion und damit geheimnisvoll sich selber zurückzuweisen, Zion zu trösten und selbst durch die Schau der kommenden Herrlichkeit Zions getröstet zu werden. So ist »Esra« bereit und in der rechten Verfassung, um in Vision 5–7 den Sinn der gegenwärtigen Weltgeschichte (Adlervision), die wahre Bedeutung des Messias (Menschensohnvision), von dem der Offenbarer schon VII 28f. gesprochen hatte, und die apokalyptischen Geheimnisse zu erkennen, sowie sein »Testament« zu hinterlassen (Vision 7).

So vertritt IV Esra teils innerhalb, teils gegen die Auffassungen des Judentums seiner Zeit ein bestimmtes Anliegen. Er weiß um die Schwere des Gerichts über Israel, das nicht schlechter ist als andere Völker, um das böse Herz (den bösen Trieb) im Menschen, die Sündverfallenheit aller, die Bosheit der feindlichen Weltmacht und das Ausbleiben der messianischen Zeit. Er kennt die bedrückende Aussicht, daß viele das Heil aller Wahrscheinlichkeit nach nicht erreichen, und die Mühe und Last dieses Erdenlebens. Aber er weiß und versteht auch, aus dem Glauben des Gottesvolkes eine Antwort zu geben: Gott, der die Welt geschaffen und Israel erwählt hat, trifft nicht die Schuld. Er bleibt der heilswillige Gott. Der Mensch ist und bleibt selbst verantwortlich. Zwar ist die Zeit und Geschichte dieser Welt aller Erfahrung nach heillos; aber in ihr kann der Mensch (Israel) sein Heil, das der kommende Äon bringen wird, durch Halten des göttlichen Gesetzes erfolgreich wirken[87]. So ist IV Esra gerade durch die Unnachgiebigkeit Uriels und Esras eigene wunderbare Verwandlung ein starker Appell an Israel, trotz der bedrückenden Erfahrungen dieser Zeit so zu leben, daß das Heil der kommenden Welt tatsächlich erreicht wird[88]. Des gewandelten Esras letztes Wort an sein Volk lautet: »Wenn ihr also eure Gesinnung beherrscht und euer Herz in Zucht nehmt, werdet ihr am Leben erhalten werden und nach dem Tod Er-

---

86. Auf die O. H. Steck: Israel und das gewaltsame Geschick der Propheten. Untersuchungen zur Überlieferung des deuteronomistischen Geschichtsbildes im Alten Testament, Spätjudentum und Urchristentum (WMANT 23), Neukirchen 1967, für 4 Esra hingewiesen hat, bes. S. 177–180.

87. Vgl. dazu u.a. G. Reese: Die Geschichte Israels in der Auffassung des frühen Judentums. Eine Untersuchung der Tiervision und der Zehnwochenapokalypse des äthiopischen Henochbuches, der Geschichtsdarstellungen der Assumptio Mosis und des 4. Esrabuches (Diss. Masch.), Tübingen 1967, S. 118.

88. »Der Kreis von Weisen, aus dem 4 Esr zur Sicherung des leitenden dtr GB hervorgegangen ist, hat wie die Schrift selbst sein eigentliches Anliegen in der Umkehr und dem Gehorsam Israels im Blick auf die Heilswende gesehen«, O. H. Steck: Israel und das Geschick, S. 180.

barmen erlangen. Denn das Gericht wird nach dem Tod kommen, wenn wir wieder zum Leben gelangen. Dann werden die Namen der Gerechten erscheinen und die Taten der Sünder offenbar« (XIX 34f.).

5. Literaturverzeichnis

a) TEXTAUSGABEN UND UNTERSUCHUNGEN ZUM TEXT

Bensly, R. L.: The fourth Book of Ezra, The latin version edited from the Mss. Introduction par M. R. James, Texts and Studies III, 2, Cambridge 1895.

Biblia Sacra iuxta Vulgatam Versionem ... recensuit et brevi apparatu instruxit Robertus Weber OSB, editio altera emendata, Tomus II, Württembergische Bibelanstalt, Stuttgart 1975: IV Ezra (1–16) p. 1931–1974.

Bidawid, R. J.: 4 Ezra (ed.), in: Vetus Testamentum syriace ..., Specimen editionis Canticum canticorum, Tobit, IV Ezra, Leiden 1966.

Blake, R. P.: The Georgian Version of Fourth Esdras from the Jerusalem Manuscript: HarvThR 19 (1926), S. 299–376.

Blake, R. P.: The Georgian Text of Fourth Esdras from the Athos Manuscript: HarvThR 22 (1929), S. 57–105.

Dillmann, A.: Veteris Testamenti Aethiopici Tom. quintus: Libri Apocryphi, Berolini 1894.

Fritzsche, O. F.: Libri Apocryphi Veteris Testamenti graece. Accedunt libri Veteris Testamenti Pseudepigraphi selecti, Lipsiae 1871, S. 590–639.

b) ÜBERSETZUNGEN UND KOMMENTARE

Basset R.: Les apocryphes éthiopiens IX, Apocalypse d'Esdras, Paris 1899.

Box, G. H.: The Esra-Apocalypse, 1912.

– 4Ezra, in: *R. H. Charles:* The Apocrypha and Pseudepigrapha of the OT in English, II 1913, S. 542–624.

Ewald, H.: Das vierte Ezrabuch nach seinem Zeitalter, seinen arabischen Übersetzungen, und einer neuen Wiederherstellung (Abh. d. Kön. Ges. d. Wiss. zu Göttingen 11), Göttingen 1862/3, S. 133–230.

Gry, L.: Les dires prophétiques d'Esdras (IV Esdras), Bd. I/II, Paris 1938.

Gunkel, H.: Das 4. Buch Esra, in: *E. Kautzsch:* Die Apokryphen und Pseudepigraphen des Alten Testaments, Bd. II, Tübingen 1900, S. 331–401 (= Gunkel).

Hilgenfeld, A.: Messias Judaeorum, Lipsiae 1869 (= Hilgenfeld).

Myers, J. M.: I and II Esdras. Introduction, Translation and Commentary (The Anchor Bible), New York 1974.

Oesterley, W. O. E.: II Esdras (The Ezra Apocalypse), Westminster Commentaries, ed. by Walter Lock and D. C. Simpson, London 1933.

Rießler, P.: Altjüdisches Schrifttum außerhalb der Bibel, Tübingen 1928, S. 255–309 (= Rießler).

Volkmar, G.: Das vierte Buch Esra, in: Handbuch der Einleitung in die Apokryphen, 2. Abt., Tübingen 1963 (= Volkmar).

Violet, B.: Die Esra-Apokalypse (IV Esra) (Die griechischen christlichen Schriftsteller 18), Leipzig 1910 (= Violet I).
- Die Apokalypsen des Esra und des Baruch in deutscher Gestalt (Die griechischen christlichen Schriftsteller 32), Leipzig 1924 (= Violet II).

c) UNTERSUCHUNGEN

Bensly, R. L.: The Missing Fragment of the Latin Translation of the Fourth Book of Ezra, Cambridge 1875.

Bloch, J.: The Ezra-Apocalypse. Was it Written in Hebrew, Greek or Aramaic?, in: JQR 48 (1957/58) S. 279–294.
- Was There a Greek Version of the Apocalypse of Ezra?, in: JQR 46 (1955/56) S. 309–320.
- Some Christological Interpolations in the Ezra-Apocalypse, in: HarvThR 51 (1958) S. 87–94.

Bousset, W.: Die Religion des Judentums im späthellenistischen Zeitalter, 3. Aufl. hrsg. von H. Gressmann, (HNT 21) Tübingen 1926.

Boyarin, D.: Penitential Liturgy in 4 Ezra, in: JStJud 3/1 (1972), S. 30–34.

Brandenburger, E.: Adam und Christus. Exegetisch-religionsgeschichtliche Untersuchung zu Römer 5,12–21 (1 Kor 15), (WMANT 7), Neukirchen 1962.
- Die Verborgenheit Gottes im Weltgeschehen. Das literarische und theologische Problem des 4. Esrabuches, erscheint als Band 68 in: AThANT.

Breech, E.: These Fragments I have shored against My Ruins: The Form and Function of 4 Ezra, in: JBL 92 (1973), S. 267–274.

Brun, L.: Die römischen Kaiser in der Apokalypse, in: ZNW 26 (1927), S. 128–151.

Charles, R. H.: Eschatology. The Doctrine of a Future Life in Israel, Judaism and Christianity. A Critical History, New York repr. 1963.

Clemen, C.: Der Zusammenhang des Buches Henoch, der Apokalypse des Baruch und des vierten Buches Esra, in: ThSTKr 71 (1898), S. 211–246.

Ferch, A. J.: The Two Aeons and the Messiah in Pseudo-Philo, 4 Ezra and 2 Baruch, in: AUSS 15 (1977), S. 135–151.

Gero, St.: »My Son the Messiah«. A Note on 4 Ezra 7,28–29, in: ZNW 66 (1975), S. 264–267.

Gry, L.: La »Mort du Messie« en IV Esdras, VII, 29 (III, V, 4), in: Mémorial Lagrange, 1940, S. 133–139.

Gunkel, H.: Rezension zu: R. Kabisch, Das 4. Buch Esra auf seine Quellen untersucht, in: ThLZ 16 (1891), Sp. 5–11.

von Gutschmid, A.: Die Apokalypsen des Esra und ihre späteren Bearbeitungen, in: ZWTh 1860, S. 1–81.

Harnisch, W.: Der Prophet als Widerpart und Zeuge der Offenbarung. Erwägungen zur Interdependenz von Form und Sache im 4. Buch Esra, erscheint in: Die Apokalyptik im Mittelmeerraum und im Vorderen Orient, hrsg. von D. Hellholm.
- Die Ironie der Offenbarung. Exegetische Erwägungen zur Zionsvision im 4. Buch Esra, erscheint in: Septuagint and Cognate Studies Series.
- Verhängnis und Verheißung der Geschichte. Untersuchungen zum Zeit- und Ge-

schichtsverständnis im 4. Buch Esra und in der syr. Baruchapokalypse (FRLANT 97), Göttingen 1969.

Hayman, A. P.: The Problem of Pseudonymity in the Ezra Apocalypse, in: JStJud 6 (1975), S. 47–56.

Le Hir, A. M.: Du IVᵉ livre d' Esdras, in: Etudes bibliques I, Paris 1869.

James, M. R.: Salathiel qui et Esdras, in: JThSt 19 (1918), S. 347–349.

Kabisch, R.: Das vierte Buch Esra auf seine Quellen untersucht, Göttingen 1889.

Kahana, A.: ha-Sepharim ha-Hitsonim, Tel Aviv 1970.

Kaminka, A.: Beiträge zur Erklärung der Esra-Apokalypse und zur Rekonstruktion ihres hebräischen Urtextes, in: MGWJ 76 (1932), S. 121–138. 206–212. 494–511. 604–607; 77 (1933), S. 339–355.

Keulers, J.: Die eschatologische Lehre des vierten Esrabuches (BSt XX. Bd., 2. u. 3. H.), Freiburg 1922.

Koch, K.: Esras erste Vision. Weltzeiten und Weg des Höchsten, in: BZ N.F. 22 (1978), S. 46–75.

Kraft, R. A.: »Ezra« Materials in Judaism and Christianity, in: Principat XIX/1, hg. von W. Haase, Berlin 1979, S. 119–136.

Licht, J. S.: ᶜzr᾽ š ᶜzr᾽ rbᶜj ḥzwn ᶜzr᾽, in: Enṣ Miḳr 6 (1971), S. 155–60.

Luck, U.: Das Weltverständnis in der jüdischen Apokalyptik. Dargestellt am Äthiopischen Henoch und am 4. Esra, in: ZThK 73 (1976), S. 283–305.

Metzger, B. M.: The »Lost« Section of II Esdras (= IV Ezra), in: JBL 76 (1957), S. 153–156.

Montefiore, C. G.: IV Ezra. A Study in the Development of Universalism, London 1929.

Montgomery, J. A.: Rezension des Werkes von Gry, Les dires prophétiques d'Esdras (IV. Esdras), in: JBL 60 (1941), S. 202–203.

Müller, K. H.: Geschichte, Heilsgeschichte und Gesetz, in: Literatur und Religion des Frühjudentums, hg. von J. Maier und J. Schreiner, Würzburg 1973, S. 73–105.

Müller, Ulrich B.: Messias und Menschensohn in jüdischen Apokalypsen und in der Offenbarung des Johannes (Studien zum Neuen Testament 6), Gütersloh 1972.

Mundle, W.: Das religiöse Problem des IV. Esrabuches, in: ZAW 47 (1929), S. 222–249.

Perles, F.: Notes critiques sur les Apocryphes et les Pseudépigraphes, in: REJ 73 (1921), S. 173–185.

Philonenko, M.: L'âme à l'étroit, in: Mel. A. Dupont-Sommer (Paris 1971), S. 421–428.

Plöger, O.: Art. Esrabücher, III. Das 4. Esrabuch, in: RGG³ II, Sp. 697ff.

Porter, F. Ch.: The Yecer hara. A Study in the Jewish Doctrine of Sin, in: Biblical and Semitic Studies, New York und London 1902, S. 91–156.

Reese, G.: Die Geschichte in der Auffassung des frühen Judentums, Diss. theol. Masch., Heidelberg 1967.

Rosenthal, E.: Vier apokryphische Bücher aus der Zeit und Schule R. Akiba's, 1885.

Schiefer, F. Walther: Die religiösen und ethischen Anschauungen des IV. Ezrabuches im Zusammenhang dargestellt. Ein Beitrag zur jüdischen Religionsgeschichte, Leipzig 1901.

Schürer, E.: Geschichte des jüdischen Volkes im Zeitalter Jesu Christi, III, Leipzig 1909, S. 315–335.

Sigwalt, Ch.: Die Chronologie des 4. Buches Esdras, in: BZ 9 (1911), S. 146–148.

Simonsen, D.: Ein Midrasch im IV. Buch Esra, in: Festschrift zu Israel Lewy's 70. Geb., hg. von M. Brann und J. Elbogen, Breslau 1911, S. 270–278.

Steck, O. H.: Die Aufnahme von Genesis I in Jubiläen 2 und 4 und 4. Esra, in: JStJud 8 (1977), S. 154–182.

Stone, M. E.: Ezra, Apocalypse of, in: EncJud 6 (1971), S. 1108s.

– Apocryphal Notes and Readings, in: IsrOrS 1 (TA 1971), S. 123–131.

– The Concept of the Messiah in 4 Ezra, in: Religions in Antiquity. Essays in Memory of Erwin Ramsdell Godenough, Studies in the History of religions (Supplements to Numen XIV), Leiden 1968, S. 295–312.

– Concordance of the Armenian Version of IV Ezra, Oriental Notes and Studies 11, Jerusalem 1971.

– Features of the Eschatology of IV Ezra, Cambridge, Harvard Dissertation 1965.

– Manuscripts and Readings of Armenian IV Ezra, in: Textus 6 (1968), S. 48–61.

– Paradise in 4 Ezra 4,8 and 7,35; 8,52, in: JJS 17 (1966), S. 85–88.

– Some Features of the Armenian Version of IV Ezra, in: Le Museon 79 (1966), S. 387–400.

– Some Remarks on the Textual Criticism of IV Ezra, in: HarvThR 60 (1967), S. 107–115.

Torrey C. C.: A Twice Buried Apocalypse, in: Munera studiosa. Studies presented to W. H. P. Hatch, Cambridge 1946.

– The Apocryphal Literature. A Brief Introduction, New Haven 1945.

Vaganay, L.: Le problème eschatologique dans IVe livre d'Esdras, Paris 1906.

Völter, D.: Die Gesichte vom Adler und vom Menschen im 4. Esra nebst Bemerkungen über die Menschensohn-Stellen in den Bilderreden Henochs in: NThT 7 (1919) S. 241–273.

Volkmar, G.: Das vierte Buch Esra und apokalyptische Gleichnisse überhaupt, Zürich 1858.

Volz, P.: Die Eschatologie der Jüdischen Gemeinde im neutestamentlichen Zeitalter, Tübingen 1934.

Wellhausen, J.: Zur apokalyptischen Literatur (Skizzen u. Vorarb. 6) 1899, S. 215–249.

– The fourth book of Ezra, by the late Professor Bensly and M. R. James, Rezension in den Götting. gel. Anzeigen 158 (1896), S. 10–13.

Zimmermann, F.: Underlying Documents of IV Ezra, in: JQR 51 (1960/61), S. 107–134.

Übersetzung

III 1ᵃ Im dreißigsten Jahrᵇ nach dem Untergang der Stadtᶜ war ich, Sala-
thielᵈ, der auch Esra heißtᵉ, in Babylon. Als ich auf meinem Bett lag, geriet

III 1 a) Das 4. Buch Esra gliedert sich (siehe Einleitung) in sieben Visionen, deren erste III 1 beginnt (III 1–V 19). Die Zählung der Kapitel und Verse wird im folgenden nach der Edition
der Lat in der Stuttgarter Vulgata-Ausgabe: Biblia Sacra iuxta vulgatam versionem ... recensuit ... Robertus Weber OSB, Stuttgart ²1975, Bd. II, geboten. Das Verfahren der Textgliede-
rung, das Violet II anwendet, setzt Entscheidungen inhaltlicher und formaler Art voraus, die
ungesichert sind.
Die einzelnen Visionen sind durch einleitende und abschließende Darlegungen voneinander
abgehoben und zugleich miteinander verbunden; so ist jede von einem Rahmen umgeben.
Zudem dienen die Ausführungen am Anfang und am Ende von 4 Esra als Rahmung für das
ganze Buch. E. Brandenburger: Die Verborgenheit, Kap. 4, hat die Struktur und Funktion
der Rahmenstücke eingehend untersucht. Einleitende Rahmenstücke sind nach ihm (Kap. 4,
Anm. 8): »3,1–3; 5,20–22; 6,35–37; 9,26–28; 10,60 + 11,1a; 12,51 + 13,1; 13,57–14,2a«, abschließende (Anm. 9): »5,13–15; 6,29–34; 9,23–25; 10,50–59; 12,35–40a; 13,53–56«. Hinzu
kommen die »Schlußbemerkungen 14,48(49f.)« (4.1 nach Anm. 9), »die in visio 4–6 zwischen
Vision und Deutung angesiedelten Zwischendialoge 10,27b(29)–39; 12,3b–9; 13,13c–24 zwischen Esra und dem Volksfürsten Phaltiel (Phaltielepisode) und zwischen Esra und Volk
(Volksepisode)« (vor Anm. 11): 5,16–19 und 12,40b–50. (Anm. 11). Diese Texte, besonders
die Rahmenstücke sind vom Verfasser des 4 Esra so angelegt, daß sie die Zusammengehörig-
keit der so verschieden erscheinenden Teile (visio 1–3; 4–6; 7) und die Wandlung Esras vom
Widerpart zum Empfänger und Zeugen der Offenbarung bezeugen; vgl. im einzelnen Brandenburger: Die Verborgenheit, Kap. 4. Er hat folgende Struktur der Rahmenstücke heraus-
gearbeitet:
»In visio 1–4 ist folgende Struktur der eröffnenden Rahmenstücke erkennbar.
 1. Vollzugsbericht mit vier Elementen
   a) Zeitangabe (–; 5,20; 6,35; –)
   b) Tätigkeit in bezug auf die beklagte Situation: Klageschrei (–; 5,20; 6,35; –)
   c) Tätigkeit in bezug auf den Offenbarungsempfang: Fasten (–; 5,20; 6,35; –)
   d) Bezug auf Engelanweisung (–; 5,20; 6,35; 9,26)
 2. Einführung zur Klage
   a) Datierte Ereignisformel: »und es geschah nach sieben Tagen / am achten Tag« (–; 5,21;
   6,36; 9,27)
   b) Zustand von Esras Herz, Seele und Geist in zweigliedriger Aussage: Bedrängnis durch
   Gedanken, Angst, heftige Bewegung (teilweise 3,2f.; 5,21f., aber teilweise abweichend; 6,36f.;
   9,27f. erheblich abweichend)
   c) formelhafte Redeeinführung: ›und ich begann ... zu reden zu/vor dem Höchsten und
   sprach‹: (3,3; 5,22; 6,36f. etwas abweichend; 9,28).
Die Struktur der eröffnenden Redestücke in visio 5–7 ist folgende:
 1. Vollzugsbericht
   a) Zeitangabe (10,60; 12,51; 13,58 anders plaziert)
   c) Tätigkeitsbericht (10,60 und 12,51a entsprechend Anweisung, mit Zusatz 12,51b; 13,57f.
   stark abweichend)
   d) Bezug auf Engelanweisung (10,60; 12,51a; –).
 2. Einführung zur Vision/Gotteserscheinung
   a) datierte Ereignisformel wie zuvor (11,1; 13,1; 14,1)
   b) formelhafte Einführung der Vision/Erscheinung: »da sah ich in der Nacht ein Gesicht/ei-
   nen Traum«; »siehe da erging eine Stimme« (11,1; 13,1; 14,1 abweichend)« (4.2.1).
Die Struktur der beschließenden Rahmenstücke in visio 1–3 ist folgende:

1. Rückblick auf vorausgegangenen Offenbarungsempfang: »Dies(e) ...« (5,20a; 6,30; –)
2. Ankündigung weiterer Offenbarung
   a) Anweisung mit Zeitangabe, speziell unter Bedingung gestellt (»wenn du aber wiederum ...«): Gebet/Klageschrei und Fasten (5,13b; 6,31; 9,23, doch in der Sache verändert)
   b) Ansage weiterer Wortenthüllungen des Engels; speziell als Steigerung ausgeführt: »... wirst du noch größeres hören als dies« (5,13; 6,31; 9,25, doch ohne Steigerung und Offenbarungshinweis).

Zum Vergleich der Aufbau der beschließenden Rahmenstücke in visio 4–6:

1. Rückblick auf vorausgehenden Offenbarungsempfang
   a) Rückverweis: »Dies (ist) ...«, Vision/Deutung oder beides (10,52; 12,35; 13,53)
   b) Voraussetzung: Esras Rechtheit (10,50; 12,36; 13,53b–56a)
   c) Bedeutung/Folge (»Fürchte dich nicht«/»Selig«: 10,55–57; Lohn: 13,56; Übermittlung als Weisheit: 12,37f).
2. Ankündigung weiterer Offenbarung
   a) Anweisung mit Zeitangabe (»Bleib hier ...« 10,58; 12,39; statt Imperativ terminierte Ankündigung in 12,56c)
   b) Ansage der Offenbarung des Höchsten (10,59; 12,39; abgewandelt 13,56c: Rede- und Wunderoffenbarung)« (4.2.2).

Dabei wird bereits im ersten eröffnenden Rahmenstück (III 2) das Problem gestellt, um das die folgende Auseinandersetzung kreist: Zion ist zerstört, »Babel« aber lebt im Überfluß. Von daher kommen die Klagen und der Widerstand Esras. Eine besonders wichtige Funktion haben auch die Rahmenstücke zwischen visio 3 und 4. Sie machen schon die Wende deutlich, auf die das Werk nun zusteuert. In den Rahmenstücken zwischen visio 6 und 7 wird sichtbar, daß sich die Wandlung Esras vollzogen hat (vgl. Brandenburger, a.a.O. 4.42). Gewiß haben die Rahmenstücke auch die Aufgabe, sieben Episoden innerhalb des Werkes, bei dem sich ja die Situation bis visio 4 nicht ändert, auszugrenzen. Sie sind aber noch mehr als Wegweiser zum Verständnis und zur rechten Auffassung des ganzen eingebaut, durch die der Leser sich in die Absichten des Verfassers einführen lassen soll. Gerade die Unterschiede zeigen dies. »Der letzte Teil von visio 1 und 2 ist im Wesentlichen gleichgebaut, wie beide Abschnitte überhaupt.[68] 1. Eingangsklage: 3,4–36 ‖ 5,23–30; 2. Aufnahme durch den Engel und Erkenntnisthematik: 4,1–21(25) ‖ 5,31–40; 3. Grundlegendes über das Endgeschehen: 4,26–32 ‖ 5,41–49. 4. Zeitproblem und ›Zeichen‹: 4,33–50 und 4,51–5,12 ‖ 5,50–55; 6,7–10 und 6,11–28« (Brandenburger, Verborgenheit 5.3.2).

b) Vgl. Ez 1,1. Als Datum der Vision(en) ergäbe sich, von der Zerstörung Jerusalems (70 n.Chr.) an gerechnet, das Jahr 100 n.Chr.

c) Unserer Stadt Syr Äth Ar², Violet II; gemeint ist natürlich Jerusalem, so Ar¹.

d) Salathiel; vgl. Esr 3,2.8; 5,2; Neh 12,1 (Vater Serubbabels); 1 Chr 3,17 (Onkel Serubbabels).

e) Qui et Ezras Lat; sieht wie eine redaktionelle Klammer aus, die Salathiel mit dem in der israelitischen Geschichte berühmteren Esra, »dem Schreiber« (Esr 7,11 u.ö.) in Verbindung bringen will – ein Hinweis darauf, daß in 4 Esra verschiedene Traditionen verarbeitet wurden. James: Ego Salathiel, S. 168, verweist auf 1 Chr 3,17, wo die Namen Assir Salathiel nebeneinander stehen, in der LXX Ἀσειρ, Σαλαθιήλ. Dieser Assir scheint in Ar² als El-Asir bzw. El-Useir aufzutauchen. Ar² könnte demnach auf 1 Chr 3,17 zurückgegriffen haben; der bekannte Esra, »der Schreiber«, und Salathiel sind ja nicht in derselben Epoche anzusetzen. James: Salathiel, S. 349, ist der Meinung, daß es eine Person gegeben habe, die Esdras und Salathiel hieß und beruft sich dafür auf unsere Stelle und das Zeugnis des Epiphanius, der den gleichen Esdras-Salathiel, einen Sohn Serubbabels und Enkel Jojachins kenne. Jedoch kann Epiphanius auch von 4 Esra abhängig sein. Vielleicht sind aber die Namen Salathiel aus der Generation nach der Zerstörung Jerusalems (587 v.Chr.) und Esra aus der Zeit der Wiederherstellung (458 bzw. 398) bewußt miteinander verbunden, um auszudrücken, worum es dem Autor geht: Nach der Zerstörung Jerusalems (70 n.Chr.) lenkt er den Blick auf das Gesetz als das Angebot Gottes zum endgültigen Heil. Darüber hinaus mag der Verfasser den Namen Salathiel (hebr. Schealthiel) als Motto seines Buches (so Oesterley: II Esdras, S. XIV) betrachtet haben: »I have asked of God.«

311

ich in Verwirrung, und meine Gedanken gingen mir zu Herzen[f], 2 weil ich die Verwüstung[a] Zions und den Überfluß der Bewohner Babylons sah. 3 Und mein Geist wurde sehr erregt, und ich begann, zum Höchsten angsterfüllte[a] Worte zu sprechen 4[a] und sagte: Herr, Herrscher[b], du hast doch[c] am Anfang[d], als du ganz allein[e] die Erde gebildet hast, gesprochen und hast dem Staub[f] befohlen, 5 daß er Adam[a] als lebloses Körper hergebe[b]. Aber auch dieser war ein Gebilde deiner Hände[c]. Du hast ihm den Lebensatem eingehaucht. Da wurde er lebendig vor dir. 6 Du hast ihn in das Paradies geführt, das deine Rechte gepflanzt hatte[a], bevor die Erde kam. 7 Du hast ihm ein einziges Gebot[a] gegeben; er hat es übertreten. Und sofort hast du den Tod[b] über ihn und seine Nachkommen verhängt. Aus ihm wurden zahllose Völker und Stämme, Nationen und Sippen[c] geboren. 8 Aber jedes Volk lebte nach seinem eigenen Willen[a]; sie handelten böse vor dir und verachteten

f) Vgl. Dan 2,29; 4,2; 7,1.15. Hinweis auf die für den Empfang apokalyptischer Offenbarung vorausgesetzte Situation des Traumgesichtes.

2 a) Vgl. Apc Bar (syr) 10,3; 82,3.

3 a) Verba timorata Lat. Nach Kaminka: Beiträge, S. 604, wären »bittere Worte« (*d*ᵉ*barîm marîm* statt *dibrê môra'*) gemeint.

4 a) Nach der Einleitung (III 1–3) beginnt nun der Dialog mit dem Engel Uriel (IV 1), der durch einen geschichtlichen Rückblick (III 4–27) in Form eines Gebetes und durch eine Klage bzw. Anklage Gottes (III 28–36) eröffnet wird. Der erste Gesprächsgang umfaßt nach Koch: Esras erste Vision, S. 50, und Harnisch: Der Prophet, Anhang I: III 3b–IV 4, mit folgenden Schritten: Klage (III 3–36), Rückfrage (IV 1.2), Bestätigung (IV 3a), Lehreröffnung (IV 3b–4). E. Brandenburger: Die Verborgenheit, Kap. 4, Anm. 167, zählt diesen ersten Gesprächsgang nicht, sondern beginnt seine Zählung mit IV 1 (3).
Er stellt das Thema der folgenden Auseinandersetzung: die Frage nach »dem Weg des Höchsten« (IV 2). Esra versteht Gottes Handeln nicht, der sein Volk gestraft hat, Babel und andere Völker, die nicht besser sind als Israel, aber im Glück leben läßt. – Zu III 4–27 vgl. Reese: Geschichte, S. 125–154: In diesem »Rekurs auf die vergangene Geschichte« wird »das völlige Scheitern der Geschichte Israels konstatiert und zugleich die Fragestellung der Schrift formuliert: Was soll aus Israel werden angesichts dieses totalen Scheiterns der bisherigen Geschichte?« (S. 148).
b) O Domine Dominator Lat, vgl. IV 38, V 38, VI 11, VII 17.58, XII 7, XIII 51, geht wohl auf *jhwh 'dnj* zurück; vgl. »Herr, mein Herr« (*mrj' mrj*) Syr. Vgl. auch Apc Bar (syr) 3,1; 14,8.16 u.ö. Klijn, S. 124 Anm., verweist auf »δεσποτα κυριε wie in Gen 15,1.8 (LXX)«.
c) Lat^CME (dominator, nonne) und Syr Äth Ar¹ formulieren den Anfang als Fragesatz.
d) Vgl. Gen 1,1.
e) Diese Aussage verschärft das Problem, woher das böse Herz (IV 4) komme (Gunkel).
f) Staub Syr Äth; populo Lat^ASc; orbi Lat^CME. Populo ist anscheinend ein Schreibversehen.

5 a) Zu III 4.5 vgl. Gen 2,7f.; VII 62f. 116 X 14. Der erste Abschnitt des geschichtlichen Rückblicks umfaßt die Zeit von Adam bis zur Sintflut (4–8).
b) Vgl. Apc Bar (syr) 48,46.
c) Vgl. Apc Mos 37; Gen.r. 25,5.

6 a) Diese Auffassung findet sich bereits bei Targ. Gen, ΑΣΘ als Interpretation von *mqqdm* in Gen 2,8.

7 a) Vgl. Gen 2,16f.; 3,2.   b) Vgl. Apc Bar (syr) 17,2f.; 56,6.
c) Vielleicht sollen die vier Bezeichnungen die Allgemeinheit zum Ausdruck bringen (so Volkmar).

8 a) Vgl. Apc Bar (syr) 48,38.

deine Gebote[b]. Du aber hast sie nicht gehindert. 9 Dann jedoch hast du zur bestimmten Zeit die Sintflut über die Erde und[a] die Bewohner der Welt gebracht und sie vertilgt[b]. 10 Und es kam über sie gleichzeitig der Untergang. Wie über Adam[a] der Tod kam, so über sie die Sintflut[b]. 11 Einen von ihnen aber hast du übriggelassen, Noah[a] mit seinem Haus; von ihm stammen alle Gerechten ab[b]. 12 Als nun die Bewohner der Erde sich zu vermehren begannen[a] und viele Kinder und Völker und zahlreiche Stämme hervorbrachten, begannen sie wieder böse zu handeln, mehr als die früheren. 13 Und als sie vor dir Unrecht taten, hast du dir aus ihnen einen erwählt, mit Namen Abraham[a]. 14 Du hast ihn geliebt[a] und ihm allein nachts im geheimen das Ende der Zeiten[b] gezeigt. 15 Du hast ihm einen ewigen Bund errichtet[a] und ihm gesagt, daß du seine Nachkommen niemals verlassen werdest. Du hast ihm Isaak und dem Isaak Jakob und Esau gegeben[b]. 16 Du hast dir Jakob

---

b) Praecepta tua fehlt in Lat[CME]; frevelten Syr; sündigten Äth Ar[1]; spernebant Lat (spreverunt Geo[o]) geht nach Hilgenfeld, Gunkel auf ἀϑετεῖν = etwa *ps[c]*, nach Wellhausen auf κατα-φρονεῖν = *bgd* zurück.

9 a) Über die Erde und die Bewohner der Welt Syr Äth Geo; über die Bewohner der Welt Lat; über die Leute jenes Zeitalters Ar[1]; über sie Ar[2] Arm.
  b) Vgl. Gen 6,17.

10 a) Propter Adam Geo, wohl eine christliche Deutung.
  b) Violet II betrachtet den Vers als sekundär, weil er den Zusammenhang zerreiße; vgl. Gry. Für eine Streichung fehlt ein hinreichender Grund. V. 10 greift V. 7 auf und rahmt so mit diesem zusammen die erste große Unheilsperiode der Geschichte, eine Zeit des Untergangs und des Todes. Auch Reese: Geschichte, S. 127, sagt mit Recht, daß V. 10 den Abschluß der 1. Epoche markieren soll. – Vgl. Gen 7,23; Apc Bar (syr) 56,15.

11 a) Außer in Lat Arm und in einigen Hss. von Äth (»mit Namen Noah«) wird der Name in den Übersetzungen nicht überliefert.
  b) Violet II folgt hier in seiner Übersetzung Arm, die er für ursprünglicher hält: »Und du verschontest deinen Knecht Noah und um seinetwillen seine Söhne mit seinem ganzen Hause; und er fand Gnade vor dir. Und aus seinem Stamme vermehrtest du wieder die Menschen.« Der Satz »und er fand Gnade vor dir« ist aus dem Targ Onk; siehe Alexander Sperber: The Bible in Aramaic, I: The Pentateuch according to Targum Onkelos, Leiden 1959, z. St., ergänzt, so daß man für Arm wohl an eine spätere Bearbeitung und Erweiterung denken muß.

12 a) Vgl. Gen 6,1.
13 a) Vgl. Gen 12,1ff.
14 a) Vgl. Jes 41,8.
  b) Vgl. XIV 5. Der Text spielt auf Gen 15,9ff. an. Er geht aber weit darüber hinaus, insofern er mitteilt, daß das Ende der Zeiten Abraham gezeigt worden sei; vgl. Volz: Eschatologie, S. 4f.; Kaminka: Beiträge, S. 495. Diese Aussage bringt das Anliegen des Verf., das ihn dann in den folgenden »Visionen« so sehr beschäftigt, zum ersten Mal zur Sprache; es wird sofort beim Stammvater Israels anhängig gemacht. Wie Abraham möchte auch Esra über das Ende der Zeiten unterrichtet sein. Lat[AS] lassen temporum finis aus, ebenso Lat[c], die dafür, entsprechend Gen 15,9ff., voluntatem tuam liest. Auch Ar[1.2] (Ar[1]: die Zeit der Ruhe) und Arm Geo wissen nichts von einer Offenbarung über das Ende an Abraham. Nach Apc Bar(syr) 4,5 wurde Abraham das himmlische Jerusalem gezeigt.

15 a) Vgl. Gen 17,1–8; 15,18ff.
  b) Gen 21,1–8; 25,24ff.; Jos 24,3f.

auserkoren, Esau aber verstoßen[a]. Und Jakob wurde zu einer großen Menge[b]. 17 Als du seine Nachkommen aus Ägypten herausführtest und sie auf den Berg Sinai brachtest[a], 18 hast du die Himmel geneigt[a], die Erde bewegt[b] und die Welt erschüttert, die Tiefen zittern gemacht und das Weltall[c] in Schrecken versetzt. 19 Und deine Herrlichkeit ging durch die vier Tore[a], des Feuers, des Erdbebens, des Sturmes und des Hagels, um den Nachkommen Jakobs das Gesetz und dem Volk Israel die Gebote[b] zu geben. 20 Aber du hast das böse Herz[a] nicht von ihnen weggenommen, damit dein Gesetz in ihnen Frucht brächte. 21 Weil er nämlich ein böses Herz (in sich) trug, verging sich der erste Adam[a] und wurde besiegt[b], ebenso aber auch alle, die von ihm abstammen. 22 So entstand eine dauernde Krankheit: das Gesetz im Herzen des Volkes zusammen mit der Wurzel des Bösen[a]; das Gute

16 a) Mal 1,2f.
   b) Vgl. Gen 32,11.
17 a) Vgl. XIV 4.29.
18 a) Vgl. Ex 19,16f.; Ps 18,10; 143,5; Ant Bibl 15,6.
   b) (Hast du) die Erde bewegt Syr, ähnlich Äth Geo, wie es dem Kontext entspricht. Lat statuisti (terram) ist nach Hilgenfeld, Volkmar, Gunkel, Violet II Übersetzung von ἔστησας statt des richtigen ἔσεισας.
   c) Das Meer *(baher)* Äth; Hilgenfeld verbessert in *beher* »Land«.
19 a) Vgl. Ps 78,23; Gen 28,17; 1 Kön 19,11f.; Hen (äth) 34–36. Sicherlich ist an die Tore des Himmels gedacht, so Geo[J]. Von vier Himmeln spricht der Text nicht, so daß man jedem von ihnen ein Tor zuweisen könnte (so Gunkel). Eher möchte man annehmen, daß die Tore sich an den vier Himmelsrichtungen befinden.
   b) Vgl. XIV 21f. Lat liest den Sing. diligentiam; der Plural steht in Syr Ar[1].
20 a) Vgl. IV 30f. VII 92. Die Formulierung und auch die Vorstellung dürfte wohl dem Targ. Jer (3,17; 7,24; 11,8) entnommen sein: *lb bjš*. – Den nämlichen Sachverhalt bringt der Begriff »der böse Trieb« *(jeṣär hārāʿ)* zum Ausdruck, siehe Billerbeck IV 466–483. Die beiden Formulierungen werden (nach Billerbeck IV 466) über die Deutung von *lbb* »Herz« miteinander sachlich in Beziehung gebracht: »Die beiden Termini, ›guter und böser Trieb‹ scheinen aus Gn 6,5 und 8,21 gebildet zu sein; den Schriftbeweis für diesen Doppeltrieb im Menschen fand man gern in dem mit zwei *b* geschriebenen *lebāb*, das gedeutet wurde = Herz *leb* mit zwei Trieben«. Zur Problematik in 4 Esra siehe Porter: The Yecer hara, S. 146–152; Bousset-Greßmann: Die Religion des Judentums, S. 404f.; Brandenburger: Adam und Christus, S. 27–33; Thompson: Responsibility, S. 332–339. Esra leidet sehr unter dem Gedanken, daß das »böse Herz« die Ursache von Sünde, Leid, Tod und Verderben ist (VII 48). Alles wäre anders, für die Menschen gut und heilvoll, wenn es das »böse Herz« nicht gäbe. So kann Violet II sagen: »Die Frage nach dem ›bösen Herzen‹ oder ›Triebe‹ ist m. E. das eigentliche Problem der Apok. Esra.« Reese: Geschichte, S. 128, sagt, auch mit Verweis auf V. 10.27: Gott kommt nicht zum Ziel. Gott hat sein Heilshandeln nicht abgesichert, so daß es nicht zum Ziel führte. Siehe auch den Abschnitt »Das Problem des bösen Herzens« bei Brandenburger, Verborgenheit 5.33.
21 a) Volkmar übersetzt: Adam zuerst; vgl. Gry. Der Text könnte so verstanden werden. Dagegen spricht Ar[1] mit der Deutung »unser erster Vater« und die rabbinische Formulierung »der erste Adam«, d. h. »der erste Mensch«; vgl. Billerbeck III 477f.
   b) Er unterlag dem »bösen Herzen«.
22 a) Hier ist wohl weniger der »böse Trieb« angesprochen als die nicht beseitigte Wurzel der Sünde; vgl. IV 31; VIII 53; Röm 7,7. 20.24. Apc Bar (syr) 51,3 spricht von der Wurzel der Weisheit, die in das Herz gepflanzt wurde.

schwand, das Böse blieb. 23 Die Zeiten gingen vorüber, die Jahre vergingen. Da hast du dir einen Knecht erweckt[a], namens David. 24 Du hast ihm befohlen, die Stadt, die deinen Namen trägt[a], zu erbauen und in ihr von deinem Eigentum Opfer darzubringen[b]. 25 Das geschah viele Jahre. Die Bewohner der Stadt jedoch sündigten gegen dich[a]; 26 sie handelten in allem so wie Adam und alle seine Nachkommen. Denn sie besaßen[a] auch selbst das böse Herz. 27 Da hast du deine Stadt den Händen deiner Feinde ausgeliefert. 28 Damals sagte ich in meinem Herzen: Handeln die Bewohner Babylons besser? Und hat er deswegen Zion gezüchtigt[a]? 29 Als ich aber hierher gekommen war, sah ich die zahllosen Freveltaten – und meine Seele sah viele sündigen in diesem dreißigsten Jahr[a] –, und mein Herz entsetzte sich, 30 weil ich sah, wie du sie, die Sünder, erträgst und die Frevler verschonst[a], dein Volk aber vernichtest, deine Feinde am Leben erhalten 31 und niemand offenbart hast, wie dieser Weg zu begreifen sei[a]. Hat[b] Babylon besser gehandelt

23 a) Du hast eingesetzt Syr Äth (= *qûm Hi.*).
24 a) Jerusalem ist die Stadt Gottes. Syr Äth lesen: eine Stadt für deinen Namen; auch Lat civitatem nominis tui könnte in dieser Weise gedeutet werden. Dann stünde wohl die dtn und dtr Theologie im Hintergrund (vgl. Dtn 12,5 u.o.; 1 Kön 11,36; 14,21; 2 Kön 21,4.7). Jerusalem wird aber auch die »Stadt Jahwes« genannt (Jes 60,14; Ps 48,9; 101,8).
 b) Arm liest zusätzlich: Darauf hast du seinen Sohn Salomo erweckt, dem du im Nachtgesicht befohlen hast, den Tempel zu bauen und darin die ganze Menge Gebete verrichten und Opfer darbringen zu lassen. Die Erweiterung ergänzt nach dem historischen Verlauf und bringt Salomo als den Erbauer des Tempels und den Tempel als Stätte des Gebetes und des Opfers ein. Für Esra aber ist ganz Jerusalem der heilige Ort, an dem Jahwe mit Opfern verehrt wird.
25 a) Dereliquerunt Lat (+ te Hss. ME). Dies dürfte aus deliquerunt (so Lat[c], Volkmar, Bensly, Violet I) verderbt sein; vgl. Syr Äth Ar¹ Arm Geo.
26 a) Utebantur Lat; trugen Syr Äth Geo; in ihnen war Ar¹; sie hatten Ar². Kaminka: Beiträge, S. 605, möchte »trugen« (induebantur) aus *wᵉlābešū*, einer Verlesung von *wᵉloʾ kabᵉšū* herleiten.
28 a) Dominabit (dominabitur Lat[CMEc], eine Weiterbildung aus der falschen Futurform) Lat; dies ist durch Vertauschung von v und b aus dominavit (so Bensly), einer Nebenform zu domavit (vgl. K. E. Georges, Ausführliches lateinisch-deutsches Wörterbuch I,II, 9. Aufl. = Nachdruck der 8. vermehrten und verbesserten Aufl. von H. Georges, Tübingen 1951 [= Georges HW] I 2281) entstanden. Somit entfallen alle mühsamen Erklärungsversuche bei Violet II, Kaminka: Beiträge, S. 126 (Gunkel). Die Textüberlieferung geht hier auseinander: und hast du (hat er Ar¹) deshalb Zion verlassen Syr Ar¹; daß die Stadt Zion eingenommen worden ist Äth; ist deswegen Zion verschmäht worden Arm; vgl. was hast du Gutes getan mit deiner Abkehr von Zion Ar²; propter hoc tradita est eis urbs Sion Geo.
29 a) In diesem dreißigsten Jahr Lat Syr; Hilgenfeld, Gunkel, Violet II, Box, lesen mit Äth Ar¹˙² Arm: nun schon dreißig Jahre lang. Das ist sicherlich die leichtere Lesart. III 1 jedoch sagt nicht, daß Esra dreißig Jahre lang in Babylon war, sondern spricht nur vom dreißigsten Jahr. Ob die Sünden Babels in diesem Jahr genauso waren »wie in allen vorher« (Volkmar) oder schlimmer, ist dem Text nicht zu entnehmen.
30 a) Pepercisti Lat: »verschonst« mit Gunkel, Violet II. Perles: Notes critiques, S. 184, verweist auf *ʾth nośeʾ*; vgl. Syr Äth: schonst. – Esra leidet unter dem alten Problem, das auch die Weisheit beschäftigt hat (vgl. Ps 49; 73) und Baruch bedrückt (vgl. Apc Bar (syr) 11,1–3; 14,2; 15,2).
31 a) Wie dieser Weg zu begreifen sei Syr *(mtdrkʾ)*; quomodo debeat derelinqui via haec Lat,

als Zion? 32 Oder hat dich ein anderes Volk erkannt außer Israel? Oder welche Stämme haben deinen Bündnissen so geglaubt wie die Jakobs, 33 deren Lohn sich nicht gezeigt und deren Mühe[a] keine Früchte getragen hat? Ich habe doch die Völker hin und her durchwandert[b] und sie im Überfluß gesehen, obwohl sie nicht an deine Gebote denken. 34 Nun also wiege unsere Sünden und die der Weltbewohner auf der Waage[a]! Dann wird sich zeigen, wohin der Ausschlag des Waagebalkens sich neigt[b]. 35 Oder wann haben die Bewohner der Erde vor deinem Angesicht nicht gesündigt? Oder welches Volk hat so deine Gebote gehalten[a]? 36 Einzelne Menschen, mit Namen zu nennen[a], die deine Gebote gehalten haben, wirst du zwar finden, Völker aber wirst du nicht finden. IV 1 Da antwortete mir der Engel, der zu mir gesandt worden war, mit Namen Uriel[a], 2 und sagte zu mir: Dein Herz entsetzt sich so sehr[a] über diese Welt, und du begehrst, den Weg des Höchsten zu begreifen? 3 Ich sagte: Ja, mein Herr. Er antwortete mir und sagte: Ich bin gesandt, um dir drei Wege[a] zu zeigen und dir drei Gleichnisse vorzule-

wie das Ende dieses Weges sei Äth; quare cecidissent viae illae eorum Geo; daß du deinen Weg verworfen hast Ar[1]. Gunkel, dem sich Brandenburger: Die Verborgenheit, 1.5 vor Anm. 9 u. ö. anschließt: »Wie dieser dein Weg geändert werden soll«. Myers z. St: »should be abandoned«. Doch es geht Esra (siehe IV 2f.) nicht darum, daß Gott seinen Weg aufgebe, sondern darum, daß er, Esra, Gottes Weg verstehe, so mit Recht auch Koch: Esras erste Vision, S. 59. Er bittet um Offenbarung, damit er den Weg Gottes begreife. Die beiden verschiedenen Textüberlieferungen erklären sich nach Violet II (vgl. schon Clemen, Hilgenfeld) aus der nämlichen griechischen Vorlage: καταληφθῇ = Syr; καταλειφθῇ = Lat, vgl. Äth Geo Ar[1], vgl. Röm 11,33f.; Apc Bar (syr) 14,8f.; 15,3.
b) Facit Lat, ebenso Äth; Syr Ar[1] Arm Geo lesen das Perfekt.
33 a) Gedacht ist an die Erfüllung des Gesetzes, die den Menschen belastet und Mühe macht.
b) Pertransiens enim pertransivi Lat: Wiedergabe des hebr. Inf. abs. + Verbum finitum, ebenso Syr.
34 a) Vgl. Hi 31,6; Hen (äth) 41,1; 61,8; Hen (sl) 52; 15; Apc Bar (syr) 41,6; zum Bild von der Waage und dem Abwiegen der Taten und Geschicke des Menschen siehe Volz: Eschatologie, S. 293.
b) Momentum puncti ubi declinet Lat. punctum ist eigentlich das Merkzeichen »am Wagebalken der einschaligen Wage (statera), an dem die einzelnen Gewichtmaße und Verhältnisse durch Punkte angedeutet sind« (Georges HW II 2086). Syr (wird sich ein sich nicht neigender Ausschlag des Balkens zeigen) und Äth (wie wenig den Ausschlag der Waage ablenkt, so auch Violet II) drücken den nämlichen Gedanken negativ aus. Hinter dem lat. momentum puncti steht nach Hilgenfeld ῥοπὴ ζυγοῦ; vgl. Jes 40,15; Prv 16,2.
35 a) Gunkel, Violet II, Rießler: »oder wann hätten ... hätte ...«.
36 a) Namen werden, vielleicht absichtlich, nicht mitgeteilt. Gunkel denkt an »Hiob und andere gerechte Nicht-Israeliten«, ebenso Box, der auf Röm 2,26f. verweist, wo Paulus das Thema behandle. Nach Kaminka: Beiträge, S. 605, wäre ʿᵃnašîm falsch als ʾanšê šem gelesen worden. – Vgl. zur Aussage von V. 36 Tosefta Sanh. 13,2.

IV 1 a) Uriel wird hier – vgl. Hen(äth) 21,5.9; 27,2; 33,3.4 – als Offenbarungsengel gewertet; anders Hen(äth) 20,2.
2 a) Excedens excessit Lat: inf. abs. + verbum fin.; vgl. Syr Äth Geo.
3 a) Mit den drei Wegen, d. h. Verfahren, und Gleichnissen sind die Fragen von V. 5 gemeint.

gen. 4 Wenn du mir davon eines erklären kannst, werde ich dir den Weg zeigen, den du zu sehen wünschst, und dich belehren, weshalb es das böse Herz gibt[a].

5[a] Ich sagte: Rede, mein Herr! Er sagte zu mir: Geh, wiege mir das Gewicht des Feuers oder miß mir das Maß[b] des Windes, oder ruf mir den Tag zurück, der vergangen ist. 6 Ich antwortete und sagte: Wer von den Geborenen könnte (dies) tun[a], so daß du mich über diese Dinge fragst? 7 Er sagte zu mir: Wenn ich dich gefragt hätte: Wie viele Wohnungen gibt es im Herzen des Meeres oder wie viele Quellen im Anfang[a] der Tiefe, oder wie viele Wege[b] über dem Firmament, oder wo sind die Tore der Unterwelt[c] oder die Zugänge zum Paradies[d], 8 hättest du mir vielleicht gesagt: Ich bin weder in die Tiefe hinabgestiegen, noch bisher in die Unterwelt hinabgestiegen[a], noch bin ich jemals in den Himmel hinaufgestiegen, noch ins Paradies gelangt[b]. 9 Nun aber habe ich dich nur über Feuer, Wind und den gestrigen[a] Tag gefragt, über Dinge, ohne die du nicht sein kannst[b], und du hast mir darüber keine Antwort gegeben. 10 Und er sagte zu mir: Du kannst schon das nicht erkennen, was dein und mit dir verwachsen[a] ist, 11 wie kann deine Fas-

---

4 a) Vgl. III 21.26.

5 a) Der zweite Gesprächsgang umfaßt nach Koch: Esras erste Vision, und Harnisch: Der Prophet, IV 5–11a: Lehranforderung (IV 5a), drei Aufgaben (5b), rhetorische Frage (6), Folgerung (7–11). Nach Brandenburger: Die Verborgenheit, umfaßt der erste: IV 1 (3)–11c.
b) »Maß« mit Syr Äth Geo, während Lat flatum »Wehen« liest, eine naheliegende Verwechslung von satum (Violet II) und flatum. satum dürfte auf griech. σάτον (so Hilgenfeld) zurückgehen, wie A (Σ) Gen 18,6; 1 Sam 25,18; Jes 27,8 für s'h übersetzen. Vgl. Hi 28,5; Prv 30,4f.; Gen. r. 24,2; Lev. r. 16,1f. – Feuer und Wind sind zusammen genannt III 19; VIII 22; Sap 13,2.

6 a) Vgl. Apc Bar (syr) 14,9.

7 a) Gemeint ist wohl: dort, wo an der untersten Stelle die Tiefe beginnt. Vgl. Hi 38,16f.
b) Lat liest gegen viae Syr Äth Geo Ar² Arm: venae »Quellen«, nach dem vorausgehenden Text im Blick auf Gen 7,11 anstelle von viae verständlich. – Es handelt sich um die Bahnen der Sterne.
c) Oder, wo sind die Tore der Unterwelt: fehlt in Lat, wohl durch Homoiotel. (so Box).
d) Wege Syr Äth Ar¹; introitus Arm Geo; exitus Lat (Verwechslung von εἴσοδοι und ἔξοδοι?). Vgl. AntBibl 13,9; 19,10. – Zu IV 5.7 und V 36f. weist Reese: Geschichte, S. 136, darauf hin, daß hier formal Schulfragen aus dem Schulbetrieb der Weisheit vorliegen.

8 a) Lat zieht bei gleichem Verbum die beiden ersten Satzglieder in eines zusammen und liest das 2. Verbum nicht: In abyssum non descendi neque in infernum adhuc. – Vgl. Hi 38,16f.; Dtn 30,12f.; Prv 30,4.
b) Non intravi in paradisum Arm Lat^L 2 äth. Hss; neque paradisum vidi Ar² Geo. Anscheinend ist an das himmlische Paradies gedacht (Box; Stone: Paradise, S. 85).

9 a) Die Textüberlieferung ist uneinheitlich: Tag, der vergangen ist Äth Ar^1.2; Tag, durch den du gegangen bist Lat Syr; die praeterito, per quem tu transisti Geo. Volkmar verweist auf griech. η(ν) διεβη(ς) als Vorlage.
b) Ohne die du nicht sein kannst Lat^CME Syr Geo Ar². Lat^AS Arm lesen: denen du nicht fremd sein kannst, Äth (Ar²): und siehe, du kannst es nicht erkennen. Volkmar denkt an ὧν χωρίζεσθαι für Lat, ὧν γνωρίζειν (Violet II γνωρίζεσθαι?) für Äth (Ar²).

10 a) Tecum coadulescentia Lat; welche mit dir groß werden Syr Geo; was bei dir ist Äth; quaecumque tecum nutrita sunt Arm, was vielleicht (so Hilgenfeld) auf συμφυόμενα bzw. συμ-

sungskraft den Weg des Höchsten erfassen? Denn im Unermeßlichen wurde der Weg des Höchsten geschaffen[a]. Du kannst nicht, vergänglich[b] in einer vergänglichen Welt, den Weg dessen, der unvergänglich ist, erkennen[c]? Als ich das gehört hatte, fiel ich nieder auf mein Gesicht[d], 12 und sagte ihm: Es wäre besser für uns, nicht dazusein[a], als (zur Welt) zu kommen und in Sünden zu leben, zu leiden und nicht zu verstehen, warum. 13 Er antwortete mir und sagte[a]: Einst zogen[b] die wildwachsenden Waldbäume[c] aus, hielten Rat und sagten: 14 Kommt, laßt uns hingehen und mit dem Meer Krieg führen, damit es vor uns zurückweicht und wir uns andere Wälder schaffen können. 15 Ebenso hielten auch die Wogen des Meeres Rat und sagten: Kommt, laßt uns hinaufsteigen und den Wald des Feldes besiegen, um uns auch dort ein neues Gebiet zu verschaffen. 16 Aber der Plan des Waldes wurde vereitelt; denn das Feuer kam und fraß ihn. 17 Ebenso auch der Plan der Wogen des Meeres; denn der Sand stand da[a] und hinderte sie[b]. 18 Wenn du nun[a] ihr Richter wärst, wem würdest du Recht geben und wen verurteilen? 19 Ich antwortete und sagte: Beide haben nichtige Pläne geschmiedet; denn das Land ist dem Wald gegeben, und der Platz des Meeres ist dazu bestimmt, die Wogen zu tragen. 20 Er antwortete mir und sagte:

φύοντα, so Blake: Georgian Version, S. 316, σοι zurückgehen kann. Vgl. VIII 8. Gunkel bemerkt: »Anspielung auf die Lehre, daß auch der Mikrokosmos aus den Elementen: Feuer, Luft (Wasser, Erde) gebildet ist.«

11 a) Denn ... geschaffen: fehlt in Lat, durch Homoiotel. (so Box). Der Weg des Höchsten ist sein Plan und Verfahren.

b) Exterritus Lat, wofür Bensly exteritus »aufgerieben« im Sinne von »vergänglich« (so Gunkel, Violet II) mit Syr Äth Geo Ar¹ Arm liest.

c) Der Satz ist in verschiedener Lesart überliefert: Lat liest, ähnlich Ar¹˙², zwei Fragen hintereinander, nachdem der Satz (siehe 11 a) fehlt: ... Und schon erschreckt durch die vergängliche Welt die Unvergänglichkeit erkennen? Syr: Und wer vergänglich ist in vergänglicher Welt, der kann den Weg dessen, der unvergänglich ist, nicht erkennen; Äth: Der du vergänglich bist, kannst den Weg dessen, der unvergänglich ist, nicht erkennen; Geo: nec poterit corruptibilis intellegere incorruptibilis viam; Arm: caducus es et in corruptibili vita habitans es, non potes cognoscere vias incorrupti. – Beide Auffassungen ergeben im Zusammenhang einen Sinn. Vgl. Jes 55,8f.; Röm 11,33; Apc Bar(syr) 44,6.

d) Der dritte Gesprächsgang umfaßt nach Koch: Esras erste Vision, und Harnisch: Der Prophet: IV 11b–21: Klage (IV 11–12), Fabel mit Frage (13–18), Bestätigung (19), Folgerung (20–21). E. Brandenburger: Die Verborgenheit, nimmt als zweiten: IV 11d–21.

12 a) Vgl. Jer 20,14; Apc Bar(syr) 10,6; Hen(äth) 38,2; Hen(sl) 41,2; b. Erub. 13b.

13 a) Es folgt eine Bildrede (Arm: audi parabolam), die in 13.14 an die Jotam-Fabel erinnert (Ri 9,8–15).

b) Lat liest proficiscens profectus (sum ad silvam lignorum), was wohl auf ἦλθον (so Violet II) hinweist. Lat und Geo (profectione profectae sunt) lassen auf inf. abs + verb. fin. schließen.

c) Wörtlich: der Wald der Bäume des Feldes.

17 a) Brachte sie zum Stehen Äth; obstitit Arm; vgl. contendit Geo, wohl aus ἔστησε statt ἔστη (Box).

b) Jer 5,22. Der Sand bildet nach der Verfügung des Schöpfergottes die Grenze des Meeres.

18 a) Enim Lat, was nach Volkmar auf eine Verwechslung von δε mit δη zurückgeht.

Du hast richtig geurteilt. Warum hast du dir selbst nicht das Urteil gesprochen? 21 Denn wie das Land dem Wald gegeben ist und das Meer den Wogen, so können auch die Erdbewohner nur das erkennen, was auf der Erde ist, die Himmelsbewohner[a] aber das, was in Himmelshöhen ist.

22[a] Ich antwortete und sagte: Ich bitte dich, Herr, wozu ist mir die Fähigkeit zu erkennen gegeben[b]? 23 Ich wollte dich doch nicht über die oberen Wege fragen, sondern über das, was täglich an uns vorbeizieht[a]: Weshalb ist Israel zur Schmach den Heiden ausgeliefert[b], das Volk, das du geliebt hast[c], gottlosen Völkern? Das Gesetz unserer Väter ist vernichtet, und die geschriebenen Anordnungen sind nirgends mehr vorhanden[d]. 24 Wir verschwinden aus der Welt wie die Heuschrecken[a], und unser Leben ist wie ein Rauch[b]. Wir sind nicht wert, Erbarmen zu finden. 25 Aber was wird er für seinen Namen[a] tun, der über uns angerufen ist? Danach habe ich gefragt. 26 Er antwortete mir und sagte: Wenn du (am Leben) bleibst[a], wirst du es sehen, und wenn du lange[b] lebst, wirst du staunen; denn die Weltzeit geht schnell

21 a) Wörtlich: die (der?) über dem Himmel; Syr Ar[1] denken anscheinend an Gott (der, welcher über dem Himmel ist), Ar[2] Arm Geo aber an die »welche im Himmel sind«. Im parallelen Aufbau des Satzes ist sicherlich der Plural im Recht.

22 a) Der vierte Gesprächsgang umfaßt nach Koch: Esras erste Vision, und Harnisch: Der Prophet, IV 22–37: Klage (IV 22–25), Feststellung (26–32), Frage (33), Auskunft (34–37). Brandenburger: Die Verborgenheit, teilt in zwei Gesprächsgänge: IV 22–32 und IV 33–37.
b) Ar[1] deutet den Satz vom Verlangen Esras her, informiert zu werden: Ich bitte dich, o Herr, mich zu unterweisen; denn ich bin mit Verstand begabt, um zu lernen. Aus Ar[2] lassen sich keine Schlüsse auf die Auffassung des Textes ziehen.

23 a) Quae cotidie nos transeunt calamitates Arm; de veniente super nos necessitudine cotidiana Geo.
b) Vgl. Apc Bar(syr)3,5.
c) Jer 31,3; Jes 43,20; PsSal 9,16; Hos 11,4.
d) Vgl. Röm 9,4; Sap 18,22. Siehe XIV 21ff. Auffällig ist »das Gesetz unserer Väter«, wo doch allem Anschein nach Jahwes Gesetz gemeint ist. Soll hier Esras besondere Leistung herausgestellt oder eine gewisse Distanz zur Thora und eine Aufwertung der apokalyptischen Literatur bereits ausgesprochen werden? Nach Kaminka: Beiträge, S. 499, ist das »Verbranntsein der Thora ... nicht physisch zu verstehen ... sondern ... als ein Vernichtetsein durch mangelnde Pflege. Die Bezeichnung lex patrum nostrorum ist, wie oft, ›Thora‹ im rabbinischen Schrifttum für die gesamte Bibel zu verstehen.« Myers übersetzt: »rendered ineffective«.

24 a) Wohl: wie die Heuschreckenschwärme ohne feste Bleibe, vom Sturm verweht.
b) Vgl. Apc Bar(syr) 14,10f. – Rauch Äth Ar[1]; Hauch Syr; Nebel Ar[2]; pavor Lat, ein Schreibfehler für vapor.

25 a) Großen Namen Syr Geo°; heiligen Namen Äth Ar[1]. Vgl. X 22; Jos 7,9; 2 Makk 8,15; Apc Bar(syr) 5,1; Jes 63,19; 2 Chron 7,14; Jak 2,7.

26 a) Wörtlich: sein wirst; Hilgenfeld nimmt als griech. Vorlage ἐὰν μὲν ἧς aus ἐὰν μένῃς an; Kaminka: Beiträge, S. 127, denkt an eine Vertauschung von h und ḥ (thjh und tḥjh). Violet II urteilt m.E. mit Recht, daß solche Varianten möglich, aber als Vorlage für die verschiedenen Übersetzungen von 4 Esra nicht nötig sind. – Vgl. IV 51; V 4.41; XIV 34.
b) Lange Syr; die Überlieferung ist nicht einheitlich: et si vixeris, frequenter miraberis Lat; wenn du leben wirst, wirst du es zu seiner Zeit erkennen Äth; et si vixeris, prosus intelliges Geo. Unklar ist Ar[1], während Ar[2] (wenn du lebst, wirst du erstaunen) anscheinend keine Beifügung kennt. Dem Kontext entspricht am besten Syr.

vorüber[c]. 27 Sie vermag nicht zu bringen, was den Gerechten zu ihrer Zeit verheißen wurde; denn diese Welt ist voll Trauer und Übeln[a]. 28 Denn das Böse, wonach du mich fragst, ist ausgesät; aber seine Ernte[a] ist noch nicht gekommen. 29 Bevor also nicht geerntet ist, was ausgesät war, und der Platz nicht verschwunden ist, wo das Böse gesät worden war, wird der Acker nicht erscheinen, wo das Gute gesät ist. 30 Denn ein Korn des bösen Samens wurde am Anfang in das Herz Adams gesät. Doch wieviel Sündenfrucht[a] hat es bisher hervorgebracht und wird es hervorbringen, bis die Ernte[b] kommt. 31 Erwäge nun selbst: Ein Korn des bösen Samens hat so viel Sündenfrucht hervorgebracht. 32 Wenn nun zahllose Ähren des Guten[a] ausgesät sein werden, welch große Ernte müssen die erbringen. 33 Ich antwortete und sagte: Wie lange noch[a]? Und wann wird das sein? Unsere Jahre sind ja[b] so kurz und böse. 34 Er antwortete mir und sagte: Eile nicht mehr als der Höchste[a]! Du hast nämlich nur Eile deinetwegen[b], der Höchste aber für vie-

c) Vgl. 1 Kor 7,31; Apc Bar(syr) 20,1.
27 a) Krankheiten bzw. Schmerzen Lat Syr Äth Ar[1]; Schlechtigkeiten Ar[2]; miseriis, turbatione Geo[o]; (homines huius mundi pleni sunt) iniustitia Arm.
28 a) Seine Ernte Äth Geo Arm; Tenne Syr Ar[1]; districtio Lat (Wellhausen nach Violet II = Mahd). Vgl. Mt 13,39.
30 a) Sündenfrucht Syr Geo Äth; (quantum) impietatis Lat; siehe aber fructum impietatis Lat in V. 31.
b) Ernte Äth; vgl. die Zeit der Ernte Ar[2]; Tenne Lat Syr Geo; vgl. bis es zu seiner Tenne gelangt Ar[1].
32 a) Zahllose Ähren des Guten Syr; vgl. Geo Äth (ein Korn guten Samens), Ar[1] (Ähren des Segens und des Guten); des Guten fehlt in Lat Ar[2], ist aber nach dem Zusammenhang gemäß dem Qal Vachomer-Schluß zu erwarten; vgl. Harnisch: Verhängnis, S. 170f.: »Der angelus interpres erwähnt das ›granum seminis mali‹ also nur, um ihm die ›unzähligen Ähren des Guten‹ gegenüberzustellen. Es geht ihm primär um die verheißungsvolle Wahrheit, daß die positiven Folgen des Guten die negativen Wirkungen des Bösen bei weitem übertreffen.« Dahinter steht der »Gegensatz zwischen ›diesem‹ und dem ›künftigen Äon‹«.
33 a) Vgl. Apc Bar(syr) 21,19. Die Fragen nach dem Wann, Bis-wann und Wie-lange gehören zu den Stilelementen der Klage; vgl. Ps 13,2 u.o.
b) Ja Syr Äth Geo Ar[1.2]; quare Lat. Esra fragt nicht, warum das menschliche Leben so kurz sei, sondern wann die Ernte des Guten (im kommenden Äon) erscheint. Myers übersetzt »why«.
34 a) Wörtlich: Du eilst ... Ar[1] faßt den Satz als Frage auf: Bist du in dieser Sache eiliger als der Höchste? Kaminka: Beiträge, S. 127f., ist der Auffassung, daß Vulg (tu enim festinas inaniter esse super ipsum, nam excessus tuus multus) den relativ besseren Text biete, und der erste Übersetzer das hebräische 'l thws̆ in der Bedeutung »eilen« aufgefaßt und den Sinn der letzten Worte verkannt habe. Kaminka übersetzt: »Sorge nicht für Gott, du sorgst unnützerweise für ihn in deiner großen Ungeduld.« Auch wenn man Syr in dieser Richtung deuten kann – Syr kann nämlich auch so verstanden werden, als bange Esra: »Du bangst dich nicht mehr als der Höchste, denn du bangst ...« –, so ist doch nach dem Kontext dies nicht das Problem Esras, sondern (siehe V. 33.35) der anscheinend weit entfernte kommende Äon. So enthält V. 34 tatsächlich »eine scharfe Zurechtweisung Esras ... Der Offenbarer macht mit Nachdruck geltend, daß das ›festinare‹ Gottes einen eigenen Maßstab hat: Es richtet sich nach der feststehenden Zahl der auserwählten Gerechten, die vor Ablauf der Zeit dieses Äons erreicht werden muß (vgl. V. 36) ... Die Zahl der ›Vielen‹, um derentwillen die Bewegung der Zeit ange-

le. 35 Haben nicht schon die Seelen der Gerechten in ihren Kammern[a] diese Fragen gestellt, als sie sagten: Wie lange soll ich noch so warten? Wann kommt die Frucht auf der Tenne unseres Lohnes? 36 Darauf hat der Erzengel Jeremiel[a] geantwortet und gesagt: Dann, wenn die Zahl derer voll[b] ist, die euch ähnlich sind[c]. Denn er hat die Welt auf der Waage gewogen, 37 mit dem Maß die Zeiten gemessen, nach der Zahl die Epochen abgezählt[a]. Er setzt nicht in Bewegung[b] und weckt nicht auf[c], bis das festgesetzte Maß erfüllt ist.

38 [a]Ich antwortete und sagte: Herrscher, Herr[b], aber auch wir sind alle voll

halten wird, liegt von Anfang an im göttlichen Heilsentwurf fest« (Harnisch: Verhängnis, S. 278f.). Ar² (aber der Höchste macht ... diese Dinge mit Weile) und Arm (et Altissimus longanimis est) interpretieren in Richtung auf eine Verzögerung, worauf die Antwort sachlich hinausläuft. Eine Verbesserung der Lat in »festina spiritu« (Weber, Biblia Sacra) ist unnötig. – Vgl. IX 12; Apc Bar (syr) 23,5.

b) Um dich selbst Syr; um deiner selbst willen (allein) Äth Ar[1.2] Arm. Lat ist offensichtlich verderbt.

35 a) Vgl. Prv 7,27; siehe unten V. 41; VII 32.80.95.101, vgl. V 9.27; VI 22 Apc Bar(syr) 21,19; AntBibl 32,13. Vgl. Volz: Eschatologie, S. 140, 257, 264.

36 a) Vgl. Hen(äth) 20,8; ApcEl 10,9; Sib 2,215–217; Apc Bar (syr) 55,3. – Ein Wort des Erzengels Jeremiel wird hier zitiert, das er den verstorbenen Gerechten gesagt hat, die ihn wie Esra (V. 35) gefragt haben. Ihnen wird »unmißverständlich klargestellt: Das den Gerechten zugesagte Heil (vgl. 4, 27a) kommt zu seiner Zeit, nämlich dann, wenn die von Gott festgesetzte Zahl der Heilsempfänger erreicht ist.« Wenn die hebräische Namensform des Erzengels ursprünglich Jerachmeel (vgl. Box; Violet II mit Verweis auf Jer 36,26) ist, antwortet so das Erbarmen Gottes. »Der bestimmte, doch nur Gott bekannte ›numerus iustorum‹ stellt den geheimen Determinationsfaktor dar, nach dem sich das ›festinare Altissimi‹ wie auch das ihm korrespondierende ›festinare‹ des ›saeculum (hoc)‹ richten« (Harnisch: Verhängnis, S. 280). Wie Harnisch zu Recht bemerkt, haben die Menschen nach unserem Text keinen Einfluß auf das Kommen des Endes, auch nicht durch Bußleistungen.

b) Apc Bar(syr) 23,5.

c) Apc Bar(syr) 2,1; 21,24; 57,1; 59,1; 66,7; vgl. Apc 6,11. – Seminum Lat, was Kaminka: Beiträge, S. 500, für eine richtige Lesart hält und auf Israel, das unter die Völker verstreut ist, bezieht. Die euch (dir Ar²) gleichen Syr Äth (Ar²).

37 a) Vgl. Weish 11,20; Jes 40,12; Hi 28,25; AssMos 12,4. Gott hat alle Zeitabläufe von vornherein festgelegt, ihnen ihr Gewicht, ihr Maß und ihre Zahl zugewiesen. Dieser Äon ist begrenzt und damit endlich, und Gott allein kennt und verfügt seine Begrenzung.

b) Syr Äth Geo (er wird nicht ruhen [schweigen]) deuten wohl in dem Sinn, daß Gott bemüht ist, das vorher bestimmte Ende auch herbeizuführen.

c) Harnisch: Verhängnis, S. 285f., macht darauf aufmerksam, daß zu commovet und excitabit das Objekt fehlt und sagt: »Beachtet man, daß die VV. 36f. an die ›animae iustorum‹ gerichtet sind, so liegt es nahe, den Satz ›et non commovebit nec excitabit‹ auf diese selbst zu beziehen und als Objekt ein ›vos‹ zu ergänzen. V. 37c besagt dann, daß Gott die in den Vorratskammern (prumptuaria) aufbewahrten ›Seelen der Gerechten‹ erst dann aus ihrer Ruhe aufstören und auferwecken wird, wenn das vorherbestimmte Zeitmaß erfüllt ist.« Das Stichwort »Maß« (mensura) jedoch weist eher auf die Zeiten (tempora). Die sich bis zum Ende hinausziehende Zeit, nicht die Vollzahl oder die möglichst große Zahl der Gerechten ist das Problem Esras an dieser Stelle; vgl. Anm. b). Nach VII 31 »wird die Welt, die noch nicht ist, erweckt werden (excitabitur)«.

38 a) Der fünfte Gesprächsgang, so auch Brandenburger: Die Verborgenheit, umfaßt nach

von Sünde. 39 Wird nicht vielleicht unseretwegen die Ernte der Gerechten aufgeschoben, wegen der Sünden der Erdbewohner[a]! 40 Er antwortete mir und sagte: Geh und frag eine Schwangere[a], ob ihr Schoß, wenn ihre neun Monate um sind, ihr Kind noch in sich zurückhalten kann. 41 Ich sagte: Sie kann es nicht, Herr. Er sagte zu mir: In der Unterwelt sind die Kammern der Seelen[a] dem Mutterschoß ähnlich. 42 Denn wie die Gebärende bald den Nöten der Geburt zu entrinnen strebt, so sind auch diese bestrebt, das wieder herzugeben[a], was ihnen im Anfang[b] anvertraut wurde. 43 Dann wird dir gezeigt werden, was du zu sehen begehrst.

44 [a]Ich antwortete und sagte: Wenn ich Gnade vor deinen Augen gefunden habe[b], und wenn es möglich ist, und wenn ich dazu fähig[c] bin, 45 zeig mir auch dies, ob noch mehr kommen soll, als vergangen ist, oder ob das meiste schon an uns vorübergegangen ist[a]. 46 Denn was vorübergegangen ist, weiß ich[a]. Aber was die Zukunft bringt, kenne ich nicht. 47 Er sagte zu mir: Stell dich auf die rechte Seite[a], dann will ich dir die Deutung des Gleichnisses zeigen[b]. 48 Ich stellte mich hin und sah, wie[a] ein glühender Ofen an mir vor-

Koch: Esras erste Vision, und Harnisch: Der Prophet: IV 38–43: Frage, Einwand (IV 38–39), Bildwort (40), Bestätigung (41a), Folgerung im Vergleich (41b–43).
   b) So wird der Engel angesprochen; die Anrede Gottes (wohl Übersetzung von »Herr, Jahwe«) wird auch im AT auf den Engel Jahwes übertragen.
39 a) Esra scheint hier das Problem zu beschäftigen, daß die Zahl der Gerechten doch möglichst groß sein müsse, durch die Sündhaftigkeit der Menschen aber (lange) nicht erreicht werden könne, und das Ende sich deshalb hinausschiebe.
40 a) Vgl. Apc Bar(syr) 22,6. Das Bildwort und der sich anschließende Vergleich (V. 42) lenken Esras Aufmerksamkeit auf das bereits Gesagte zurück: Gott allein bestimmt den Zeitpunkt für die »Ernte der Gerechten«. Auch das Verhalten der Menschen, selbst ihre Unbußfertigkeit kann daran nichts ändern, weder an der gesetzten Frist, noch an der Vollzahl der Gerechten.
41 a) Gunkel bezieht »Seelen« hier auf die noch ungeborenen Menschen; doch sind (vgl. V. 35) sicherlich (so auch Box; Volz: Eschatologie, S. 38) die Verstorbenen gemeint.
42 a) Apc Bar(syr) 21,23; 30,2.
   b) Äth erklärt sachlich richtig »von der Weltschöpfung her«, spricht aber, wie auch Geo, von der Erde, die das Anvertraute wieder abgibt.
44 a) Der sechste Gesprächsgang, so auch Brandenburger: Die Verborgenheit, umfaßt nach Koch: Esras erste Vision, und Harnisch: Der Prophet: IV 44–50: Informationsbitte (IV 44–46), Ankündigung (47), Vision, Gleichnis (48–49), Folgerung (50).
   b) V 50, VI 11, VII 75.102, VIII 42. Gen 47,29 u.ö.; Apc Bar(syr) 3,2; 28,6.
   c) Siehe IV 10f. Nach Äth bittet Esra, der Engel möge es ihm möglich machen.
45 a) Vgl. Apc Bar(syr) 24,3. Auch diese Fragestellung, die Antwort in der Vision (V. 48f.) und die Deutung im Gleichnis (V. 50) sollen darauf hinweisen, daß das Ende bzw. der kommende Äon jetzt noch nicht, sondern zu dem von Gott (für später) festgesetzten Zeitpunkt erscheinen.
46 a) Anscheinend aus der biblischen Chronologie (so Gunkel).
47 a) Esra soll zusammen mit dem Engel schauen, was in der Vision gezeigt wird; deswegen tritt er auf die Seite; vgl. Box, der annimmt, daß sie sich vorher gegenüberstanden.
   b) Es geht tatsächlich um den Sinngehalt der Vision, nicht um die Schau als solche. Insofern ist die Vorwegnahme dieses Satzes, den man nach der Redeeinleitung von V. 50 erwartet, zu verstehen.
48 a) Wörtlich: und sah und siehe.

überzog[b]. Und als die Flamme vorübergezogen war, sah ich, wie Rauch übrigblieb. 49 Danach zog an mir eine Wolke voll Wasser vorbei und schickte einen sehr heftigen Regen herab. Und als der Regenschauer vorübergezogen war, blieben in ihr noch einzelne Tropfen übrig. 50 Da sagte er zu mir: Überlege selbst! Wie nämlich der Regen mehr ist als die Tropfen, und das Feuer mehr als der Rauch, so ist das Maß des Vergangenen weit größer gewesen[a]. Übrig aber sind nur noch Tropfen und Rauch.

51 [a]Ich bat (ihn) und sagte: Meinst du, daß ich noch in jenen Tagen lebe[b]? Oder was[c] wird in jenen Tagen sein? 52 Er antwortete mir und sagte: Über die Zeichen, nach denen du mich fragst[a], kann ich zum Teil zu dir reden. Über dein Leben aber dir etwas zu sagen, bin ich nicht gesandt. Ich weiß es nicht[b]. V1 Die Zeichen aber sind[a]: Siehe, Tage werden kommen[b], da werden die Erdbewohner[c] von einem gewaltigen Entsetzen[d] gepackt werden. Der

---

b) Vgl. Gen 15,17. Ar¹ malt Ofen und Rauch weiter aus.

50 a) Demnach ist das Ende nicht fern, aber der Zeitpunkt unbekannt. Vgl. AntBibl 19,14.

51 a) Der siebte Gesprächsgang umfaßt nach Koch: Esras erste Vision: IV 51–V 13, nach Harnisch: Der Prophet: IV 51–V 13 (nach Brandenburger: Die Verborgenheit: IV 51–V 12): Informationsbitte (IV, 51), Weisung (IV 52–V 13). In V 16–19 sieht Harnisch einen achten Gesprächsgang: Vorhaltung (V 16–18), Weissagung (V 19).

b) Esra hält es zumindest für fraglich, ob er das Ende erlebt, und scheint, falls »wer« (siehe Anm. c) richtig ist, die Antwort »nein« zu erwarten.

c) Wer wird in jenen Tagen sein Lat Syr (Arm); vgl. Apc Bar(syr) 41,1; was ... Äth Geo Ar¹·². Im folgenden geht es um die Zeichen, die das Ende ankündigen, so daß die Frage nach denen, die dann noch leben, nicht akut ist. Dementsprechend bietet Arm zusätzlich: aut etiam quod signum sit temporum illorum. So dürfte (mit Hilgenfeld, Volkmar, Gunkel, Rießler, Myers) »was« zu lesen sein.

52 a) Die Frage nach den Zeichen ist vorausgehend einschlußweise mit »was« gestellt. – Vorzeichen für den Untergang haben anscheinend eine lange Tradition; vgl. in einer »Omenchronik« die »47 fremdartigen Vorzeichen, welche auf den Untergang des Landes Akkad gehen«; siehe F. Nötscher: Prophetie im Umkreis des alten Israel, in: BZ N.F. 10 (1966), S. 161–197, 193f.

b) Vgl. Mk 13,22; 1 Petr 1,12; Eph 3,10. Jede nähere Festlegung auf den Eintritt des Endes, wie sie mit einer Antwort auf Esras Frage, ob er noch am Leben sein werde, geschähe, wird vermieden.

V 1 a) De mercede autem illa Geo; audi de gratia Arm. Die Darlegung über die Zeichen reflektiert kaum die Situation des Verfassers von 4 Esra (so auch Gunkel), sondern ist ein traditionell gefärbtes Stück (Harnisch: Verhängnis, S. 151 Anm.), »wahrscheinlich ist er übernommenes Gut« (Violet II). – Ar¹ erweitert sinngemäß: In betreff der Zeichen der Zeiten aber will ich dich so unterweisen. – Zu V 1–12 vgl. VI 20–24, VIII 50, XI 32, XII 24f.; Mk 13,14.22; Mt 24,15.

b) Die atl. Formel »in jenen Tagen« (Literatur dazu siehe bei Harnisch: Verhängnis, S. 308 Anm.) wird hier in streng eschatologischem Sinn gebraucht; sie »dient häufig als Einführung einer Endzeitschilderung (vgl. z.B. 4 Esr 5,1; 6,18; s Bar 24,1; 31,5)«, so Harnisch, S. 307 Anm.

c) Die Menschen werden in 4 Esra häufig Erdbewohner (bzw. Weltbewohner) genannt; vgl. III 12.35; IV 21.39; V 1.6; VI 18.24; VI 26 (z.T.); VII 72; X 59; XI 5.32.34; XII 33f.; XIII 29f.52; (III 35; IV 39; VI 26; XIII 29).

Weg[e] der Wahrheit wird verborgen sein, und das Land wird leer[f] von Glauben[g] sein.　2 Die Ungerechtigkeit wird größer werden als jene, die du jetzt selbst siehst und über die du von früher gehört hast[a].　3 Das Land, das du jetzt herrschen siehst, wird unwegsam sein, und man wird es verlassen sehen[a].　4 Wenn aber der Höchste dir das Leben gewährt, dann wirst du es nach drei Zeiten[a] in Verwirrung sehen. Die Sonne wird plötzlich bei Nacht leuchten und der Mond tagsüber[b].　5 Von Bäumen wird Blut herabtropfen[a]. Steine werden rufen[b]. Die Völker geraten in Aufruhr[c] und die Sterne[d] in Ver-

d) Kaminka: Beiträge, S. 501, deutet »Entsetzen« auf Kriegswirren; vgl. 2 Chr 15,5. – Von großem Staunen Syr; große Verwirrung Äth. Lat ist verderbt (incensu multo u. ä.), wofür Bensly, Violet in excessu multo verbessern.

e) Vgl. Apc Bar(syr) 39,6. Der Anteil Syr Äth (andere Lesart »das Land«, die wohl aus dem folgenden eingedrungen ist); aqua (veritatis) Geo.

f) Et sterilis erit a fide regio Lat. Kaminka: Beiträge, S. 128, vermutet, daß der hebräische Urtext ursprünglich gesagt habe: »die Treue wird herausgerissen, vernichtet sein *(wn[c]qrh)* auf Erden« und verweist auf Jer 7,28; Ps 12,2; Zeph 2,4; der Übersetzer habe *[c]qr* im Sinn von »unfruchtbar« verstanden.

g) Das Land des Glaubens (wird unfruchtbar sein) Syr Äth Ar[1], gedeutet als das heilige Land in Ar[2]. Apc Bar(syr) kennt »den Platz des Glaubens und der Hoffnung Gegend« (59,10), wobei jedoch kaum an das Heilige Land gedacht ist. Der Sinn unserer Stelle dürfte sein: Das Land (die Erde) wird keine Treue kennen (Volkmar).

2 a) Arm bringt eine von den anderen Übersetzungen nicht bestätigte Textgestalt: et post multiplicatam impietatem erunt nonnulli, qui loquantur de terra aut exitiis, mendacio et fabulis diversis, nonnulli errantes in simulatione sanctitatis cultus comprehensi impatientia.

3 a) Lat Syr scheinen an ein Land zu denken, das die Erde jetzt beherrscht (d.h. wohl an Rom); so auch Box, Wellhausen: Skizzen 6, S. 247, Brandenburger: Die Verborgenheit, 4.45 vor Anm. 102; vgl. XII 32f., 38–46. Äth versteht den Vers entgegengesetzt: Und herrschen wird das Gebiet, das du jetzt vernichtet und als Ruine siehst (wohl das Heilige Land). Ar[1.2] denken wohl an eine Verwüstung der Erde. – Die recht allgemein gehaltene Aussage wird also jeweils interpretiert.

4 a) Post tertiam Lat Syr; nach drei Monaten Äth; post tricesimum diem Geo; nach diesen drei Zeichen Ar[1]; nach der dritten Vision Arm; nach (einiger) Zeit Ar[2]. Sicherlich muß sinngemäß eine Zeitangabe ergänzt werden, so auch Box. (Post tertiam) tubam statt turbatam in Lat[Ac]; vgl. tuba Lat[S], wird von Volkmar als die ursprüngliche Lesart angenommen, ähnlich Volz: Eschatologie, S. 39, von den anderen Übersetzungen jedoch nicht bestätigt. Hilgenfeld scheint an das dritte, dem vierten vorausgehende Reich zu denken. Kaminka: Beiträge, S. 128, schlägt vor: »dann wirst du nach ihrem Glücke *(šlwmh* statt *šlšh)* die Verwirrung sehen«. Doch die Zahl ist nahezu allgemein bezeugt und dürfte dem Anliegen zu wissen, wann das Ende kommt, entsprechen.

b) Vgl. Joel 3,4; Am 8,9; Mt 24,29; Lk 21,25; Hen äth 80,1.4; AssMos 10,5.

5 a) Vgl. Barn 12,1.

b) Vgl. Lk 19,40; Hab 2,11.

c) Vgl. Mt 24,29; Apc Bar(syr) 48,32.37.

d) Die Sterne Äth; die Luft (Lüfte) Syr Ar[1.2], was wohl auf αερες statt αστερες zurückgeht; gressus Lat, das nach Violet I.II auf einem verderbten und als Transkription aufgefaßten καιαερες (και γρες) basiert. Wellhausen: Skizzen 6, S. 246, und GGA 158 (1896) S. 12, vermutete eine Verwechslung von διαβήματα und διαδήματα. Kaminka: Beiträge, S. 605, verweist auf *w[e]zîwām jištannäh* Dan 5,9.11; 7,28, was als *zîzām* mißverstanden worden sei (»ihre Bewegung«). Syr bietet *'r*, das V 5–9 nach Brockelmann, Lexicon Syriacum S. Ib, »aspectus« bedeuten kann und mit *zîw* »Gesichtsfarbe« in Dan 5,9.11; 7,28 in Verbindung gebracht werden kann.

wirrung. 6 Herrschen wird der, den die Erdbewohner nicht erwarten[a]. Die Vögel wandern aus. 7 Das Meer von Sodom wirft Fische aus[a]. Der[b], den viele nicht kennen, wird nachts rufen; viele werden seine Stimme hören. 8 Abgründe[a] tun sich an vielen Orten auf, und oft[b] wird Feuer herausgeschleudert. Die wilden Tiere verlassen ihr Gebiet. Frauen bringen Mißgeburten zur Welt[c]. 9 Und im Süßwasser findet man Salziges[a]. Freunde bekämpfen einander plötzlich[b]; dann wird sich die Weisheit verbergen, und die Einsicht sich in ihre Kammer zurückziehen[c]. 10 Sie wird von vielen gesucht, aber nicht gefunden. Ungerechtigkeit und Zuchtlosigkeit werden sich auf der Erde vervielfachen. 11 Dann fragt ein Land[a] das nächste[b] und sagt: Ist die Gerechtigkeit, oder[c] einer, der das Rechte tut, bei dir vorbeigezogen? Es wird das verneinen. 12 In jener Zeit wird es geschehen, daß die Menschen hoffen und nichts erlangen[a], sich abmühen, und ihre Wege nicht (zum Erfolg) gelenkt werden.

6 a) Wohl eine Anspielung auf die Zeitgeschichte, die für uns dunkel bleibt. Gunkel, Box und Violet II denken an den Antichrist.

7 a) In der Textüberlieferung scheinen zwei verschiedene Vorstellungen bezeugt zu sein: Das Meer »stößt die Fische aus« (vgl. Lat Ar[1]); das Tote Meer, in dem sonst keine Fische leben »wird viele Fische schaffen« (so Syr Ar[2]). Allerdings nimmt sich das Bild des Segens in einer Schilderung der Vorzeichen des Endes seltsam aus (so Kaminka: Beiträge, S. 129). Wellhausen: Skizzen 6, S. 246, hält sodomiticum für einen falschen Zusatz und übersetzt: Das Meer wirft seine Fische aus.
b) Quem mit Wellhausen: Skizzen 6, S. 246; Weber, Biblia Sacra; der, welcher Ar[2]. Wer ruft ist unklar; Ar[1] denkt an die Fische, Gunkel an das Meeresbrausen als Vorzeichen des Endes, Volkmar an die Nachteule (noctua).

8 a) Chaus Lat, erinnert an das Chaos; Gruben Syr, Getöse Äth, Lässigkeit und Staunen Ar[1] scheinen auf ein verschieden verlesenes oder gedeutetes χάος zurückzugehen (χάη bzw. χάσματα, ἦχος, ἄχος), vgl. Volkmar, Violet I. Wellhausen: Skizzen 6, S. 246f. meint: »Chaus ist vom Syrer richtig als χάσμα verstanden (Zach. 14,4); denn das Feuer bricht daraus hervor. Per loca multa bedeutet nicht: an vielen Stellen, sondern auf weite Strecken. Der Ausdruck ist prägnant für: der Riss entsteht und geht über weite Strecken.« Er übersetzt »ein Erdspalt« und denkt an »den Ausbruch des Vesuv im Jahre 79« (S. 247).
b) Frequenter Lat Äth; fortwährend Syr Geo. Wellhausen bemerkt: »Frequenter bedeutet in 4 Esdrae nicht: häufig, sondern: lange Zeit, dauernd (4,26; 7,112).«
c) Et mulieres parient menstruatae monstra Lat; menstruatae ist wohl eine fälschliche, von den anderen Übersetzungen nicht bezeugte Doppelung, vgl. Wellhausen: GGA 158 (1896), S. 11; Gunkel, Box, Violet.

9 a) ParJer 9,16.
b) VI 24; vgl. Sir 37,2; Apc Bar(syr) 70,6.
c) Apc Bar(syr) 48,36; 70,5. Separabitur Lat geht nach Perles, REJ 73 (1921), S. 184, auf χωρίσει statt χωρήσει zurück.

11 a) Ein Ort Syr; eine Stadt Äth.
b) Regio regionem et proximus proximum Geo.
c) Oder Syr Äth.

12 a) Vgl. Apc Bar(syr) 70,5. Syr liest hier zusätzlich: und sich ermüden und nicht finden, Äth Geo: und heiraten und nicht froh werden. Arm bietet: laborabunt laboribus et non requiescent, edent et non delectabuntur operibus manuum suarum. Violet II denkt deshalb an eine Lücke in Lat.

13 Diese Zeichen dir zu sagen, ist mir gestattet worden. Wenn du aber wieder betest und weinst wie jetzt und sieben Tage fastest[a], wirst du wiederum Dinge vernehmen, die noch größer sind als diese. 14 Ich erwachte; mein Körper zitterte sehr, und meine Seele litt bis zur Erschöpfung[a]. 15 Aber der Engel, der gekommen war und mit mir redete, hielt mich fest, gab mir Kraft und stellte mich auf die Füße[a].

16 In der folgenden Nacht aber kam Phaltiel[a], der Fürst des Volkes, zu mir und sagte zu mir: Wo warst du, und warum ist dein Gesicht traurig? 17 Oder weißt du nicht, daß Israel im Land seiner Gefangenschaft dir anvertraut ist[a]? 18 Steh also auf und iß ein wenig Brot! Verlaß uns nicht wie ein Hirt, der seine Herde der Gewalt böser Wölfe überläßt[a]. 19 Ich sagte ihm: Geh jetzt fort von mir und komm vor sieben Tagen nicht wieder zu mir her. Wenn du dann kommst, will ich dir Antwort geben[a]. Er gehorchte meinem Wort und ging weg von mir.

20 Ich aber fastete sieben Tage klagend und weinend, wie mir der Engel Uriel befohlen hatte. 21 Nach den sieben Tagen aber bedrängten mich die Gedanken meines Herzens sehr. 22 Meine Seele bekam wieder den Geist der Einsicht, und ich begann wiederum, vor dem Höchsten (diese) Worte zu sprechen

23 [a] und sagte: Herrscher, Herr, aus allen Wäldern der Erde und aus allen ihren Bäumen hast du dir den einen Weinstock[b] erwählt, 24 aus allen Ländern der Erde hast du dir das eine Land[a] erwählt, aus allen Blumen der Erde hast du dir die eine Lilie[b] erwählt, 25 aus allen Tiefen des Meeres hast du dir den einen Bach[a] gefüllt, aus allen erbauten Städten hast du für dich selbst den

13 a) Fasten bereitet zum Offenbarungsempfang vor: VI 31.35; IX 23; XII 51; Apc Bar(syr) 9,2; 12,5; 21,1.
14 a) Vgl. III 1; VI 37; X 25.30; Dan 7,28; 8,17; 10.8.15; Apc Bar(syr) 21,26; 48,25; Hen äth 14,14.
15 a) Vgl. Dan 8,17f.; 10,8–10.15–18.
16 a) Der Name steht 2 Sam 3,15; Num 34,26. Box verweist auf Pelatja 1 Chr 6,21. Brandenburger: Die Verborgenheit, 4.3 vor Anm. 61: »Phaltiel war nur da, um verborgen auf Esras eigentliche Funktion hinzuweisen«; vgl. XII 40b–50.
17 a) Vgl. Apc Bar(syr) 10,2; 33,2.
18 a) Vgl. AssMos 11,9; Apc Bar(syr) 32,9; 77,13f.; Act 20,29.
19 a) Will ich dir Antwort geben Syr Äth Ar[1.2] (Geo).
23 a) Nach der Einleitung (20–22) beginnt hier der erste Gesprächsgang: V 23–32, vgl. Harnisch: Der Prophet: Klage (V 23–30), Lehreröffnung (31–32). – Zu den verschiedenen Bildern für Israel vgl. Cant.r. 2,2.
   b) Vgl. Ps 80,9; Jes 5,7; Hos 10,1; Apc Bar(syr) 36,3.
24 a) Foveam Lat, vgl. fundum (= βόθρον) Geo, wird von Gunkel als »Pflanzgrube« verstanden; doch der Aufbau der ganzen Vergleichsreihe spricht nicht dafür, daß dies die ursprüngliche Lesart sei. Zimmermann: Underlying Documents, S. 120, denkt an eine Verwechslung von bjr' »pit« und br' »field«. Möglicherweise hat sich Lat (Geo) auch vom vorausgehenden »Weinstock« leiten lassen.
   b) Eine Blume Syr Ar[1]; vgl. Hos 14,6; Cant 2,2.
25 a) Jordanem fluvium Arm; unum flumen Jordanem Geo. – Vgl. Jes 8,6; Cant 4,15.

Zion geheiligt, 26 aus allen erschaffenen Vögeln hast du dir die eine Taube[a] gerufen, aus allem geschaffenen Vieh hast du dir das eine Schaf[b] schon im voraus ausersehen, 27 aus all den vielen Völkern hast du dir das eine Volk erworben, und das von allen als gut anerkannte Gesetz hast du diesem Volk gegeben, das du geliebt hast. 28 Jetzt aber, Herr, weshalb hast du das eine den vielen ausgeliefert, den einen Sproß[a] vor den anderen in Schande gebracht[b] und dein einziges[c] unter die vielen zerstreut? 29 Die, die deinen Verheißungen[a] widersprachen, haben die zertreten, die deinen Bündnissen vertrauten. 30 Wenn du aber dein Volk wirklich hassen würdest, müßte es von deinen Händen[a] gezüchtigt werden. 31 Als ich diese Worte gesprochen hatte, wurde der Engel zu mir gesandt, der schon in der vergangenen Nacht[a] zu mir gekommen war. 32 Er sagte mir: Hör mir zu! Ich will dich belehren. Schenk mir deine Aufmerksamkeit! Dann will ich fortfahren zu dir (zu reden)[a].

33 [a] Ich sagte: Rede, mein Herr! Er sagte zu mir: Hast du dich so sehr erregt wegen Israels[b]? Oder liebst du es mehr als sein Schöpfer? 34 Ich sagte: Nein, Herr, aber vor lauter Schmerz habe ich geredet; denn mein Innerstes quält mich[a] jede Stunde, weil ich den Pfad des Höchsten erfassen, seinen Urteilsspruch[b] erforschen möchte. 35 Er sagte zu mir: Das kannst du nicht[a].

---

26 a) Ps 74,19; Cant 2,14; 5,2.
   b) Vgl. Ps 74,1; 79,13; 80,2.
28 a) Wörtlich: Wurzel; wahrscheinlich steht šrš dahinter, das auch »Sproß« bedeutet.
   b) Verächtlicher behandelt Syr Ar¹; erniedrigt Äth; zuschanden gemacht Ar² Geo. Praeparasti Lat ist nach Volkmar Übersetzung von ἡτοίμασας statt ἠτίμασας.
   c) Gemeint ist Israel, das einzige Kind, der einzige Sohn; vgl. unum illum Geo, den Gott liebt (so Arm); vgl. VI 58.
29 a) Deinen Geboten Syr, deinem Bund und deinen Geboten Ar².
30 a) Vgl. 2 Sam 24,14; Apc Bar(syr) 7,1f.; 80,1–5; PsSal 7,3f. Über die Art der Bestrafung (Hunger, Pest, Erdbeben, so Box) ist hier nichts gesagt; nur soll die Bestrafung nicht durch die Feinde erfolgen.
31 a) Äth interpretiert sachlich richtig: in jener (früheren) Nacht, ähnlich Geo: in prima illa nocte.
32 a) Vgl. VII 49; X 38; Apc Bar(syr) 15,4.
33 a) Der zweite Gesprächsgang umfaßt nach Harnisch: Der Prophet: V 33a–35a: Lehranforderung (V 33a), Rückfrage (33b), Erklärung (34), Ablehnung (35a). Nach Brandenburger: Die Verborgenheit, umfaßt der erste Gesprächsgang: V 31(33)–40.
   b) Vgl. Apc Bar(syr) 13,3; 15,1; 22,2; 23,2; 55,5; Syr Ar¹ haben hier einen Aussagesatz.
34 a) Vgl. Ps 16,7; 73,21.
   b) Vgl. VIII 18. Einen Teil von seinem Urteil (partem iudicii) Lat Ar¹ Arm; etwas von seinem Urteil Syr; die Spur seines Urteils Äth; iudicium eius Geo. Gunkel verweist auf späthebr. gzr djnw »Spruch deines Gerichts«, dem Ar² (seine Entscheidung und seine Urteile) nahe zu kommen scheint. Vielleicht ist im Sinne des Verbums gzr »abschneiden« gedeutet worden.
35 a) Quod superius est quam tu ne examines et absconditum a filiis hominum (eigentl. ab hominibus) ne perscruteris! Quodcumque tibi dictum est, id custodi (oder retine) apud te, et ne examines vias Altissimi, ut non aberres ab eo! Non enim opus habes secretis Arm (zitiert nach Violet I).

Ich sagte^b: Warum, Herr? Weshalb nur wurde ich geboren? Warum wurde der Schoß meiner Mutter mir nicht zum Grab, so daß ich die Mühsal Jakobs und die Erschöpfung des Volkes Israel nicht sehen müßte^c. 36 Er sagte zu mir^a: Zähl mir die, die noch nicht gekommen sind^b, sammle mir versprühte Tropfen^c wieder ein, mach mir vertrocknete Blumen wieder grün, 37 öffne mir die verschlossenen Kammern und laß die in ihnen eingeschlossenen Geister^a heraus, zeig mir die Gestalt derer, die du noch nie gesehen hast^b, oder zeig mir die Gestalt des Tones^c! Dann will ich dir die Schwierigkeit^d erklären, die du begreifen willst. 38 Ich sagte^a: Herrscher, Herr, wen gibt es denn, der dies wissen könnte, außer dem, der nicht bei den Menschen wohnt^b? 39 Ich aber bin unwissend^a. Wie könnte ich auf das antworten, was du mich ge-

b) Der dritte Gesprächsgang umfaßt nach Harnisch: Der Prophet: V 35b–40: Klage (V 35b), Aufgaben (36–37), Bestätigung (38–39), Folgerung im Vergleich (40).

c) διὰ τί γὰρ οὐκ ἐγένετο ἡ μήτρα τῆς μητρός μου τάφος, ἵνα μὴ ἴδω τὸν μοχθὸν τοῦ Ἰακὼβ καὶ τὸν κόπον τοῦ γένους Ἰσραήλ Clem. Alex. Strom. III,16. Vgl. Hi 3,11; 10,18f.; Jer 20,17f.; 1 Makk 2,7; Apc Bar(syr) 10,6.

36 a) Zu der folgenden Reihe vgl. ApcSed 8.

b) Äth bezieht die Aussage auf die Tage, Geo auf die Stunden. Ar² Arm denken an die, die noch nicht geboren sind. Dic mihi numerum natorum et mortuorum, enarra mihi latitudinem maris et multitudinem piscium aut altitudinem coelorum aut sphaeras (oder ordines, coetus) stellarum, aut cursus (oder cursum) solis aut vias stellarum aut formas firmamenti aut extensionem (oder ambitum) terrae aut gravitatem soli! Computa tu mihi numerum crinis corporum (l. crinium corporis?) tuorum aut ictum (oder vibratum) oculi tui aut audiendi vim aut odorandi praeparationem aut manuum tactum aut motum venarum, aut mentis invenies vestigia aut spiritus (oder animae) invenies adspectum aut mensuram aut formas aut colores aut sapientiae nidos (oder cubilia) aut avium volantium sapientiam aut electionem (oder distinctionem) reptilium, quae in arido et quae in aquis sibi invicem adversaria sunt, aut gressus sine pedibus, aut flatum ventorum: Arm (zitiert nach Violet I). Es geht dem Engel jedoch nicht um eine möglichst umfangreiche Aufzählung von Rätseln der Natur, sondern nur um Beispiele.

c) Wahrscheinlich ist der Regen gemeint, so Arm Geo; Körner, die ihr nicht zerstreut habt Ar¹.

37 a) Geister Äth Geo Ar¹; flatus Lat; Winde Syr Arm 3 äth. Hss; Stämme Ar². Den Lesarten »Geister, Winde« liegt anscheinend πνεύματα zugrunde. »Stämme« geht nach Violet II auf φυλασ(σομένας) zurück. Die Kammern sind die Aufenthaltsorte der »Seelen« der Verstorbenen; vgl. IV 33; VII 80.

b) Zeig ... hast: mit Syr Äth Geo (das Gesicht Äth Geo) Ar¹. In Lat ist der Satz wohl durch Homoiotel. ausgefallen (monstra mihi 1°–2°). Mit ihm sind es sieben Aufforderungen.

c) Und laß mich ihre Stimme hören Äth. Ist an das Echo gedacht?

d) Der Sinn des Satzes ist nicht klar. Laborem Lat, Mühsal Syr Äth Geo, Schmerz Ar¹ könnte statt auf Esra (V. 34) auch auf Israel hindeuten (V. 28f.). Violet II schließt mit Hilgenfeld auf σκόπον (Ziel), das in κόπον verlesen wäre. Kaminka: Beiträge, S. 131, meint, im Urtext sei haʿālum (das Verhüllte) gestanden, aus dem hʿml (Mühsal) geworden wäre. Gunkel übersetzt »Rätsel« im Sinn von »Problem, mühselige Arbeit« unter Verweis auf ʿml Ps 73,16. Nach dem Zusammenhang geht es weder um Israels »Mühsal«, noch um Esras »Schmerz«, sondern um die Lösung einer Frage, die (dem Menschen) nicht lösbar ist.

38 a) Arm fügt hinzu: et miratus (sum) verba illa.

b) D.h. Gott, so Ar¹. Vgl. Apc Bar(syr) 14,8f.; Dan 2,11; Ps 2,4.

39 a) Ps 73,22; Prv 30,2. Ich aber, ich Tor und Armseliger Syr Äth Geo Ar¹.

fragt hast? 40 Er sagte zu mir: Wie du nicht einmal eines von dem, was (dir) gesagt wurde, tun kannst, so kannst du auch mein Urteil nicht ergründen oder das Ziel der Liebe, die ich meinem Volk verheißen habe[a].

41 [a] Ich sagte: Aber siehe, Herr, du verheißt (es)[b] denen, die das Ende erleben. Was aber sollen die tun, die vor uns waren, wir selbst, oder die nach uns kommen? 42 Er sagte zu mir: Einem Kreis[a] will ich mein Gericht vergleichen. Wie für die Letzten keine Verzögerung, so gibt es für die Früheren keine Verfrühung[b]. 43 Ich antwortete und sagte: Konntest du nicht die, die gewesen sind, die jetzt leben und die sein werden, auf einmal erschaffen[a], da-

40 a) Die Rede des Engels geht in die Gottesrede über, anders Arm, die liest: itidem non poteris sapientiam Altissimi examinare et scire vim viarum eius aut invenire iudicia eius aut finem amoris eius, quem promisit dilectis suis (zitiert nach Violet I). Arm fügt hinzu: aut etiam bona ab eo (facta), quae oculus non vidit et auris non audivit et in mentem hominis non incidit neque mente unquam agitavit homo, quae paravit Deus dilectis suis (zitiert nach Violet I); vgl. 1 Kor 2,9; Jes 64,3. – Verheißen habe Lat Syr; promisit Arm; (für mein Volk) trage Äth; habe Ar[1]; conservavi (propter populum meum) Geo.

41 a) Der vierte Gesprächsgang umfaßt nach Harnisch: Der Prophet: V 41–44: Einwand Frage (V 41), Vergleich (42), Gegenfrage (43), Lehrsentenz (44).
b) Du hast es verheißen Syr; trägst Äth; conservasti Geo; siehe Anm. 40a); praees Lat, wofür Wellhausen (GGA 158, 1896, 11) vorschlägt: praes es »du bist Bürge«. Lat[c] liest: prope es. Violet I verbessert in promittis. Gunkel deutet praees = προφϑαίνεις = qiddamtā »mit Segen und Heil entgegenkommen«. Vielleicht handelt es sich um eine verschriebene Abkürzung in Lat; vgl. Violet.

42 a) Coronae Syr Arm Geo Ar[1]; Ring Äth; mirabiliter ait, coronae esse similem illum iudicii diem: Ambrosius, De bono mortis 10. Kaminka: Beiträge, S. 131f., denkt an die Verwechslung von gzr (djn) mit nzr und übersetzt: »In meinem Urteilsspruch bleibe ich gleich, gegenüber dem Ruhme der Späteren werden die Früheren nicht geringer erscheinen.« Mit Recht bemerkt Gry I 79: ». . . n'apporte aucune réponse à la question posée«. Violet II denkt an γῦρος (als Übersetzung von ḥwg). Gunkel übersetzt »Reigen«, was nach Harnisch: Verhängnis, S. 294, auf χόρος: mḥwl zurückgeht.
b) Vgl. Koh 1,11; Mt 19,30; Apc Bar(syr) 51,13. Chrysostomus bezieht sich anscheinend auf unsere Stelle (opus imperfectum in Matthaeum hom. XXXIV): omnium sanctorum numerum esse quasi coronam; sicut enim in corona, cum sit rotunda, nihil invenias quod videatur esse initium aut finis, sic inter sanctos, quantum ad tempus in illo saeculo, nemo novissimus dicitur, nemo primus. Wenn auch der Sinn des Verses »angesichts der bestehenden Unklarheiten« nicht mit Sicherheit zu bestimmen ist, so dürfte es doch dem Verfasser darum gehen, »das ›iudicium Dei‹ als ein alle Generationen betreffendes Geschehen auszuweisen: Im Blick auf das Eschaton gibt es für den Menschen weder ein ›Zu-früh‹ noch ein ›Zu-spät‹. Gott wird das Endgericht in der Weise herbeiführen, daß der Unterschied zwischen Ersten und Letzten keine Rolle mehr spielt«, Harnisch: Verhängnis, S. 294. »Bei der kreisläufigen Bewegung sind die Unterschiede ohne Bedeutung, hier sind alle gleich nah und fern vom Ziel (dem Kreismittelpunkt).« So verstanden, ergibt sich die Erkenntnis: »Alle Menschen nehmen teil am Gericht, nicht bloß die Spätesten, d.h. die, die in den letzten Tagen leben, sondern auch die aus uralter Vorzeit, sie kommen alle gleicherweise ins Gericht«, Volz: Eschatologie, S. 233, der meint: »Demnach wird hier eine Auferstehung aller zum Gericht, und somit auch eine Teilnahme aller Frommen am Heil gelehrt. Die Stelle erinnert an 1 Thess 4,14ff.«

43 a) Oder: »zusammentun« (so Violet II), was sachlich auf dasselbe hinausläuft und von Ar[1.2] Geo nahegelegt wird, während Äth an eine gleichzeitige Erschaffung denkt und Lat Syr Arm in dem einen oder anderen Sinn verstanden werden können. Doch »Violets Übersetzung ›zusammen tun‹ (II, 39) verwischt die Korrespondenz zwischen ›facere‹ (V. 43) und ›vivificare‹ (V. 45)«, Harnisch: Verhängnis, S. 296 Anm. 1.

mit du schneller dein Gericht erscheinen läßt[b]? 44 Er antwortete mir und sagte[a]: Die Schöpfung kann nicht mehr eilen[b] als der Schöpfer, und die Welt kann die in ihr Geschaffenen nicht zusammen ertragen.

45 [a] Ich sagte: Wie aber hast du zu deinem Knecht sagen können, daß du die von dir geschaffene Schöpfung zusammen lebendig machen willst[b]? Wenn sie einmal zusammen leben werden und die Schöpfung[c] das erträgt, könnte sie doch auch jetzt schon alle zugleich tragen[d]. 46 Er sagte zu mir: Frag den Mutterschoß und sag zu ihm: Wenn du zehn (Kinder)[a] gebärst, warum[b] jeweils zu seiner Zeit[c]? Fordere ihn doch auf, daß er die zehn zusammen hergebe[d]. 47 Ich sagte: Das kann er doch nicht, sondern nur (jedes)[a] zur entsprechenden Zeit. 48 Er sagte zu mir: So habe ich auch die Erde zum Mutterschoß gemacht[a] für die, welche zu ihrer Zeit auf sie gesät wurden[b]. 49

b) Damit das Urteil schnell stattfinde und der Richterspruch erscheine Ar[1], dem Violet II folgt; ut subito praetereat hic mundus et veniet iudicium et unusquisque sciet, quid sit paratum ei Arm. Beide Lesarten sind m.E. Ausdeutungen. »Dem Visionär« geht es um das *beschleunigte* Kommen des Endgerichts«. Die Voraussetzung dafür wäre, daß Gott alle Generationen gleichzeitig erschaffen hätte; siehe Harnisch: Verhängnis, S. 297.

44 a) Arm fügt hinzu und trifft damit den Sinn des ganzen Abschnitts: Scio, quod decrevit Altissimus secundum tempus et in tempore facere, quidquid futurum sit. Siehe dazu Harnisch: Verhängnis, S. 300.

b) Soll ... eilen Äth; eilt Syr; non potest iudicium festinare magis creatore Geo.

45 a) Der fünfte Gesprächsgang umfaßt nach Harnisch: Der Prophet: V 45–49: Einwand (V 45), Bildwort (46), Bestätigung (47), Folgerung (48–49). Nach Brandenburger: Die Verborgenheit, umfaßt der zweite: V 41–49.

b) Belebend beleben werdest Syr Äth; viviticans vivificabis Lat (Bensly, Violet): Inf. abs. + verb. fin. Arm fügt hinzu: quemcumque (oder quoscunque) inveniet illo tempore, vivos una cum mortuis, et quando surgent, et renovabit omnes et excipiet omnes in illo mundo (oder illum mundum, eine Hs. hoc mundo) et colliget (oder reponet, andere LA sustinebit): zitiert nach Violet I.

c) Schöpfung Lat Syr; Welt Äth, die den Text weiter entfaltet: so wird die Welt zu eng werden, wenn aber nicht; Kreaturen und Gebilde (so im vorausgehenden Versteil) Ar[1]. Zimmermann: Underlying Documents, S. 114, sieht eine falsche Auffassung von *brj'h* creature/creation am Werk.

d) »Der Visionär begründet seinen in eine Frage gekleideten Einspruch durch einen Syllogismus, der sich (unter Berücksichtigung des armen. Textes) folgendermaßen paraphrasieren läßt: Wenn es gelten soll, daß Gott am Ende die gesamte Menschheit auf einmal wiederbeleben und (vor dem Akt des Endgerichts zunächst alle) in ›jenen Äon‹ aufnehmen wird, ist nicht einzusehen, warum nicht schon ›dieser Äon‹ alle Generationen auf einmal ertragen könnte«, Harnisch: Verhängnis, S. 295.

46 a) Zehn Syr Äth Geo; zehn Kinder Ar[1,2]; zehnmal Arm; et (vielleicht aus einer Verwechslung von X mit &, so Volkmar) Lat.

b) Warum gebierst du (sie) Syr Äth Arm Geo; warum hast du sie (deine Kinder) geboren Ar[1(2)].

c) Per tempus Lat Geo; von Zeit zu Zeit Syr; Jahr für Jahr Äth; zu verschiedenen Zeiten Ar[1]; non omnes simul, sed unum post alium Arm, wo allerdings der folgende Satz fehlt.

d) Gunkel verweist auf die Wendung *ntn prj*. – In unum pariat Geo; zu einer und derselben Zeit gebären sollen Ar[1].

47 a) Eins nach dem anderen Ar[2]; vgl. Arm (Anm. 46c).

48 a) Wörtlich: So habe ich auch der Erde einen Mutterschoß gegeben. Der ganze Vers fehlt in

Wie nämlich ein Kind nicht und eine Greisin nicht mehr gebiert, so habe ich auch die Welt[a], die von mir geschaffen wurde, eingerichtet[b].

50 [a] Ich fragte ihn[b] und sagte: Weil du mir nun schon den Weg (frei)gegeben hast[c], möchte ich vor dir reden. Ist denn unsere Mutter, von der du gesprochen hast, noch jung oder nähert sie sich schon dem Alter[d]? 51 Er antwortete mir und sagte: Frag die Gebärende! Sie wird es dir sagen[a]. 52 Sag zu ihr: Warum sind die, die du jetzt geboren hast, nicht den früheren gleich, sondern kleiner an Wuchs[a]? 53 Sie wird dir selbst sagen: Anders sind die in jugendlicher Kraft, anders die im Alter Erzeugten, wenn der Schoß kraftlos geworden ist[a]. 54 Bedenke also auch du, daß ihr kleiner seid an Wuchs[a] als

Äth, wohl durch Homoiotel. (per tempus). Ar[2] paraphrasiert den Text. Arm interpretiert: Itidem et terra non potest hoc facere, quoniam utero similis est et constitutionem temporum (oder tempora constituere oder designare [non potest]) et iussa est in obedientia stare. – Das Gleichnis (V. 46–48) will besagen: »Sowenig der Mutterschoß fähig ist, alle Kinder zusammen hervorzubringen, sowenig vermag die Erde, alle Geschöpfe auf einmal zu ertragen ... In Rücksicht auf das in V. 43–45 Gesagte läßt sich das Fazit positiv auch folgendermaßen formulieren: Wie die Geburt jeweils zu ihrer Zeit Ereignis wird, so geschieht auch in diesem Äon alles zu seiner Zeit. Das heißt m. a. W.: Für den Ablauf der gegenwärtigen Welt-Zeit ist ein bestimmtes Nacheinander konstitutiv«, Harnisch: Verhängnis, S. 299.

b) Die von Zeit zu Zeit auf sie kommen Syr; qui exibunt ex ea Geo.

49 a) Populum meum et creatum saeculum hoc Geo.

b) Der Vergleich, der die Rede des Offenbarungsengels abschließt, sagt aus, daß nicht nur die Geschöpfe, sondern auch die Erde »ihre Zeit« hat, in der sie die Geschöpfe hervorbringt. Dies kommt deutlich zum Ausdruck in Äth (so habe ich auch gemäß ihrer Zeit die Welt angeordnet), Ar[2] (... nicht gebären können außer zur richtigen Zeit), Arm (itidem iam terra ante tempus non potest [quidquam] facere). Ar[1] bietet ein abweichendes Verständnis: Und wie des Kindes Geburt nicht zu irgend einer beliebigen Zeit vollendet ist, und es nicht geboren wird, bevor es vollendet ist und seine Glieder erstarkt sind, ebenso wird die Erde nicht alt und unfähig zur Geburt bis zu der Zeit, die ihr der Herr bestimmt hat, gleichwie er die ganze Schöpfung eingerichtet hat, die er geschaffen hat, in diesem Zeitalter. »Die hypothetische Erwägung des Sehers wird« durch die Aussage von V. 44 und den Vergleich (V. 46–49) »unter Hinweis auf die unantastbare Souveränität des Schöpfers als abwegig und anmaßend verworfen. Gott läßt sich – was den Ablauf der Zeit dieses Äons und die Aufeinanderfolge der Perioden betrifft – keine Vorschriften machen«, Harnisch: Verhängnis, S. 298.

50 a) Der sechste Gesprächsgang – nach Brandenburger: Die Verborgenheit, ist es der dritte – umfaßt nach Harnisch: Der Prophet: V 50–55: Informationsfrage (V 50), Bildwort (51–52), Bestätigung (53), Folgerung (54–55). – Zu V. 50–55 vgl. IV 26; XIV 16.

b) Ihn Syr Äth Ar[1].

c) D.h. die Möglichkeit eröffnet hast; so Ar[1]: Da du mir einen Weg zum Reden und einen Mund zur Aussprache vor dir gegeben hast; Geo: ubi viam fecisti mihi loqui; Arm: quandoquidem gratiam inveni coram te.

d) Siehe VI 33.45; Apc Bar(syr) 85,10. Wiederum wird die Frage nach dem Zeitpunkt und der Nähe des Endes aufgeworfen, wenn auch aus einem anderen Blickwinkel.

51 a) Dieser Satz fehlt in Ar[2] Arm Geo.

52 a) Minores statu (statura Hss. CME und c) Lat Geo; geringer an Größe Syr; geringer an Kraft Äth; stehen ihnen nach an Gestalt und Kraft Ar[1]; parva sunt statura et imbecillia vi Arm.

53 a) Alia vis est eorum qui nati sunt in iuventute, et alia est vis senectutis Geo. Comparavit enim utero mulieris partus huius saeculi, quoniam »fortiores sunt qui in iuventute virtutis nati sunt, infirmiores qui in tempore senectutis«. Defecit enim multitudine generationis hoc saeculum,

eure Vorfahren 55 und eure Nachkommen kleiner[a] als ihr. Die Schöpfung ist nämlich[b] schon alt und hat die Kraft der Jugend schon überschritten[c].

56 [a] Ich sagte: Ich bitte, Herr, wenn ich Gnade vor deinen Augen gefunden habe, zeig deinem Knecht, durch wen[b] du deine Schöpfung heimsuchen wirst. VI 1 Er sagte zu mir: Im Anfang[a] des Erdkreises, bevor[b] die Ausgänge[c] der Welt standen, bevor im Zusammenspiel[d] die Winde bliesen, 2 bevor der

tanquam vulva generantis et tanquam senescens creatura robur iuventutis suae velut marcenti iam virium vigore deponit (Ambrosius, De bono mortis X).

54 a) Geringer an Größe Syr; minori statura Lat[c] (statt statu estis, wie Bensly, Violet korrigieren, lesen Hss. AS: statutis); daß ihr weniger Kraft habt Äth; geringer ... an Gestalt und Kraft Ar[1]; daß ihre Kraft nachläßt Ar[2]; imbecilliores Arm; imbecillior Geo.

55 a Weniger Kraft haben Äth; imbecillior Geo.
   b) Quasi Lat Arm; weil Syr Ar[1]; wie auch Ar[2]. Die verschiedenen Lesarten erklären sich nach Violet aus *k'šr* der Vorlage (ὡς ὅτι Hilgenfeld). Zur Aussage, daß die Welt schon alt geworden sei, vgl. IV 44f.; XIV 16; Apc Bar(syr) 85,10. – Wiederum »läßt auch diese bewußt zurückhaltend formulierte Behauptung der Nähe des Endes die Terminfrage letztlich offen. Der ›Alterstod‹ dieses Äons wird als nicht mehr fern in Aussicht gestellt, aber er ist jetzt eben noch nicht erreicht«, Harnisch: Verhängnis, S. 301f Anm.
   c) Geo gibt im Gegensatz zu den anderen Übersetzungen dem Satz einen anderen Sinn: sicut praesens ista vita et iuventutis illius alia est.

56 a) Der siebte Gesprächsgang umfaßt nach Harnisch: Der Prophet: V 56–VI 10: Informationsfrage (V 56), Lehrauskunft (VI 1–6), Informationsfrage (VI 7), Lehrauskunft in Allegorie (VI 8–10). Nach Brandenburger: Die Verborgenheit, umfaßt der vierte: V 56–VI 6, der fünfte VI 7–10.
   b) Durch wen Lat Syr Äth; um wessen willen Ar[1]; auf welche Weise Ar[2]; de quibus Arm; propter quem Geo.

VI 1 a) Initium (initio Hss. ME und c) Lat; der Anfang durch die Hand des Menschen(sohnes), das Ende aber durch meine eigenen Hände Syr; anfangs durch den Menschensohn, darauf ich selber Äth; initium propter hominem, finis autem propter me Geo; im Anfang um den Menschen willen und am Ende um meinetwillen Ar[1]; der Anfang der Menschen und ihr Hinschwinden durch mich, und zu mir ziehen sie, und dies so Ar[2]. Hier bringt Arm einen langen Zusatz, einen Dialog Esras mit dem Engel, der einen gerafften Geschichtsüberblick von Henoch über die Patriarchen, die Gesetzgebung und das Kommen des Menschensohnes bis zum Ende gibt. Er verrät ein christliches Interesse durch ein Zitat aus Act 7,51 (rigidam cervicem habens, omnino incircumcisus), vor allem aber durch die Herausstellung des filius hominis in christlicher Sicht (et docebit occulta et dehonestabunt eum et abnegabunt); vgl. Violet II. Aber auch »Menschensohn« in Äth deutet auf ein christliches Verständnis hin, nach Wellhausen, GGA 158 (1896), S. 12, vielleicht auch die Übersetzung in Syr. Syr dagegen dürfte eher »Mensch« (*br 'nš'*) als »Menschensohn« (*brh d'nš'* oder *br 'nšjn*) meinen. – Violet II korrigiert den Vers in seinem Beginn und liest: »Der Anfang steht nicht in des Menschen Hand, und das Ende steht in meinen eigenen Händen«; vgl. V. 6, aus dem wohl auch Syr Äth Ar[1.2] Arm ihren Text gestaltet haben. Jedoch hat das im folgenden angewandte Schema den Hauptsatz am Ende, nicht am Anfang der Schilderung.
   b) Zu den »bevor«-Sätzen, einer Schöpfungsaussage im »Noch-nicht«-Stil; vgl. Prv 8,24–29; Ps 90,2; Hi 28,24ff.; Gen 2,5.
   c) Nach Zimmermann: Underlying Documents, S. 116, wäre »sources springs of the world« richtig; *mwṣ'* sei mißverstanden worden.
   d) Conventiones Lat; die Wehen Äth; die Gewichte Syr; vgl. exitum staterae (ventorum) Geo, wird von Violet I auf eine Verwechslung von ῥῖπαι mit ῥοπαί zurückgeführt. Gunkel möchte convectiones »Stöße« lesen.

Schall des Donners erdröhnte[a], bevor das Leuchten der Blitze strahlte[b], bevor die Grundlagen[c] des Paradieses befestigt wurden, 3 bevor die Anmut der Blumen[a] erschien, bevor die Kräfte der Bewegung sichergestellt waren[b], bevor die unzähligen Heere der Engel sich gesammelt[c] hatten, 4 bevor die Höhen der Lüfte[a] sich erhoben hatten, bevor die Maße des Himmels[b] genannt wurden[c], bevor Zion als Schemel bestimmt wurde[d], 5 bevor die Jahre der Gegenwart[a] aufgespürt wurden, bevor die Ränke der jetzigen Sünder vereitelt[b] wurden, und die, die Schätze des Glaubens[c] sammeln, versiegelt wurden[d], – 6 damals habe ich es durchgedacht[a]. Und durch mich und keinen anderen

2 a) Bevor die Kerubim ihre Stimme erhoben Ar[1].
b) Und bevor die Sterne erglänzten Ar[1] Geo, ante illuminantes ordines astrorum Arm geht wohl auf ἄστρων statt ἀστραπῶν zurück (Violet II).
c) Das Land Syr Äth.
3 a) Decores (-is Hs. A) flores Lat; die Schönheit der Blumen Syr Äth Geo. Die »Blumen« sind nach Gunkel die Sterne als Blumen des himmlischen Gottesgartens.
b) Äth denkt an die Erdbeben, Ar[2] und Arm an heftige Erschütterungen. Doch ist wohl von den Kräften, die am Himmel wirken, die Rede. Kaminka: Beiträge, S. 132, ist der Auffassung, hinter virtutes stehe δυνάμεις = ṣb'wt, und motus entspreche ndwdj, das aus gdwdj (Scharen) verlesen sei. Dann wäre V. 3b parallel zu V. 3c (Scharen himmlischer Mächte // Heere der Engel). Nach Gunkel ist die Bewegung der Sterne gemeint; vgl. Hen (äth) 72ff.
c) Ante electionem Geo.
4 a) Die Höhe des Firmaments Ar[1]; et antequam fecerat firmamentum coelorum Arm, eine sachlich zutreffende Interpretation. Nach Kaminka: Beiträge, S. 605, wäre ἀέρες aus ἀστέρες verlesen.
b) Firmamentorum Lat Syr; illius firmamenti Geo; der Himmel Äth Ar[2].
c) Die Maße werden vom Schöpfer genannt, so schon Volkmar; vgl. Gen 1,8. Kaminka: Beiträge, S. 132f., nimmt eine Verlesung von šám in šem an; einige äth. Hss. lesen »gemessen wurde«, wohl eine Erleichterung für den ungewöhnlichen Ausdruck.
d) Aestimaretur scabillum Sion (Hss. AS: camillum, c: aestuarent camini) Lat; und ehe der Schemel Zions befestigt ward Syr; und bevor Zions Fundamente gelegt wurden Ar[1] Geo; und vor der Erwähnung dessen, was unter den Füßen Zions ist Ar[2]; fehlt in Äth Arm. Gunkel vermutet destinaretur »bestimmt war«. Kaminka: Beiträge, S. 133, erinnert an Jes 31,9; nimmt die offensichtlich verderbte Lesart der Lat[c] (Vulg. Clem.), die von den anderen alten Übersetzungen nicht gestützt wird, auf und schlägt als ursprünglichen Text vor hiṣṣît 'ûrîm b^eṣijjôn. Zion wird in V. 4 als Schemel (der Füße Jahwes) gesehen; vgl. Ps 99,1.5; 132,7; Thr 2,1, wohl auch in der mißglückten Übersetzung von Ar[2] (ὑποπόδιον: »unter den Füßen von«; siehe Violet I). Nach F. Zimmermann: Underlying Documents, S. 116, wäre richtig: »or ever the furnaces in the desert became hot«, wobei ṣijjon und ṣājon »desert« verwechselt worden seien: »Perhaps he had in mind the creation of Hell; comp. his statement in cap. 7: . . . and the furnace of hell shall be showed ...« Lat scheint mehr die Erwählung Zions im Blick zu haben, Syr (vgl. Geo Ar[1]) eher die Erschaffung.
5 a) Praesentes Lat; welche bevorstehen Syr Ar[2]; (das Jahr), das kommt Äth; huius saeculi Geo.
b) Erdacht Syr; ante creationem Geo; unterschieden Ar[1]; bestraft Ar[2]; fehlt Äth Arm.
c) »Glaube« bezeichnet nach Box hier die Gerechtigkeit, die aus der Erfüllung des Gesetzes kommt; vgl. Apc Bar(syr) 54,21; VII 34.114.
d) Ez 9,4; Jes 44,5; Sir 17,22; Apc 7,3f.; 9,4; 14,1; 22,4; vgl. Apc Bar(syr) 14,12, PsSal 15,6.9.
6 a) Gemeint ist wohl nicht der schöpferische Gedanke, »eine höhere Auffassung als die« Schöpfung »durch das Wort« (Gunkel), sondern Gottes Plan.

ist es erschaffen worden[b]; so (geschieht) auch das Ende durch mich und keinen anderen[c]. 7 Ich antwortete und sagte: Wie wird die Trennung[a] der Zeiten sein? Oder wann ist das Ende der ersten und der Anfang der kommenden Welt[b]? 8 Er sagte zu mir: Von Abraham bis zu Abraham[a]! Denn von ihm stammen Jakob und Esau. Die Hand Jakobs aber hielt im Anfang die Ferse Esaus[b]. 9 Das Ende[a] dieser Welt ist Esau, der Anfang[b] der kommenden Jakob. 10 Denn das Ende des Menschen ist die Ferse, und der Anfang des

b) Der Satz ist in Äth unvollständig: daß ich selbst und nicht ein anderer. In Geo ist die Aussage auf das göttliche Planen bezogen: et in corde occurrit mihi propter me solum et non propter alium; vgl. V. 1.

c) Dieser Satz mit dem Hinweis auf das Ende steht nur in Lat. Wurde er in den übrigen Übersetzungen dem Gedanken an das durch den Menschensohn geschehende Gericht geopfert?

7 a) Das Zeichen (der Zeit) Äth; signum (illorum temporum) Geo. Violet II verweist hier auf Mt 16,3.

b) Welt bzw. Äon, was gemeint ist, mit Syr Äth Geo.

8 a) Ab Abraham usque ad Abraham Lat[AS]; von Abraham bis zu Isaak Lat[CMEc] Äth Ar²; von Abraham bis zu Abraham, von Abraham ward Isaak gezeugt, und von Isaak ... Syr; von Abraham bis zur Generation Abrahams und seiner Familie; denn von ihm ward Isaak erzeugt, und von Isaak ... Ar¹; ab Adam usque ad Abraham Geo. Zimmermann: Underlying Documents, S. 127, schlägt vor, statt *w^ec ad* zu lesen *w^ec ed*: »From Abraham, – and Abraham is *witness*«, hält aber auch die Lesart für »entirely possible«: »From Abraham! and Isaac is witness ...«. Zweifellos ist »von Abraham bis zu Abraham« die schwierigere, mit dem Bezug auf Adam oder auf Isaak oder mit der Einsetzung seines Namens gemilderte Lesart. Sie wird von Syr, aber auch mit dem »usque ad Abraham« von Geo gestützt. Wenn im folgenden (V. 8–10) ausgesagt werden soll, daß kein Zwischenraum zwischen diesem und dem kommenden Äon eintritt, ist die schwierige Lesart durchaus im Recht.

b) Gen 25,26. Demnach fallen das Ende des gegenwärtigen Äons und der Anfang des kommenden zeitlich zusammen; insofern antwortet der Midrasch von VI 8–10 auf die Frage in V. 7.

9 a) Die Ferse Syr.

b) Die Hand Syr. Mit Syr lesen Gunkel, Violet. Doch die Bildhälfte des Vergleichs geht in V. 9 bereits in die Sachhälfte über; der erste Satz in V. 10 ist nur eine Erklärung zum tertium comparationis.

10 a) Lat ist hier verderbt und lückenhaft. Der Text ist nach Syr Äth Ar¹·² Geo entsprechend dem Vorschlag von Weber, Biblia Sacra, rekonstruiert: finis enim hominis calcaneum et principium hominis manus; siehe auch Gunkel, Violet II. – Worauf es bei dem Vergleich ankommt, haben Ar¹ (die Ferse und die Hand haben sich vereinigt) und Ar² (und zwischen ihnen beiden keine Scheidung ist, so hängt diese Welt zusammen mit der kommenden Welt) mit ihren Zusätzen gut erfaßt: Der gegenwärtige und der kommende Äon folgen unmittelbar aufeinander. So mit Recht auch Thompson: Responsibility, S. 182: »The conclusion drawn by Uriel is that there is no interlude between this age and the next.« Strobel: Verzögerungsproblem, S. 38f., vermutet, daß 4 Esra mit »der vielsagenden Allegorie« auf die Vorstellung »vom Aufhalten der Endzeit« anspiele: »Tatsächlich findet sich die Gleichsetzung von ›Ferse‹ und ›Letztes Ende der Weltzeit‹ in der rabbinischen Überlieferung an verschiedenen Stellen vollzogen. Die Beziehung konnte hergestellt werden, wenn der Begriff der Ferse (als ›Gekrümmte‹) für semitisches Denken tatsächlich die Bedeutung des Hemmens, Hinderns oder Aufhaltens in sich schloß. Aber auch abgesehen davon bietet sie sich irgendwie für eine auf Assoziationen beruhende Beweisführung, welche in der Synagoge die übliche war, an. Für den Wortstamm ʿqb ist ʿkb ein ebenbürtiges Äquivalent. Letzterer Begriff wird bei den Rabbinen bevorzugt für die Aussage über das ›Zurückgehaltenwerden‹ der messianischen Zeit bzw. für die

Menschen ist die Hand[a]. Zwischen Ferse und Hand suche nichts weiter[b], Esra[c]!

11 [a] Ich antwortete und sagte: O Herrscher, Herr, wenn ich Gnade vor deinen Augen gefunden habe, 12 so zeige deinem Knecht das Ende deiner Zeichen[a], von denen du mir einen Teil in der vergangenen Nacht gezeigt hast. 13 Er antwortete und sagte zu mir: Stell dich auf deine Füße. Dann wirst du eine gewaltig dröhnende Stimme[a] hören. 14 Und wenn der Platz, auf dem du stehst, erbebt und schwankt, 15 während sie spricht[a], erschrick nicht; denn vom Ende ist die Rede. Die Grundfesten der Erde werden spüren, 16 daß von ihnen selber die Rede ist. Sie werden zittern und schwanken[a]; denn sie wissen, daß sie am Ende verwandelt werden sollen[b]. 17 Als ich das hörte, stellte ich mich auf meine Füße und horchte: Siehe, da redete eine Stimme[a]. Ihr Schall war wie der Schall gewaltiger Wassermassen[b]. 18

Aussagen, daß Gott vorläufig an sich hält, an diesem vergehenden Äon zur Zeit noch festhält.« Aber das ist nicht das Thema von VI 7–10, und der Abschnitt kreist auch nicht um Assoziationen, die sich mit dem Begriff »Ferse« als solchem verbinden. Eher könnte man mit Thompson: Responsibility, S. 182f., daran denken, daß »implicit is also the thought that this age for the many Gentiles (Esau), and the next is for the one nation Israel (Jakob)«. Der entscheidende Punkt wäre dann das Erstgeburtsrecht, wie es etwa Jalkut Schim. Beresch. 111 sieht: »Als Jakob und Esau noch im Mutterleibe waren, sagte Jakob zu Esau: Mein Bruder, es sind zwei Welten vor uns, diese Welt und die zukünftige ... Willst du, so nimm diese Welt, und ich will jene nehmen ... (Erstgeburt) ... nahm Esau als seinen Teil diese Welt, Jakob als seinen Teil die zukünftige Welt« (zitiert nach Violet II).
b) Es gibt keinen Zwischenraum zwischen dem Ende dieses Äons und dem Anfang des kommenden.
c) O Israel Geo.
11 a) Der achte Gesprächsgang umfaßt nach Harnisch: Der Prophet: VI 11–34: Informationsbitte (VI 11–12), Weissagung (VI 13–28 [29] 30–34). Koch: Esras erste Vision, trennt VI 29–34 als Schluß von den Redegängen ab. Brandenburger: Die Verborgenheit, betrachtet als sechsten Gesprächsgang: VI 11–28.
12 a) Die Vollendung der Zeichen Ar[1]; die Zeit Ar[2]; signum, quod futurum est in fine temporum Arm; finis illius signum Geo.
13 a) Vgl. Ez 3,12f.; Dan 10,6; Apc 19,6. Der Laut einer leisen, angenehmen Rede Ar[2].
15 a) (in eo) cum loqueretur Lat; während mit dir geredet wird Syr; wenn ich mit dir rede Äth; in locutione illa tua Geo; der mit dir Redende Ar[1]; Kaminka: Beiträge, S. 605, meint, ᶜal haddābār »über den Vorgang« sei mißverstanden in ᶜal haddibbûr.
16 a) Ps 82,5; Jes 13,23; 24,18.
b) Vgl. Ps 102,27. Quia commutandum est in fine (sc. fundamentum) Geo; quoniam finem eorum oportet commutari Lat; daß ihr Ende verwandelt wird Syr; denn dadurch werden sie an ihr Ende gebracht werden Äth; daß diese Form sich verändern und ein Ende haben wird Ar[1]; daß ihr Untergang sich genaht und ihr Hingang zur Veränderung Ar[2]. Zimmermann: Underlying Documents, S. 110, verweist mit Recht auf hebr. ḥlp »pass away« und »change«, das den beiden Auffassungen vom Verschwinden und vom Verwandeltwerden zugrunde liegt.
17 a) Vgl. Mt 3,17; 17,5; Apc 6,6.
b) Ez 1,24; 43,2; Jes 17,13; Jer 51,16.55; Ps 65,8. Mit der Anspielung auf die Ez-Stellen wird angedeutet, daß es die Stimme Gottes ist.

Sie sagte: Siehe, Tage werden kommen[a], wenn ich nahen werde, um die Erdbewohner heimzusuchen[b], 19 wenn ich beginne[a], die schädlichen Freveltaten der Frevler[b] zu untersuchen, wenn die Erniedrigung Zions vollendet
ist[c] 20 und die Welt versiegelt ist[a], die vergehen soll[b], dann werde ich diese
Zeichen tun[c]: Bücher werden am[d] Firmament aufgeschlagen[e], und alle werden sie zugleich sehen. 21 Einjährige Kinder werden ihre Stimme erheben
und reden. Schwangere gebären Frühgeburten im dritten und vierten Monat;
diese bleiben am Leben und werden umherspringen[a]. 22 Besätes Land erscheint plötzlich als unbesät[a]. Volle Kammern werden plötzlich leer vorgefunden. 23 Die Posaune wird mit Schall ertönen[a]; alle werden sie plötzlich
hören[b] und erschrecken. 24 In jener Zeit werden Freunde ihre Freunde wie
Feinde bekämpfen[a]. Die Erde mit ihren Bewohnern wird erschrecken[b]. Und
Quelladern stehen still[c] und laufen nicht drei Stunden lang[d]. 25 Aber jeder,

18 a) Ecce dies veniunt (venient Geo) et erit Lat Geo; siehe, Tage kommen, und es wird sein
   Syr. Hebraisierend ist *whjh* übersetzt.
   b) Vgl. Apc Bar(syr) 20,2; 24,4.
19 a) Incipiam Lat; volam Geo; wenn ich mich rüste Syr; wenn ich im Begriff bin Äth. Dahinter
   steht wohl μέλλω, so Hilgenfeld, Violet I.
   b) Die Unterdrücker und die von ihnen Unterdrückten Ar[1]; afflictis afflictionem et afflicto-
   rum eorum Geo.
   c) Vgl. X 7; XII 48; XIII 35–39.49.
20 a) D.h. abgeschlossen, vollendet ist. Vgl. VI 5; VIII 53; Apc Bar(syr) 21,23. Kaminka: Beiträge, S. 605: »Cum supersignabitur saeculum ist hier nicht: ›versiegelt‹, sondern: wenn enden
   wird die Generation, ub[e]hātem haddôr gelesen ubah[a]tôm.«
   b) Incipiet pertransire Lat Syr. Äth Geo Ar[1] deuten auf die Welt, »die kommen soll«.
   c) Vgl. IV 51–V 13; VIII 63–IX 6; Mt 24,30; Mk 13,4; Lk 21,7.11.25; Apc 12,1–3; Apc
   Bar(syr) 25,2ff.; Hen(äth) 99,4ff.; Jub 23,22ff.; Sib III 796ff.
   d) Ante faciem Lat Syr Äth Geo, wohl *'al p[e]nê*, vgl. Gen 1,20.
   e) Vgl. Hen(äth) 90,20; Dan 7,10; Lk 10,20; Apc 20,12. Keulers: Die eschatologische Lehre,
   S. 51, sagt: »Wahrscheinlich sind nicht einmal die Gerichtsbücher gemeint, sondern die Bücher, die die Ratschlüsse Gottes enthalten«, und verweist auf Jub 15f.; 18; 23f.; 28; 30ff.; 49f.;
   Test Levi 5; Aser 2; 7; Hen(äth) 81,1f.; 93,2f.; 103,2; 106,19; 107,1; 108,7.
21 a) Scirtabuntur Lat, »wohl so nicht scirtiab. zu lesen, reine Übertragung des griech. Wortes«
   σκιρτᾶν (Violet II); springen Syr; aufstehen Äth; vgl. suscitabuntur Lat[c].
22 a) Et subito apparebunt seminata loca non seminata Lat in Übereinstimmung mit dem folgenden Satz; vgl. et improvise loci seminati sine seminibus inanes invenientur Arm, während Syr
   Äth Ar[1.2], denen Violet II folgt, den Satz im umgekehrten Sinn verstehen: und plötzlich werden unbesäte Stellen als besät erfunden werden Syr. Geo verbindet die Aussage mit dem vorhergehenden Satz: et infantes inveniuntur subito seminati et adulti. Vgl. Hen(äth) 80,2. Der
   Vers weist wohl auf eine Hungersnot hin; vgl. Apc Bar(syr) 27,6; Apc Abr 30,5; Jub 23,18;
   Sib III 539f.
23 a) Vgl. Jes 27,13; Mt 24,31; 1 Kor 15,52; 1 Thess 4,16.
   b) Plötzlich hören Syr Ar[1]; omnes audierint subito expavescent Lat.
24 a) Vgl. Apc Bar(syr) 70,3. Box betrachtet den Satz, der logisch zu einer Beschreibung der
   Vorzeichen des Endes gehöre – vgl. V 9 – als Zutat des Redaktors.
   b) Apc Bar(syr) 25,3.
   c) Vgl. Ps 74,15; PsSal 17,21; AssMos 10,6; TestXII Levi 4,1.
   d) Gemeint ist wohl die apokalyptische Zahl »drei Zeiten« (so Arm; drei Jahre Ar[2] und einige
   äth. Hss.); vgl. Dan 4,13; 12,7; Apc 12,14. Kaminka: Beiträge, S. 605, möchte verbessern:

der übrig gelassen wird[a] von all dem, was ich dir vorhergesagt habe, wird gerettet werden[b] und mein Heil und das Ende meiner Welt[c] sehen[d]. 26 Dann schaut man[a] die Männer, die entrückt wurden und den Tod seit ihrer Geburt nicht verkosteten[b]. Dann wird das Herz der Erdbewohner verwandelt und zu einer anderen Gesinnung hingelenkt[c]. 27 Denn das Böse wird zerstört[a], die Hinterlist ausgelöscht[b]. 28 Der Glaube aber blüht, die Verderbnis wird überwunden, die Wahrheit herausgestellt, die so lange Zeit ohne Frucht geblieben war[a].

29 Als[a] er mit mir redete, siehe, da begann der Platz, wo ich stand, allmählich zu beben[b]. 30 Er sagte zu mir: Ich bin gekommen, dir dies zu zeigen, auch noch in der kommenden Nacht[a]. 31 Wenn du also wiederum betest und noch einmal sieben Tage fastest, werde ich dir Größeres als dieses bei Tag[a] verkünden. 32 Denn deine Stimme ist beim Höchsten sicher gehört wor-

---

Wie in Friedenszeiten (*šālôm* statt *šālôs*). Aber von einem Gegensatz Krieg–Frieden ist im Text nicht die Rede.

25 a) Vgl. VII 28; IX 8; XII 34; XIII 24.26; Apc Bar(syr) 29,4; Hen(äth) 90,30; Sib V 384; PsSal 18,7.

b) Ipse salvabitur Lat; die sind es, welche entrinnen Ar[1], vgl. Mk 13,13; Apc Bar(syr) 70,9. – Der wird leben Syr Äth Geo (Ar[2]: der wird zum ewigen Leben eingehen); vgl. 1 Thess 4,15.17.

c) Saeculi mei Lat Äth; dieser meiner Welt Geo; der Welt Syr Ar[2]; dieser Weltzeit Ar[1].

d) Zu V. 25 vgl. VII 27.

26 a) Gunkel, dem Violet II folgt, schlägt vor zu lesen, »da erscheinen« (*wᵉjerā'û* statt *wᵉjir'û*).

b) Wie Henoch und Elija. Vgl. Kön 2,9ff.; Sir 48,9; 49,14; Jub 4,23; Hen(äth) 39,3f.; 4 Esra XIV 9; Apc Bar(syr) 46,7; 76,2; Mt 16,28; Gen.r. 21,5; B.batra 16b.

c) Vgl. Ez 11,19; 36,26.

27 a) Denn das böse Herz wird von ihnen weichen Ar[1]; vgl. V. 26.

b) Ar[2] liest V. 27: Und der Tod wird bezwungen und das Recht wird anerkannt.

28 a) Vgl. Apc Bar(syr) 42,2; zu V. 26–28 vgl. Apc Bar(syr) 73,4; Sib III 376–380. 751–755. Die Wahrheit ist wohl das Gesetz (Thora), der Glaube seine Erfüllung. Harnisch: Verhängnis, S. 127f. Anm., meint, daß »die Charakteristik dieser Zeit« eher für den kommenden Äon zutrifft; »denn beides: das Aufhören von ›corruptela‹ und das In-Erscheinung-Treten von ›incorruptio‹ (vgl. Armen.) ist nach der Konzeption des Verfassers von 4 Esr erst für den künftigen Äon (nicht aber für die Messiaszeit) zu erwarten (vgl. 7,13.113f.; 8,53f. mit 7,26–30)«. Arm jedoch kann kaum als Zeuge für den ursprünglichen Text gelten, da er in diesem Abschnitt den Text mit Zusätzen versieht und ihn kommentiert wiedergibt.

29 a) Wörtlich: und es geschah, als.

b) Beben Syr Äth Ar[1.2] Arm; intuebatur Lat, wobei nach Violet I ἐσεῖδε statt ἐσείσϑη gelesen wurde. Auch hier zeigt sich, daß Arm kommentiert: Hoc ut mihi dixit, sicut visio fulgurum apparuit mihi gloria Dei, et locus in quo stabam, commovebatur paululum et coepi loqui et non poteram sustinere (oder ferre) gloriam, et apprehendit me timor. Venit angelus et corroboravit me: zitiert nach Violet I.

30 a) Et venturae nocti Lat; in dieser Nacht Syr; (wie Äth) in der vergangenen Nacht Äth Geo; wie am vergangenen Tag Ar[1]. Damit wird nach Gunkel die dritte Vision angekündigt.

31 a) Nach Gunkel wird damit die vierte Vision angekündigt, die, weil sie bei Tag geschehe und nicht wie gewöhnlich bei Nacht eine »besonders hohe« sei. Doch steht »bei Tag« nur in Lat. Darum hält Violet I »per diem« für einen alten Zusatz, der durch »et venturae nocti« V. 30 hervorgerufen sei.

den. Der Starke[a] hat nämlich deine Gerechtigkeit[b] gesehen und die Frömmigkeit[c] vorhergesehen[d], die du von deiner Jugend an gehabt hast.   33 Deswegen hat er mich gesandt, dir dies alles zu zeigen und dir zu sagen: Hab Mut und fürchte dich nicht!   34 Denk nicht so schnell von früheren Zeiten Eitles, daß du nicht vor den kommenden davoneilst[a].

35 [a] Danach[b] weinte ich wiederum und fastete ebenso sieben Tage[c], damit ich die drei Wochen[d] voll mache, die mir befohlen waren.   36 In der achten Nacht aber wurde mein Herz wieder in mir erregt, und ich begann, vor dem Höchsten zu reden;   37 denn mein Geist entbrannte sehr in mir[a], und meine Seele ängstigte sich[b]

38 und ich sagte: Herr, deutlich hast du am Anfang der Schöpfung am ersten Tag gesprochen: Es werde Himmel und Erde. Dein Wort hat das Werk vollbracht[a].   39 Damals war nur schwebender Geist, und ringsumher war Finsternis verbreitet und Stillschweigen[a]. Der Klang der Menschenstimme war noch nicht da durch dich[b].   40 Dann hast du befohlen, daß aus deinen Schatzkammern ein Strahl des Lichtes hervorgebracht werde, damit deine

---

32 a) Er Äth.
  b) Directionem tuam Lat; deine Reinheit Syr; die Rechtschaffenheit deines Herzens Ar[1] Arm; die Stärke deiner Gerechtigkeit Äth. Zur Gerechtigkeit Esras und dem Zusammenhang mit dem Offenbarungsgeschehen vgl. Brandenburger: Die Verborgenheit, 4.44.
  c) Pudicitiam Lat; die Heiligkeit Syr; die Reinheit deines Gewissens Ar[1]; sanctitatem animae tuae Arm; fehlt in Äth Geo.
  d) Vidit ... et providit Lat; hat gesehen ... und zuvor erblickt Ar[1], hat gesehen Syr Äth Ar[2] Geo; scivi bzw. cognovi Arm.
34 a) Damit nicht auf dir die Prüfung sei Syr; damit du nicht überrascht werdest Äth; ut non tremescas Geo. Der schwierige Text geht nach (Gunkel und) Violet II auf ein Wortspiel zurück: μὴ σπεύσῃς ... ἵνα μὴ σπεύσῃς (?), ʾal tᵉbahel ... pän tibbāhel. Esra wird hier gemahnt, nicht wegen seiner Grübeleien über den gegenwärtigen Äon den kommenden zu verfehlen; vgl. Box.
35 a) Hier beginnt die dritte Vision: VI 35–IX 25. Der erste Gesprächsgang beginnt nach der Einleitung (VI 35–37) und umfaßt VI 38–VII 2: Klage (VI 38–59), Lehreröffnung (VII 1.2); vgl. Harnisch: Der Prophet.
  b) Wörtlich: Und es geschah danach.
  c) V 13; VI 31; Apc Bar(syr) 9,2; 21,1; 47,2.
  d) Dan 10,2. Box denkt die Fastenwoche jeweils vor den Visionen I–III.; »Wahrscheinlich ist vor der ersten Vision eine Fastenwoche gedacht« (Violet II, ebenso Box).
37 a) Gemeint ist mit ḥrh rwḥj, das anscheinend hinter »inflammabatur enim spiritus meus« steht, nach Zimmermann: Underlying Documents, S. 110: »I was much disturbed.«
  b) III 1.3f.; V 14.
38 a) Gen 1; Ps 33,6; Apc Bar(syr) 14,17; 2 Petr 3,5; Hebr 11,3. Kaminka: Beiträge, S. 502: »Gemeint ist, daß der erste Satz der Genesis die Tatsache der Erschaffung von Himmel und Erde berichtet ..., wodurch implicite nach Ps 33,6 ein Wort Gottes vorausgesetzt wird.« – Siehe zu den Einzelheiten des Verhältnisses von VI 38–54 zu Gen 1 O.H. Steck: Die Aufnahme von Gen 1, S. 172–182.
39 a) Gen 1,2; AntBibl 60,2.
  b) Abs te Lat; fehlt in Syr Äth Arm Geo. Gunkel vermutet ἀπὸ σοῦ = mngdk; ohne die Stimme des Menschen, weil er noch nicht geschaffen worden war Ar[2]; vgl. Ar[1]: denn er war noch nicht gemacht worden.

Werke sichtbar würden[a]. 41 Am zweiten Tag hast du weiterhin den Geist des Firmaments[a] geschaffen und ihm befohlen, [zu trennen und] eine Trennung zu vollziehen[b] zwischen den Wassern, damit ein Teil nach oben zurückweicht, ein Teil aber unten bleibt. 42 Am dritten Tag hast du den Wassern befohlen, sich im siebten Teil zu versammeln; sechs Teile aber hast du getrocknet und bewahrt[a], damit (ein Teil) von ihnen[b] vor dir[c] bestellt[d], besät[e] und bepflanzt werde. 43 Denn dein Wort ging hinaus, und sofort geschah das Werk[a]. 44 Da sproßten sogleich Früchte in unendlicher Menge, begehrenswert durch vielfältigen Geschmack, Blumen von unnachahmlicher Farbe, vielgestaltige Bäume[a] und Würzkräuter von unergründlichem Duft[b]. Am dritten Tag ist das entstanden[c]. 45 Am vierten Tag aber hast du befohlen, daß der Glanz der Sonne werde, das Licht des Mondes und die Ordnung der Sterne[a]. 46 Du hast ihnen befohlen, dem Menschen, der geschaffen werden sollte[a], zu dienen. 47 Am fünften Tag aber hast du dem siebten Teil geboten, wo das Wasser gesammelt war[a], lebende Wesen[b] hervorzubringen, Vögel

40 a) Gen 1,3; Sir 43,1ff. Box verweist auf die rabbinische Tradition (T.B. Ḥag. 12a), nach der das am ersten Tag erschaffene Licht bei Gott für die Gerechten in der kommenden Welt aufbewahrt wird. »The luminaries receive their light from the spark of this heavenly light.«

41 a) Den Geist der Himmel Äth; vgl. Gen 1,6ff.; Jub 2,4. Anscheinend hat der Verfasser, wie Gunkel vermutet, an einen Engel gedacht, der die Trennung vollzieht. Zimmermann: Underlying Documents, S. 114f., ist (mit Verweis auf C.C. Torrey, JBL 1942, S. 730) der Auffassung, der Text habe ursprünglich *br't rāwaḥ hrqj'* gelesen: »Thou didst create the expance of the firmament.«
b) Ut divideret et divisionem faceret Lat, wohl eine Doppelübersetzung, von der die 1. in Äth, die 2. in Syr steht.

42 a) Die Einteilung der Welt in sieben Teile entspricht alter Überlieferung; vgl. Volkmar, Hilgenfeld, Gunkel, Gry z. St.
b) Ex his Lat; davon Syr; auf ihnen Äth; darauf Ar[1.2]. Es handelt sich kaum um einen der sechs genannten Teile. So wird auch die Deutung auf das Paradies (Gunkel, Rießler) unwahrscheinlich.
c) Coram te Lat; vor dir Syr; vgl. ante te Geo; fehlt in Äth Ar[1] Arm; und du hast hervorgebracht Ar[2].
d) Damit man auf ihnen pflügte Äth; ministrantia Lat; dienende (und beackerte) Syr, ad serviendum Geo, was nach Hilgenfeld auf διακονούμενα zurückgeht, das seinerseits nach Violet II ein mißdeutetes *'abudîm* bzw. *nä'ābādîm* voraussetzt. Jedenfalls scheint *'bd* »bearbeiten« im Sinne von »dienen« aufgefaßt worden zu sein.
e) Seminata adeo Lat[CV] (was Bensly, Violet I statt a deo Lat[ASME] lesen) geht wohl auf τὲ καί (Hilgenfeld, Violet II) zurück, wie die Wortstellung noch verrät. Unwahrscheinlich ist, daß Lat ein ὑπὸ θεοῦ statt ὑπό σου (Volkmar: a te) vorgefunden habe; ebenso unwahrscheinlich ist auch die Meinung von Kaminka: Beiträge, S. 605, a deo sei aus einem zu *bā'ᵃloah* verlesenen *bā'ᵃlläh* »auf diesen (Erdteilen)« entstanden.

43 a) Vgl. Ps 33,6.9.

44 a) Und vielgestaltige Bäume: fehlt in Lat.
b) Gen 1,11ff.; 2,9; 3,6; Jub 2,7; vgl. Hen(äth) 29–32.
c) Geschehen Äth; fecisti Geo.

45 a) Vgl. Gen 1,14ff.; Jub 2,8ff.; Hen(äth) 72–82.

46 a) Futuro plasmato Lat.

47 a) Geo fügt hinzu: quam appellant nageb.
b) Tiere Syr Ar[1.2].

und Fische[c]. So geschah es. 48 Das[a] stumme und unbeseelte Wasser hat [, was ihm befohlen war,][b] beseelte Wesen hervorgebracht, damit die Geschlechter[c] deshalb deine Wunder[d] erzählten. 49 Damals hast du zwei lebende Wesen[a], die du geschaffen hast[b], aufbewahrt; das eine hast du Behemoth[c], das andere Leviatan genannt[d]. 50 Du hast sie voneinander getrennt; denn der siebte Teil, wo sich das Wasser gesammelt hatte, konnte sie nicht fassen. 51 Du hast Behemoth einen der Teile gegeben, die am dritten Tag trocken geworden waren, damit er in ihm wohne; dort sind die tausend[a] Berge. 52 Leviatan aber hast du den feuchten siebten Teil[a] gegeben. Du hast sie aufbewahrt, damit sie zur Nahrung dienen sollten, wem du willst und wann du willst. 53 Am sechsten Tag hast du der Erde geboten, vor dir Vieh und wilde Tiere und Kriechtiere[a] hervorzubringen[b] 54 und über dies Adam, den[a] du zum Anführer über alles, was du vorher[b] gemacht hast, bestellt hast[c]. Von ihm stammen wir alle ab[d], dein Volk, das du erwählt hast[e]. 55 Das alles aber habe ich vor dir, Herr, ausgesprochen, weil du gesagt hast, daß du unseretwegen die erste Welt[a] geschaffen hast[b]. 56 Die übrigen Völker aber, die von Adam abstammen – von ihnen hast du gesagt, daß sie nichts[a] seien –, sind

c) Gen 1,20ff.; vgl. Jub 2,11f.
48 a) Und es geschah, daß das ... Syr Ar[1]; und so geschah es, daß das ... Lat; et facta est aqua haec Geo.
 b) Vielleicht ein Zusatz, da nur in Lat überliefert.
 c) Nationes Lat Geo.
 d) Herrlichkeit Äth; Name, Andenken, Wunder Ar[2].
49 a) Duas animas Lat, wofür Bensly, Violet I duo animalia vorschlagen; Tiere Syr Äth Ar[2]; duo animalia Geo. Anima kann jedoch auch als »belebtes Wesen« (Georges HW I 435) verstanden werden, so daß sich eine Korrektur in Lat erübrigt.
 b) Die du geschaffen hast Syr Äth.
 c) Enoch (behemoth C [in marg.] Hss. ME) Lat, ebenso V. 51.
 d) Zu V. 49–52: Vgl. Hen(äth) 60,7–10.24; Apc Bar(syr) 29,4; Apc Abr 21,4; Jes 27,1; siehe Billerbeck IV/2, 1156–1163.
51 a) Vier Äth Geo, nach Violet I Verwechslung des Zahlenzeichens, A = 1000 mit Δ = 4.
52 a) Septimam partem maris Geo.
53 a) Vögel (des Himmels) Äth Geo⁰, nach Violet II Verlesung von ἑρπετά zu πτερά.
 b) Gen 1,24ff., vgl. Jub 2,13f.
54 a) Oder: über diesen Adam, so Lat, während Syr Äth Ar[1] Arm Geo lesen: und über diese hast du Adam gesetzt. – Hominem Arm, die allerdings einen umfangreichen Text bietet und eingangs auch auf Gen 2,7 anspielt.
 b) Vorher Syr Äth Geo; abs te Arm.
 c) Gen 1,26ff.; 2,15; vgl. Apc Bar(syr) 14,18.
 d) Und um seinetwillen werden wir versenkt (d.h. ins Unheil) Äth; vgl. VII 68: Hier schlägt das negative Adam-Bild durch, das in der Schöpfungsaussage (vgl. vorausgehenden Satz) kaum am Platz ist. Violet I denkt an eine Verwechslung von äth. natmašt = ἀπαγόμεθα (statt ἀναγόμεθα) und nᵉštam (siehe VI 33).
 e) VI 58f.; Apc Bar(syr) 48,20.24.
55 a) Primogenitum saeculum Lat; diese Welt Syr Geo; die Welt Äth Ar[2], die erste Welt Ar[1].
 b) ausgewählt Ar[1] (wohl aus V. 54). Äth Ar[1] Geo bringen den Satz in direkter Rede. – Vgl. VI 59; VII 11; Apc Bar(syr) 15,7; 21,24.
56 a) Jes 40,17.

dem Speichel[b] gleich, du hast ihre übergroße Menge[c] dem Träufeln vom Eimer gleichgestellt[d]. 57 Nun aber, Herr, siehe, wie jene Völker, die für nichts erachtet wurden, uns beherrschen und uns zertreten[a]. 58 Wir jedoch, dein Volk, das du deinen Erstgeborenen, Einzigen, Anhänger[a], Liebling[b] genannt hast[c], sind ihren Händen ausgeliefert. 59 Wenn aber die Welt unseretwegen geschaffen ist[a], warum besitzen wir unsere Welt nicht als Erbe? Wie lange[b] soll das noch so sein[c]? VII 1 Als[a] ich diese Worte zu Ende gesprochen hatte, wurde der Engel zu mir gesandt, der in den früheren Nächten[b] zu mir gesandt worden war. 2 Er sagte zu mir: Steh auf, Esra, und hör die Worte, die zu dir zu reden, ich gekommen bin.

3[a] Ich sagte: Rede, mein Herr! Er sagte zu mir[b]: Da gibt es ein Meer, das auf einem weiten Raum gelegen ist[c], so daß es tief ist und unermeßlich breit. 4 Es hat einen Zugang, der an einer engen Stelle ist, so daß er einem Fluß

---

b) Gleich wie der Staub Ar[1]; confracto vitro Arm, wozu Violet I bemerkt: d.h. »Glasstaub«. »Speichel« geht auf roq σίελος, »Staub« auf daq zurück; siehe Jes 40,15 (so Volkmar, Box; Violet I, Kaminka: Beiträge, S. 502).

c) Ihren Überfluß Syr; sie und ihre Fröhlichkeit Äth; divitiae illae eorum Geo.

d) Jes 40,15; Apc Bar(syr) 82,3–5.

57 a) Zertreten Syr Äth Ar[1] Arm Geo[o]; demütigen Ar[2]; devorare Lat; »zertreten« geht nach Volkmar, Violet II auf καταπατεῖν zurück, devorare auf καταφαγεῖν.

58 a) Aemulatorem Lat; Verwandten Syr. Äth bringt folgende Titel: mein Erstgeborener, mein Einziger, mein eigener Sohn, den ich liebe. Ar[1] liest: welches du dir einzig als erstgeborenen Sohn auserkoren und geliebt hast. Violet II vermutet statt »Anhänger« als ursprüngliche Lesart »Auserwählter« (ἐκλεκτόν). Volkmar meint, statt aemulatorem habe ursprünglich amatorem gestanden.

b) Freund Syr.

c) Vgl. Gen 22,2; Ex 4,22; Ps 89,28; Hos 11,1; Ps 2,7; Jer 6,26; Dtn 33,12; Apc Bar(syr) 5,2; 21,21; AssMos 1,13; PsSal 18,4.

59 a) VIII 1; IX 13; Apc Bar(syr) 14,18f.; 15,7; 21,24; AssMos 1,12.

b) Vgl. Ps 4,3; 6,4; 13,2; 94,3.

c) »Der Grund für diese eigentümliche Aufnahme von Gen 1, die herausarbeitet, wie sich im Sechstagewerk die Macht Gottes in grandiosen Verwirklichungen des göttlichen Wortes manifestiert« wird in Esras Klage sichtbar. Es ist »angesichts der leidvollen Erfahrung der römischen Macht und Zerstörung ein Problem der Diastase von Lehre und Erfahrung: die Schöpfungswelt, die zu Israel gehört, ist dem erwählten Volk vorenthalten, Gottes in der Schöpfung so machtvoll manifestiertes Wort ist für Israel leer geblieben«, O.H. Steck: Die Aufnahme von Gen 1, S. 179; 181f.

VII 1 a) Wörtlich: Und es geschah, als ... Lat Syr Geo.

b) Primis noctibus Lat; zuerst in jener Nacht Äth; in prima illa nocte Geo; in der ersten Nacht Ar[2].

3 a) Der zweite Gesprächsgang – nach Brandenburger: Die Verborgenheit, ist es der erste (VII 1[3]–16) – umfaßt nach Harnisch, Der Prophet: VII 3a–16: Lehranforderung (VII 3a), Gleichnis (3b–9), Bestätigung (10a), Folgerung (10b–16).

b) Wenn ... Syr Arm Geo. Gemeint ist wohl: »Angenommen, ein Meer läge ...«; vgl. Violet II.

c) Das Meer – der Ort, wo ein Hafen ist – seine Wege sind weit und breit Ar[1]. Vgl. Apc Bar(syr) 22,3. Zu V. 3–9: vgl. Mt 7,13f.; Myers 230 zu VII 4.

gleicht. 5 Wenn nun jemand die feste Absicht hat[a], zu jenem Meer zu kommen, um es zu sehen[b] oder zu befahren[c], und nicht die enge Stelle passiert[d], wie könnte er dann die Weite erreichen? 6 Noch ein anderes (Gleichnis): Eine Stadt ist erbaut und in einer Ebene gelegen; sie ist voll von allen Gütern[a]. 7 Der Eingang zu ihr aber ist eng und am Abgrund[a] gelegen, wo zur Rechten Feuer und zur Linken tiefes Wasser ist. 8 Nur ein einziger Pfad führt[a] zwischen den beiden, zwischen Feuer und Wasser hindurch, so daß der Pfad nur die Fußspur eines Menschen faßt. 9 Wenn aber nun jene Stadt jemand zum Erbteil gegeben wird, wie wird der Erbe, wenn er nicht die davor liegende gefährliche Stelle durchschritten hat, sein Erbe in Besitz nehmen können[a]? 10 Ich sagte: So ist es, Herr. Er sagte zu mir: So verhält es sich auch mit Israels Erbteil[a]. 11 Denn ihretwegen habe ich die Welt erschaffen[a]. Als aber Adam meine Gebote[b] übertrat, wurde das Geschaffene gerichtet[c]: 12 Da wurden die Zugänge in[a] dieser Welt eng, leidvoll und beschwerlich, wenig und böse, voll von Gefahren und mit großen Nöten behaftet[b]. 13 Die Wege[a] der größeren Welt[b] aber sind breit und sicher und

5 a) Volens voluerit Lat; Cogitatione cogitaverit Geo.
   b) Kaminka: Beiträge, S. 133, vermutet, daß ursprünglich stand $l^{u^c a}bôr$ 'ārḥôt jâm und t^{e}'ôt gelesen wurde; er verweist auf Ps 8,9.
   c) So Gunkel, Box, Violet II: Verwechslung von *lārädät* und *lirdot*?; dominari eius Lat Syr Äth Arm Geo. Wellhausen, GGA 158 (1896), S. 13, verweist für dominari auf *rdh*.
   d) Jedoch, wer hineinkommen will auf das weite, flächengewaltige Meer, um es zu sehen, wenn er nicht seinen Weg von dem zusammengedrängten engen Hafen aus, der ins Weite führt, begonnen hat ... Ar[1].
6 a) Ar[1] malt aus: ... gebaut auf fruchtbaren, grünen Plätzen und (mit) Obstgärten und Äckern, mit fruchtbaren Gärten, deren Straßen voll sind von allen guten Dingen.
7 a) In der Höhe Syr. – Vgl. HermSim 9,12,5.
8 a) Wörtlich: ist gelegen (posita est Lat).
9 a) Vgl. Mt 7,14.
10 a) Oder: Anteil Syr Äth, pars Lat Geo. Israels »Teil« ist die Welt. Ar[2] deutet auf das Paradies: Ebenso ist das mit nützlichen, bleibenden Gütern gefüllte Paradies.
11 a) Siehe VI 59; AssMos 1,12.
   b) Constitutiones Lat.
   c) Gunkel z. St.: »Diese jammervolle Welt ist nicht mehr die Welt, die aus der Hand des guten und gnädigen Gottes urspr. hervorgegangen ist, von der Gen 1 sagt: siehe, es war alles gut.« – Harnisch: Verhängnis, S. 108: »Das durch die Verfehlung des ersten Menschen ausgelöste Strafverhängnis wirkte sich schicksalhaft an der gesamten Schöpfung aus.«
12 a) Introitus Lat Syr Ar[2] Arm Geo; die Wege Äth Ar[1], deren Lesart Gunkel, dem Harnisch (Verhängnis, S. 108 Anm. 3) und Myers 206 zustimmen, vorzieht. Gemeint sind entsprechend den beiden Gleichnissen, die Wege in dieser Welt als Zugänge zur kommenden; so mit Bezug auf Ar[2], die an die Zugänge zum Paradies denkt, auch Gunkel: »Jedenfalls soll der Sinn sein, daß dieser Äon der beschwerliche Zugang zu jenem Äon ist.«
   b) Eng und voll von Seufzern und Mühen und vielen Gefahren und großer Erschöpfung samt Krankheiten und Leiden Syr; uneben und eng und wenige und böse und reich an Mühsal und voll von Entbehrung und Kümmernis Äth. – Vgl. Apc Bar(syr) 51,16.
13 a) Wege Äth; introitus Lat Syr Geo, wohl eine Nachwirkung von V. 12; vgl. Volkmar.
   b) Jener künftigen Welt Syr, die kommende Welt Ar[1]; jene Welt Äth; secundi saeculi Geo.

bringen die Frucht der Unsterblichkeit[c]. 14 Wenn also die Lebenden nicht in diese Engpässe und Nöte[a] wirklich hineingegangen sind, können sie nicht erhalten, was ihnen aufbewahrt ist[b]. 15 Warum also betrübst du dich nun, da du doch vergänglich bist[a]? Und warum regst du dich auf, da du doch sterblich bist[b]? 16 Warum hast du dir nicht das Künftige zu Herzen genommen, sondern die Gegenwart[a]?

17[a] Ich antwortete und sagte: Herrscher, Herr, siehe in deinem Gesetz hast du bestimmt, daß die Gerechten dieses Erbe erhalten, die Gottlosen aber umkommen werden[b]. 18 Die Gerechten können die Enge wohl ertragen, weil sie auf die Weite hoffen; die Gottlosen aber haben die Enge erduldet[a] und die Weite doch nicht gesehen[b]. 19 Er sagte zu mir: Du bist kein Richter über dem Herrn[a] und nicht weiser[b] als der Höchste[c]. 20 Mögen also eher viele

Gunkel verweist für Lat (maioris saeculi) auf Hen(sl) 61,2; 66,7. Nach Volkmar ist $\mu\varepsilon i\zeta ovo\varsigma$ aus $\mu\acute{\varepsilon}\lambda\lambda ov\tau o\varsigma$ verderbt: eher wäre wohl an den Wechsel hb':hrb zu denken.
c) Des Lebens Äth; vgl. Prv 3,18; 11,20; 12,28; Apc 22,2.

14 a) Vana Lat; Übel Syr; Sünde Äth; Schmerzen Ar[1]; necessitudinem Geo; tenuem (tramitem) Arm. Lat könnte auf $\kappa\varepsilon v\acute{\alpha}$ statt $\kappa\alpha\kappa\acute{\alpha}$ (Volkmar, Violet II) zurückgehen.
b) »Erst der künftige Äon hält die Heilsgaben bereit, die nach dem göttlichen Schöpfungsentwurf Israel zugedacht waren«, Harnisch: Verhängnis, S. 109.

15 a) Statt »da ... bist« liest Äth: Du Staub; quod mortalis sis Arm.
b) Vgl. IV 2.11; V 33; Apc Bar(syr) 22,2; 23,2; 55,4f.; quod corrumperis Arm. Gunkel, Rießler, Myers übersetzen »daß du vergänglich (bist) ..., daß du sterblich (bist)«.

16 a) Nach Gunkel sind »diese Worte ... wichtig für den Zusammenhang des Buchs; mit ihnen wendet sich der Verfasser von der Betrachtung der Gegenwart ab zu der der Zukunft«. Esra wird hier gesagt: »Das ›corruptibilis (mortalis) esse‹ des Menschen gehört zum Ungemach dieses Äons, dem alle Geschöpfe zwangsläufig unterworfen sind. Darum sollte sich Esra nicht durch das Faktum der Vergänglichkeit und des Todes beeindrucken lassen, sondern seine Hoffnung auf den künftigen Äon setzen, der zu seiner Zeit hereinbrechen wird, und von dem mit Sicherheit zu erwarten ist, daß er Früchte der Unsterblichkeit mit sich bringt (vgl. V. 13)«, so Harnisch: Verhängnis, S. 305.

17 a) Der dritte Gesprächsgang – nach Brandenburger: Die Verborgenheit, der zweite – umfaßt nach Harnisch: Der Prophet: VII 17–44: Einwand (VII 17–18), Zurechtweisung (19–44).
b) Vgl. Dtn 8,1. Verheißung und Drohung, wie sie, etwa im Dtn, mit der Thora verbunden sind, beziehen sich »nicht mehr auf innergeschichtliche Ereignisse, sondern auf Heil und Unheil im Eschaton«, Harnisch: Verhängnis, S. 148.

18 a) (Haben die Enge) geglaubt Äth ist sicher unrichtig; Violet I vermutet, »daß $\pi\varepsilon\pi\acute{o}v\vartheta\alpha\sigma\iota$ oder $\pi\varepsilon\pi ov\vartheta\acute{o}\tau\varepsilon\varsigma$ in $\pi\varepsilon\pi oi\vartheta\alpha\sigma\iota$ oder $\pi\varepsilon\pi oi\vartheta\acute{o}\tau\varepsilon\varsigma$ verlesen worden ist«; haben nicht geglaubt Ar[2] verläßt das gegebene Bild ganz.
b) Die Aussage von V. 17f. »steht im Widerspruch zu einer Fülle gegenteiliger Äußerungen des Sehers, in denen die Totalität des Sündenschicksals behauptet und die Existenz von ›Gerechten‹ von Grund auf bezweifelt wird«. Es »ist zu vermuten, daß die VV. 17f. lediglich als Exposition der folgenden Rede des Engels dienen und sachlich bereits diejenige Position anzeigen, die der Verfasser von 4 Esr vertritt«, Harnisch: Verhängnis, S. 146.

19 a) Sei nicht (weiser) als Gott Syr, wobei das Adj., das im Text fehlt, entsprechend der zweiten Satzhälfte ergänzt ist (Violet I); nicht bist du besser (geeignet) zum Richter als der Eine Äth; tu non es iudex praeter illum unicum Geo; du bist ein geringerer Richter als Gott Ar[1]; du bist nicht gerechter als Gott Ar[2]; non es melior quam Altissimus Arm. Vgl. Violet z. St.
b) Verständiger Syr; einsichtiger Ar[2] Geo; clementior ... et non magis homines amans quam ille Arm.

der jetzt Lebenden zugrunde gehen, als daß[a] das vorgelegte Gesetz Gottes[b] verachtet werde. 21 Denn der Herr[a] hat den Kommenden[b], als sie kamen, nachdrücklich geboten, was sie tun sollten, um das Leben zu haben, und was sie beachten sollten, um nicht bestraft zu werden[c]. 22 Sie aber waren ungehorsam und widersetzten sich ihm[a]. Sie machten sich nichtige Pläne 23 und nahmen sich sündhafte Machenschaften vor. Sie sagten darüber hinaus[a], daß der Höchste[b] nicht existiere[c], und nahmen seine Wege nicht zur Kenntnis. 24 Sie verachteten sein Gesetz, leugneten seinen Bund[a], seinen Geboten glaubten sie nicht, und seine Werke taten sie nicht[b]. 25 Deswegen, Esra, das Leere den Leeren und das Volle den Vollkommenen[a]! 26 Denn siehe, es kommt die Zeit, wenn die Zeichen, die ich dir vorausgesagt habe, eintreffen. Dann wird die unsichtbare[a] Stadt erscheinen und das jetzt verborgene Land[b]

c) Vgl. Hi 8,3; 21,22; ApcPauli 33. – Der Vers ist eine Zurechtweisung Esras; vgl. IV 34.

20 a) Weil ... verachtet wurde Syr; quia neglexerunt Geo; die ... verachtet haben Äth; auch Ar² mildert die harte Aussage ab. Wellhausen, GGA 158 (1896), S. 11, schlägt vor: »In 7,20 wird quoniam für quam zu lesen sein.« Dann käme Lat auf die Deutung der Syr hinaus.
   b) Gottes fehlt in Syr Ar², der ganze Vers in Ar¹.

21 a) Deus Lat[Sc]; Gott Syr Äth Ar¹ Arm Geo; der Vers fehlt Ar², die aber »Gott« in V. 22 bringt.
   b) Die gekommen sind Syr; die geworden sind Äth.
   c) »Hinter V. 21 steht die Meinung, daß sich an der Stellung gegenüber dem Gesetz im gegenwärtigen Äon das Geschick des einzelnen im künftigen Äon entscheidet«, Harnisch: Verhängnis, S. 149.

22 a) Übertraten sein Gesetz Ar¹; welche ... Gott nicht dienen Ar²; vielleicht hebt auch Äth auf das Gesetz ab (Und sie verleugneten es bzw. ihn und vernachlässigten es bzw. ihn). – Esra stellt nicht die Frage, ob der Mensch das Gesetz erfüllen könne. Er stellt nur fest, daß es nicht erfüllt wurde. Ebensowenig legt er den Inhalt des Gesetzes dar oder erörtert ihn. Er setzt es als bestehende und geltende Größe voraus.

23 a) Über dies alles hinaus Syr Äth Arm.
   b) Gott Äth.
   c) Ps 14,1; 53,2. Arm fügt hinzu: et non retributio bonorum et malorum operum. Die Leugnung Gottes ist Abfall von Gott (sondern haben verleugnet und sich aufgelehnt Ar²).

24 a) Seinen Bund Äth Ar¹ Arm; sponsiones eius (Verpflichtungen) Lat; mandata eius Geo; seine Bündnisse Syr.
   b) Statt »und seine Werke taten sie nicht« liest Arm: et verbis sanctis eius diffisi sunt et electos eius contempserunt. – VII 72.79; VIII 56; Apc Bar(syr) 41,3; vgl. Ps 19,8-10.

25 a) Deshalb habe ich die Schwachen den Nichtigkeiten und die Vollen den Vollendeten überliefert Ar¹. Vgl. Jer 2,5; Mt 13,12. – Als vollkommen »gilt demnach derjenige der das Gesetz vollständig erfüllt ... Weil es auf die Einheitlichkeit und Ganzheit des Tuns ankommt, ist in 4 Esr (wie auch in sBar) absolut vom Gesetz die Rede«, Harnisch: Verhängnis, S. 155 Anm. 1.

26 a) Die bis jetzt nicht erschienen ist (erscheint) Ar¹ Arm Geo; vgl. Äth: und verborgen wird die Stadt, die jetzt erscheint; sponsa Lat Syr, was Volkmar, Gunkel, Box, Violet II auf ein aus νῦν (μὴ) φα(ινομένη) o. ä. verderbtes νύμφη zurückgeführt wird. Dagegen wendet sich Kaminka: Beiträge, S. 133f., mit dem Bemerken: »Die Überlieferung scheint vielmehr richtig. Die Apokalypse stützt sich auf Jes 49,18, wo Zion als Braut erscheint. Es wird ferner (V. 28) vom Erscheinen des Messias gesprochen, der für eine bestimmte Zeitepoche Freude bringen wird.« Jedoch spricht der Rest von V. 26 dafür, daß »unsichtbare« gegenüber »Braut« sachlich im Recht ist.
   b) Tiefe Ar²; fovea Geo. Vielleicht ist hierbei an den Ort der Verdammten gedacht.

sich zeigen[c]. 27 und jeder, der aus den vorher genannten Plagen gerettet wurde[a], wird meine Wunder schauen[b]. 28 Denn[a] mein Sohn, der Messias[b], wird sich mit denen offenbaren, die bei ihm sind, und wird die Übriggebliebenen[c] glücklich machen, 400 Jahre lang[d]. 29[a] Nach diesen Jahren wird

---

c) Vgl. Apc Bar(syr) 4,4.6; 20,2; 59,4; Apc 21,1f. Mit dem Land ist das Paradies gemeint (Gunkel) oder Palästina (Volz: Eschatologie, S. 39; Keulers: Die eschatologische Lehre, S. 79: »das Palästina der Heilszeit«) als Heilsort für die Herrschaft des Messias (V. 28). Volz: Eschatologie, S. 373f., bemerkt: »Präexistentes Jerusalem und Paradies ist seinem inneren Wesen nach dasselbe, die beiden sind nur dem Namen nach unterschieden, weil es zwei verschiedene eschatologische Traditionen sind.« Hier »ist zwar nicht die überirdische Präexistenz, aber die überirdische Herkunft der neuen Heilstadt behauptet«. – Nach U.B. Müller: Messias, S. 87f., wird zwischen V. 26f. und 28ff. ein Widerspruch deutlich: »Nach 7,26f. wird jeder, der aus den endzeitlichen Plagen gerettet ist, die mirabilia Gottes schauen ... Anders ist es nun in 7,28ff. Hier zwingt ein vorgegebenes Schema den Verfasser, die Heilsgüter erst in der Neuen Welt zu erwarten (7,33ff., vgl. auch 7,113ff.)«. Auch, was mit den Übriggebliebenen gemeint war, sei jeweils verschieden. Sie könnten nach V. 26f. sich der himmlischen Heilsgüter erfreuen. Nach V. 28ff. bleibt am Ende niemand übrig.

27 a) Liberati fuerint a primis illis operibus malitiae Geo; invenietur immaculatus Arm.
b) Vgl. VI 25; XII 34; XIV 34; Apc Bar(syr) 29,2.6; 72,2.

28 a) »Die Konjunktion enim (V. 28) verknüpft V. 26f. nur ganz lose mit dem folgenden. Sie hat hier fast die Funktion einer Zitationsformel. V. 26f. spricht die Hoffnung aus, V. 28ff. soll diese dann durch Verweis auf eine Tradition begründen«, U.B. Müller: Messias, S. 89.
b) Filius meus Jesus Lat; mein Messias Äth; der Messias Ar²; Unctus Dei Arm; electus unctus meus Geo. Jesus ist natürlich Zusatz aus christlicher Deutung. Nach Violet II muß ὁ παῖς μου (mein Sohn Lat Syr Ar¹) »als alter griechischer Zusatz angesehen« werden; anders U.B. Müller: Messias, S. 90, der die vollere Form in V. 28 für ursprünglich hält. Vgl. Apc Bar(syr) 29,3; 39,8. Nach J. Bloch: Some Christological Interpolations, S. 91, wurde das hebr. oder aram. ῾äbäd absichtlich aus christlichem Geist mit ὁ υἱός wiedergegeben. Nach U.B. Müller: Messias, S. 89, ist der »Würdenamen ›Knecht Gottes‹, den der Messias bei Pseudoesra trägt (außerdem noch in 13,32.37.52; 14,9)«, vom Verf. des 4 Esra beigegeben worden.
c) Salvatos illos relictos Geo; qui manserunt in fide et in patientia Arm. Äth liest: die auferweckt sind, was nach M. Stone: Some Remarks, S. 111, auf hnš'jm statt hnš'rjm zurückgeht; vgl. Violet II, der aber eher an eine Verwechslung von ἀπελείφθησαν mit ἀνελήφθησαν denkt. Vgl. VI 25; XIII 32.37; Apc Bar(syr) 30,1.
d) Dreißig Jahre lang Syr; tausend Jahre (lang) Ar²; keine Angabe über die Dauer der Messias-Herrschaft findet sich in Äth Arm. – Über die Dauer des messianischen Zwischenreichs herrscht im Frühjudentum keine einheitliche Meinung: Siehe Billerbeck III 823–827. »Als Gewährsmann der Überlieferung von 400 oder 1000 Jahren (die Überlieferung schwankt) wird R. Eliezer ben Hyrkanos genannt«, Bousset-Gressmann: Die Religion des Judentums, S. 289. Bei der Zahl 30 kann es sich um eine Verwechslung des Zahlzeichens, A (1000) mit Λ' (30) handeln (Violet II). Eher ist jedoch Änderung aus christlichem Geist anzunehmen, so Wellhausen, GGA 158 (1896), S. 12. Hier wird »die Dauer des Messiasreiches mit der Lebenszeit Christi gleichgestellt«, Keulers: Die eschatologische Lehre, S. 83. Bloch: Some Christological Interpolations, S. 93, verweist auf Lk 3,23–38. Nach Gunkel ist die Zahl 400 »eine Kombination von Ps 90,15 und Gen 15,13«. Nach U.B. Müller: Messias, S. 89, hat der Verf. von 4 Esra in V. 28 den »Versuch eines logischen Ausgleichs« zwischen seiner eigenen Auffassung (V. 26f.) und der übernommenen eschatologischen Tradition (V. 28ff.) unternommen. Diese war bereits »in fester Gestalt«, aber nicht als »literarisch greifbare Quelle« vorhanden.

29 a) Zu V. 29–32, vgl. Apc Bar(syr) 21,23; 30,2; AntBibl 21,9; 32,13.

mein Sohn, der Messias[b], sterben[c] und alle, die Menschenodem haben[d].   30
Die Welt wird in das einstige Schweigen[a] sieben Tage lang zurückkehren, wie
es im Uranfang[b] war, so daß niemand übrigbleibt[c].   31 Nach sieben Tagen
aber wird die Welt, die noch nicht wach ist, erweckt werden[a], und das Vergängliche[b] wird sterben.   32 Die Erde gibt die heraus, die in ihr schlafen, der
Staub die, die still in ihm ruhen[a], und die Kammern geben die Seelen heraus,
die ihnen anvertraut sind[b].   33 Der Höchste offenbart sich auf dem Richterthron[a] (dann kommt das Ende)[b]; das Erbarmen vergeht (die Barmherzigkeit
entfernt sich)[c], die Langmut verschwindet[d],   34 nur das Gericht[a] bleibt. Die
Wahrheit besteht, der Glaube erstarkt,   35 das Werk[a] folgt nach, der Lohn

b) Christus Lat; mein Knecht, mein Messias Äth; electus unctus meus Geo. St. Gero: »My
Son the Messiah«, S. 266, schließt für Geo auf ἐκλεκτός, das zwar meist die Übersetzung
von *bhjr* sei, aber Am 5,11 *br* wiedergibt. »If the original Hebrew of 4 Esr had *brj mšjh*, this
could on one hand be interpreted as'my son *(υἱός)* the Messiah', as in the Latin and Syriac,
and on the other hand as 'my elect one *(ἐκλεκτός)* the Messiah' as attested by the Georgian
version.«

c) Vollenden, wohl im Sinn von »sterben« (Violet I), oder: vollendet werden Äth; con-
summabitur Geo. Vgl. 1 Kor 15,28.

d) Animam habentes Geo.

30 a) Zustand Äth. Vgl. Apc Bar(syr) 3,7f.

b) Ist an die Schöpfung gedacht, bevor die Stimme des Menschen erklang (Volkmar, Gunkel)?

c) Zu V. 28–30 vgl. Ambrosius, Expositio evangelii sec. Lucam (Migne PL XV, 1536 C).

31 a) Vgl. IV 37; V 45; Apc Bar(syr) 40,3.

b) Die sterbliche Welt Äth. Nach Volkmar und Box, auf den sich Harnisch: Verhängnis, S.
101 Anm., beruft, ist sinngemäß saeculum zu corruptum Lat zu ergänzen. Dagegen spricht
Syr: die Vergänglichkeit, Ar¹: die Verderbnis. Sachlich kommen beide Auffassungen auf
dasselbe hinaus. Vgl. Apc Bar(syr) 40,3; 44,9.

32 a) Dan 12,2; Apc Bar(syr) 11,4; 30,1.

b) Apc Bar(syr) 21,23; 30,2; 50,2; Hen(äth) 51,1.

33 a) Super sellam gloriae Geo; auf dem Stuhl der Schöpfung Äth, eine Verwechslung von
κρίσεως mit κτίσεως (Volkmar, Violet II). – Vgl. Dan 7,9; Apc 20,11.

b) Dann kommt das Ende Syr; vgl. Ar¹: dann wird kommen (das Erbarmen).

c) Die Barmherzigkeit entfernt sich Syr.

d) Congregabitur Lat Geo, wird versammelt werden Syr, was wohl auf ein *näᵃsap* (Gunkel,
Wellhausen, Violet II) »versammelt werden« d.h. »entschwinden« zurückgeht. Kaminka:
Beiträge, S. 134, meint, congregabitur setze ein aus *wᵉtiqwah* verlesenes *wᵉtiqqāwäh* voraus.
Das ist wenig wahrscheinlich, weil *qwh* Ni. kaum zu der Bedeutung »entschwinden« führt
und jeder Begriff wohl auch im Urtext ein Verbum bei sich hatte. – Vgl. Apc Bar(syr) 85,12.
Im positiven Sinn verstehen Äth: und kommen wird sein Erbarmen und zurückkehren seine
Gnade und wiederkehren seine Langmut, und Ar¹: dann wird das Erbarmen kommen und
die Gnade nahen und sich versammeln das Gute und die Geduld, den zweiten Teil des Verses, anscheinend eine Abmilderung aus christlichem Geist (Violet II). – Nach U.B. Müller:
Messias, S. 89, hat Pseudoesra in das V. 28ff. vorgegebene Schema in V. 33–36 und 37–38
eingegriffen.

34 a) Mein eigenes Gericht Syr; das Gericht Gottes Ar¹; beides ist wohl eine Verdeutlichung.

35 a) Vgl. III 33; IV 35; IX 17; XIII 56; Apc Bar(syr) 54,16; Apc 14,13; 1 Tim 5,24. Geht
nach Wellhausen, GGA 158 (1896), S. 13, Gunkel, Violet II auf *pᵉᶜullāh* »Werk, Lohn« zurück und wäre im Sinn von »Lohn, Entgelt« zu verstehen, vgl. jedoch den folgenden Satz.

zeigt sich, die gerechten Taten[b] erwachen, die ungerechten schlafen nicht mehr.   36 Dann erscheint die Grube[a] der Pein[b] und gegenüber der Ort der Ruhe. Der Ofen der Hölle[c] zeigt sich und gegenüber das Paradies der Wonne[d].   37 Dann wird der Höchste zu den auferweckten Völkern[a] sagen: Seht und erkennt den, den ihr geleugnet, dem ihr nicht gedient, dessen Gebot ihr verachtet habt.   38 Schaut nun hinüber und herüber[a]: Hier Wonne und Ruhe, dort Feuer und Pein. Das wird er[b] zu ihnen am Tag des Gerichts sagen.   39 Dieser Tag ist so beschaffen[a]: Er hat nicht Sonne, nicht Mond, nicht Sterne;   40 nicht Wolke, nicht Donner, nicht Blitz; nicht Wind, nicht Wasser, nicht Luft; nicht Dunkel, nicht Abend, nicht Morgen;   41 nicht Sommer, nicht Frühling, nicht Hitze; nicht Winter, nicht Eis, nicht Kälte; nicht Hagel, nicht Regen, nicht Tau;   42 nicht Mittag, nicht Nacht, nicht Dämmerung; nicht Glanz, nicht Helligkeit, nicht Leuchten, sondern nur den Glanz der Herrlichkeit des Höchsten[a]. Daran sollen alle erkennen, was bevorsteht[b].   43 Dieser Zeitraum[a] dauert wohl eine Jahrwoche[b].   44 Das ist mein Gericht und seine Ordnung[a]. Dir allein habe ich das gezeigt.

b) Wörtlich: die Gerechtigkeiten Lat Syr Geo Äth (Sing.); das Recht Ar¹, hebr. ṣ°dāqôt.
36 a) Die Grube Syr Äth; der Abgrund Ar¹; der Brunnen Ar²; locus Lat Arm, wofür Bensly, Violet lacus verbessern, hebr. bôr, das nach Kaminkas (Beiträge, S. 134) kaum beweisbarer Vermutung aus kûr »Ofen« (vgl. Jes 48,10) verlesen wäre. Locus ist vom folgenden locus her beeinflußt.
   b) Iudicii Äth Geo.
   c) Gehennae Lat Syr Äth Geo. Vgl. Apc Bar(syr) 44,15; Hen(äth) 27,1; 56,8; Lk 16,23, Apc 9,2.
   d) Vgl. »Garten Eden« Gen 3,23f. Apc Bar(syr) 51,11; Hen(äth) 61,12. – Zu V. 36.39–42: Vgl. Ambrosius, De bono mortis XII.
37 a) Statt »Völkern« liest Arm: Iustis: Videte locum quietis vestrae quem paravit vobis ab initio creaturarum (oder creationis); intrate dehinc et quiescite et exsultate sicut vituli emissi e vinculo. Harnisch: Verhängnis, S. 151 Anm. 2, weist darauf hin, daß VII 37f., wo die Heiden vom Gericht betroffen sind, mit VII 17–25 dann konkurriert, wenn man unter den Gerechten dort die in Israel lebenden versteht, wie er es tut. Das ist jedoch nicht der Fall, weil die Völker allem Anschein nach verurteilt werden (V. 37). – Vgl. auch VIII 58.
38 a) Contra et in contra Lat; euch gegenüber Syr Äth; coram vos Geo; coram vobis Arm.
   b) Er Syr Äth Geo Ar¹; loqueris Lat.
39 a) Vgl. zur folgenden Beschreibung Sib III 89–92; VIII 425–427; auch 4 Esr VI 1–5; Apc Bar(syr) 59,5. Die Reihenfolge der Aufzählung stimmt in Lat Syr Äth Geo (Ar¹) nicht immer überein. Die einzelnen Angaben fehlen zum Teil in Ar² und sind in Arm mit vielen kleinen Zusätzen aufgefüllt.
42 a) Vgl. Jes 60,19f.; Apc 21,23.
   b) Ar¹ liest im 2. Teil des Verses: sondern sie werden sich zur Anbetung des Glanzes der Herrlichkeit verpflichtet fühlen. Und diese Dinge müssen notwendigerweise geschehen.
43 a) Die Länge jenes Tages Äth.
   b) Vgl. Dan 9,24f.; Apc Bar(syr) 28,2. Und das Gericht wird siebzig Jahre dauern Ar², wobei aber der folgende Vers fehlt; vgl. Dan 9,24. – Kaminka: Beiträge, S. 605f., vermutet in V. 42f. ein dreifaches Mißverständnis schon der alten Übersetzungen und konstruiert folgenden Text: zîw h°dar ʿäljôn ¹ᵃ šär jûk°lû lir'ôt mimqômô k°'ôr šibʿat hajjāmîm. Hier wird ein Text nach Jes 30,26 und 61,19 entworfen.
44 a) Dies aber ist sein Gesetz Syr; und dies ist sein Gericht und sein Urteil Äth; dies ist das

45[a] Ich antwortete[b]: Schon früher habe ich gesagt[c], Herr, und auch jetzt sage ich: Selig sind die Lebenden, die deine Anordnungen[d] beachten[e]. 46 Aber darauf ging meine Bitte: Wer ist es von den Lebenden[a], der nicht gesündigt hätte? Oder wer von den Geborenen ist es, der deinen Bund[b] nicht übertreten hätte? 47 Jetzt aber sehe ich, daß die kommende Welt nur wenigen Wonne bringen wird[a], vielen aber Qualen. 48 Denn in uns ist das böse Herz[a] gewachsen, das uns diesem[b] entfremdete, uns dem Verderben entgegenführte, uns die Wege des Todes zeigte, die Pfade der Vernichtung (wies)[c] und uns vom Leben entfernte, und zwar nicht wenige, sondern beinahe[d] alle, die erschaffen wurden. 49 Er antwortete mir und sagte[a]: Hör mich[b]! Ich will dich

Maß jener beschlossenen Dinge und ihre Ordnung Ar[1]; hoc est iudicium Arm; hoc est iudicium meum et scrutationes eius Geo.

45 a) Der vierte Gesprächsgang – nach Brandenburger: Die Verborgenheit, der dritte – umfaßt nach Harnisch: Der Prophet: VII 45–61: Klage (VII 45–48), Zurechtweisung mit einem Beispiel (49–52), Bestätigung (53), Bildwort (54–57), Bestätigung (58), Folgerung (59–61).
b) Ich antwortete und sagte (zu ihm) Syr Äth Geo; dedi responsum et ingemiscendo dico Arm.
c) Ein »Zitat« dem Sinne nach, das sich wörtlich in der bisherigen Diskussion nicht feststellen läßt. Der Hinweis steht nur in Syr Lat.
d) Quae a te constituta sunt Lat; und die Gebote ..., die von dir aufgestellt sind Syr; iudicium tuum Geo.
e) Ar[1] fügt hinzu: und meine Bitte und mein Wunsch geht dahin, daß ich es halten möge. Arm fügt eine Klage im Sinne von VII 116 hinzu.

46 a) Die gekommen sind Syr, wie auch V. 45, was wohl παρόντες (bā'îm) statt παρέντες (praesentes Lat) voraussetzt, siehe Violet II. Der vollständige, auch VII 21; IX 20 gebrauchte Ausdruck (VII 132) ist »in die Welt gekommen« (bô' l[ec]ôlām); vgl. Joh 1,9. Er ist eine »Umschreibung des Begriffes ›Mensch‹ im rabbinischen Judentum«; vgl. Billerbeck II 358; Harnisch: Verhängnis, S. 102f. Natürlich sind, wie aus dem zweiten Satz in V. 46 deutlich wird, in V. 45f. nicht nur die jetzt lebenden Menschen gemeint.
b) Sponsionem Lat; Befehle Syr; Satzung Äth; legem Geo; mandata (eius) Arm.

47 a) Pertinebit (facere) Lat, was nach Bensly: Missing Fragment, S. 58, auf eine Verlesung von μελλήσει (incipiet) in μελήσει zurückgeht.

48 a) III 20f.26; IV 4.
b) Ab his Lat Syr; von diesem Äth. Violet I: »Vielleicht ist mn-h'lh ›von diesem‹ aus mn-h'lhjm ›von Gott‹ entstanden.« Kaminka: Beiträge, S. 134f., nimmt diese Beobachtung auf und vermutet, »daß der Urtext wajjaṭ 'ôtanû me'[a]lo[a]h gelautet hat und dies me'ellāh = ab his gelesen wurde«. Weil der Apokalyptiker das Wort »Gott« ängstlich vermeidet, schlägt Violet II gegen I vor: »ἀπὸ τούτων aus mehem abzuleiten, dies mag dann aus meḥajîm verlesen sein; jedenfalls paßt ›Leben‹ hier vorzüglich hinein«. Eine Stütze für diese Konjektur gibt es in den Übersetzungen nicht, falls man nicht dem folgenden »und uns vom Leben entfernte« parallel schaltet.
c) Wies Syr Geo Ar[1]; geleitete Äth; in Lat fehlt (so R. Weber, Biblia Sacra; anders teilt Violet I ab) die Satzaussage.
d) Zugleich Syr (ḥbr d) siehe Bidawid, 4 Ezra, z.St.; (über) alle Äth; und nicht wir allein, sondern auch die Jungen mit uns Ar[2]. Dann wäre Lat (paene) eine Abschwächung (so Violet II). Ar[1] deutet: und nicht dies allein, sondern was noch mehr ist als dies. – Siehe den »Exkurs: Viele, fast alle, alle« bei: Brandenburger: Verborgenheit 5.3.3 nach Anm. 81.

49 a) Sagte zu mir Syr Äth Arm Geo.
b) Syr Ar[1] fügen »Esra« hinzu.

belehren[c] und aufs neue zurechtweisen[d]. 50 Deshalb hat der Höchste nicht eine Welt geschaffen, sondern zwei[a]. 51 Weil du nämlich gesagt hast, daß es nicht viele, sondern wenige Gerechte gibt, die Gottlosen aber viele sind[a], höre dagegen: 52 Wenn du nur sehr wenige und kostbare Steine hättest, würdest du ihrer Anzahl Blei und Ton hinzufügen[a]? Blei und Ton gibt es im Überfluß[b]. 53 Ich sagte: Herr, wie könnte man nur! 54 Er sagte zu mir: Nicht nur das! Frag doch die Erde, und sie wird es dir sagen. Gib ihr gute Worte[a], und sie wird es dir kundtun. 55 Sag ihr doch: Du bringst Gold hervor und Silber und Erz und Eisen und Blei und Ton. 56 [a] Silber aber gibt es mehr als Gold, Erz mehr als Silber, Eisen mehr als Erz, Blei mehr als Eisen und Ton mehr als Blei[b]. 57 [a] Überlege[b] also selbst, was wertvoll und gesucht ist, was es in Menge gibt und was selten vorkommt[c]. 58 Ich sagte: Herrscher, Herr, was im Überfluß da ist, ist billig; was selten ist, ist kostbar. 59 Er antwortete mir und sagte[a]: Erwäge bei dir[b], was du gedacht hast. Wer das Seltene besitzt, freut sich mehr als der, der das Häufige hat[c]. 60 So ist es auch mit dem von mir verheißenen Gericht[a]. Denn ich werde mich über die

---

c) Dir sagen Syr; dir verkünden Äth; narrabo tibi Geo.

d) Corripiam Lat, was Bensly: Missing Fragment, S. 59, auf $\nu o \nu \vartheta \varepsilon \tau \dot{\eta} \sigma \omega$ zurückführt; unterrichten Syr; belehren Äth; et tunc quidem intelleges tu Geo. – Vgl. V 39; X 38; Apc Bar(syr) 21,18.

50 a) Der Vers steht nicht in Arm. Violet II möchte ihn nach VIII 1 versetzen; die Umstellung sei durch einen griechischen Leser erfolgt.

51 a) Impios vero multiplicari Lat, fehlt in Syr Äth Geo.

52 a) Nach Bensly: Missing Fragment, S. 60, ist $\sigma \upsilon \nu \vartheta \dot{\eta} \sigma \varepsilon \iota \varsigma$ (compones Lat) im Sinn von ›zusammensetzen, konstruieren‹ verstanden worden.

b) Diesen Satz liest nur Lat. V. 52 lautet in Äth, vgl. Geo: Mach dir ein Gefäß von Blei mit Ton!

54 a) Adulare ei Lat; rede zu ihr Syr Äth; cogita ei Geo; fordere sie auf Ar². Las Lat $\kappa o \lambda \dot{\alpha} \kappa \varepsilon \upsilon \sigma o \nu$ aus $h \ddot{a}^b lik$ 'äl (Gunkel) und Ar² $\kappa \dot{\varepsilon} \lambda \varepsilon \upsilon \sigma o \nu$ (Greßmann, siehe Violet II)?

56 a) Der Vers ist Antwort der Erde, so Arm: et illa responsum dabit tibi et dicet; ihr folgt Violet II. Ar² hingegen sieht hier eine Antwort Esras an den Engel: So laß mich wissen, wovon es mehr gibt; da sagte ich zu ihm.

b) Ar² und Arm kehren die Reihenfolge um und beginnen mit dem Ton. Arm fügt hinzu: et aurum quam gemmae pretiosae. Violet II bemerkt, daß diese Reihenfolge »wohl überlegt ist« und in ihr »sehr logisch vom Geringsten angefangen wird«. Sie ist sekundär, vgl. V. 52, wo zuerst das Kostbare genannt wird.

57 a) Konsequent fügt Ar² ein: da sprach er.

b) Aestima Lat Geo; vergleiche Syr; erkenne Äth; entscheide Ar¹; elige Arm.

c) Nascitur Lat, aus $\gamma \acute{\iota} (\gamma) \nu \varepsilon \tau \alpha \iota$?; vgl. Gunkel.

59 a) Sagte zu mir Syr Äth Geo.

b) Vergleiche du also in deiner Seele Syr; in te ista pondera Lat; vgl. tu ipse pondera Geo, nach Korrektur des verderbten Textes (in te stant Hs.A; insta ante Hs.C; instant Hss.ME), bei dem ein Abschreiber pondera als nom. plur. auffaßte (Bensly).

c) Ar² deutet: Wer bei sich das Kostbare hat, der wird im Paradies geehrt werden.

60 a) Gericht Syr; (die Verheißung) der Gerechten Äth; und ebenso ist die Art meines Urteils beim Gericht Ar¹; sic et a me repromissa creatura Lat Geo. In Lat Verwechslung von $\kappa \rho \acute{\iota} \sigma \iota \varsigma$ mit $\kappa \tau \acute{\iota} \sigma \iota \varsigma$. (Bensly: Missing Fragment, z. St.; Gunkel, Box). Zwar findet Violet II die Lesart

wenigen freuen, die gerettet werden[b], weil sie es sind, die jetzt schon meinen Ruhm befestigen[c] und durch die schon jetzt mein Name gepriesen wird. 61 Und ich werde nicht traurig sein über die Menge derer, die verlorengehen. Denn sie sind es, die dem Dunst ähnlich sind[a] und der Flamme und dem Rauch[b] gleichen; sie haben gebrannt und geglüht und sind erloschen[c].

62 [a] Ich antwortete und sagte[b]: O Erde, was hast du geboren[c]? Wenn der Verstand[d] aus dem Staub gemacht ist[e] wie die übrigen Geschöpfe[f], 63 wäre es besser, wenn der Staub nicht entstanden wäre, so daß der Verstand nicht daraus entstanden wäre[a]. 64 Nun aber wächst der Verstand mit uns auf, und deshalb werden wir gequält, da wir ja doch wissend zugrunde gehen[a]. 65 Trauern soll das Menschengeschlecht. Doch freuen mögen sich

»so ist's von mir der Schöpfung verheißen« ebenso gut, es handelt sich aber doch wohl um das göttliche Gericht am Ende der Welt.

b) Die leben (werden) Syr Äth. Violet II ist der Auffassung, daß »gerettet werden« Lat (salvabuntur) Ar[1] »eine inhaltlich richtige Exegese von ›leben‹ (›Leben‹)« ist.

c) Qui gloriam meam nunc dominationem fecerunt Lat; die jetzt meine Ehre bestätigen Syr; weil sie meine Herrlichkeit erreichen Äth; weil sie zur Herrlichkeit, zur Höhe gesandt wurden Ar[1]; weil sie ... meine Herrlichkeit durch ihren Glauben befestigen Ar[2]. Violet II setzt ἐκήρυξαν »verkündet haben« voraus, das bei Lat in ἐκυρίευσαν, bei Syr Äth Ar[1] in ἐκύρωσαν verlesen wurde. Vom Lobpreis Gottes aber ist im anschließenden zweiten Relativsatz die Rede.

61 a) Apc Bar(syr) 82,3.6; 14,10f.; Ps 144,4; Weish 2,2.4; Jak 4,14.

b) Ar[1] denkt an die Höllenstrafe: Denn sie sind dem Feuer mit Recht verfallen und haben verdient, daß sie mit Recht ins Gericht geworfen werden; sie werden Rauch werden in der Pein und in die Feuerflamme gestoßen werden, die in der Hölle angezündet ist, zum Brennen, zum Fall und zur Ausrottung. Vgl. Ar[2]: die in der Hölle und in dem Feuerbrand am letzten Tage umkommen.

c) Vgl. Jes 43,17.

62 a) Der fünfte Gesprächsgang – nach Brandenburger: Die Verborgenheit, der vierte – umfaßt nach Harnisch: Der Prophet: VII 62–74: Klage (VII 62–69), Abweisung (70–74).

b) Et dum loquebatur mecum, ego ingemui et perturbabar et diminuebatur in me animus meus et dicebam Arm; und ich antwortete ihm und sagte zu ihm Äth.

c) Genuisti hominem Arm; hast du die Mühsal geboren Ar[2]; was hast du getan, Erde, daß diese von dir geboren sind und ins Verderben gehen Syr; o Kot, woher und wie (ist es gekommen), daß du ein Abgrund zum Ort des Fallens geworden bist Ar[1].

d) Violet II vermutet, daß hinter sensus Lat (was nach Bensly auf νοῦς oder διάνοια zurückgeht) vielmehr jeṣär steckt; siehe dazu Harnisch: Verhängnis, S. 155–161; Thompson: Responsibility, S. 333f., der mit Recht auf die Schwäche der Hypothese hinweist.

e) Factus est Lat.

f) Warum ist aus deinem Staub, der gleich wie du ist, eine zweite Schöpfung geworden Äth. – »wie die übrigen Geschöpfe« wird von Violet II als Leser-Zusatz betrachtet.

63 a) Besser wären wir aber daran, wenn in uns nicht das Herz erschaffen wäre, als daß es in uns geschaffen wurde Äth. Ar[1.2] interpretieren; sie verstehen unter dem Staub den Menschen: besser wäre es für den Staub, das heißt für den Menschen, er wäre nicht geschaffen Ar[2]; vgl. Ar[1]: Wärest du doch wie ein gar nicht Geschaffener, und wärest du doch überhaupt nicht vorhanden.

64 a) Violet II vermutet eine Textverderbnis näʾäbad aus näʿäbar »übertreten haben«. Die Textkorrektur hat jedoch keinen Anhalt in den Übersetzungen und ist sachlich nicht berechtigt.

die Tiere des Feldes. Jammern sollen alle Geborenen. Doch das Vieh[a] und die Herden mögen sich freuen. 66 Denn es geht ihnen viel besser als uns: Sie erwarten nicht das Gericht, sie wissen nichts von Qualen und von einem Heil, das ihnen nach dem Tod verheißen wäre. 67 Was aber nützt es uns, daß wir zwar zum Heil kommen können[a], aber eben doch in Qualen gepeinigt werden. 68 Denn alle, die geboren wurden, sind von Sünden befleckt[a], sind voll von Fehlern und von Schuld belastet[b]. 69 Und wenn wir nach dem Tode nicht ins Gericht gehen müssen, wäre das sicherlich besser für uns[a]. 70 Er antwortete mir und sagte[a]: Als der Höchste die Welt erschuf, Adam und alle, die von ihm abstammten, bereitete er zuerst das Gericht vor[b] und was zum Gericht gehört[c]. 71 Nun aber lern aus deinen eigenen Worten! Du hast doch gesagt, daß der Verstand mit uns aufwächst. 72 Gerade deshalb werden die, die auf der Erde weilen, gequält, weil sie Verstand[a] hatten und dennoch Sünden begingen, die Gebote empfingen und sie nicht beachteten, das Gesetz erhielten und es, das sie doch erhalten hatten, bra-

65 a) Das Geschlecht der wilden Tiere und der Vögel des Himmels Ar².

67 a) Salvati salvabimur Lat; daß wir ein Leben leben sollen Syr Äth; wenn wir zum anderen Male leben Ar¹; weil wir lebendig ... sind Ar². Violet II übersetzt: mit Leben begabt. Er beurteilt Lat »als (richtige?) Exegese«. – Zu V. 67 vgl. V. 119–125.

68 a) Commixti Lat Ar¹; besudelt Syr; eingetaucht Äth. Bensly: Missing Fragment, S. 62, verweist für Syr auf Parallelen aus der Syro-Hexapla: Jes 14,19; Thr 4,14; Ez 16,6.22; Hi 7,5; 30,14; 39,30; Jer 3,2.
   b) VIII 35; vgl. Ps 51,7.

69 a) Violet II ist der Ansicht, daß »alle Texte verdorben sind. Der überlieferte Sinn ist zu platt und nichtssagend. Lat. steht dem urspr. Sinn am nächsten, wenn man liest: ›et si essemus‹ (streiche ›non‹!) ›post mortem in iudicio venientes, melius fortassis nobis (non) venisse‹.« Violet übersetzt: Und kommen wir nach dem Tod ins Gericht, so wär's uns besser, nicht »gekommen« zu sein. – Ähnlich interpretiert Ar²: Es wäre uns besser, wir wären nicht erschaffen, da unser Weg nach dem Tod zur Strafe führt, und Ar¹: Wenn wir nach diesem Tod noch zum Urteil getrieben werden, so wäre es uns besser, wir wären überhaupt nicht auf der Welt. – Esra aber geht es nicht darum auszurufen: Wären wir Menschen doch nicht geboren! Er beklagt die Tatsache, daß die Menschen – im Gegensatz zu den Tieren (V. 66), die deshalb besser daran sind – ein Gericht zu erwarten haben, eben weil ihnen Verstand gegeben ist.

70 a) Und er antwortete (mir) und sagte zu mir Syr Äth; et hoc dum in animo habebam et dicit mihi Arm.
   b) Praeparavit Lat Arm; setzte er fest Syr Ar¹; machte er Äth.
   c) Und seine Verdammnis Äth; für die, die es verdienten Ar¹; locum oblectationis et cruciatuum Arm. Eine Erläuterung bietet Ar²: (und sie bewirken das Gericht) durch die Schlechtigkeit ihrer Werke, und es war dazu bestimmt, daß darin die Sünder fallen sollten ... – Der Ort der Strafe ist wie der Ort der Seligkeit vor der Welt bzw. mit der Schöpfung erschaffen: Billerbeck IV 1083–1085. – Violet II vermutet, daß hinter dem Ausdruck »das Gericht und was zum Gericht gehört« der Begriff »Urteilsspruch« *(gäzär dînô)* steckt. Er übersetzt: hat er vorher seinen Urteilsspruch festgesetzt. Nach Kaminka: Beiträge, S. 505, wäre Gottes Richterthron gemeint, der nach rabbinischer Auffassung »zu den Dingen gehört, die vor Beginn der Welt erschaffen wurden«. Es geht jedoch in V. 70–74 nicht um die Berechtigung eines vorher festgesetzten Urteilsspruchs, sondern des stattfindenden Gerichts.

72 a) Vgl. Anm. 62d, V. 64. Harnisch: Verhängnis, S. 161, stellt mit Recht fest, daß hier nicht vom (bösen) Trieb *(jeṣär)* die Rede sein kann und meint: »Beachtet man die parallele Stel-

chen[b]. 73 Was haben sie im Gericht vorzubringen, oder wie werden sie am Jüngsten Tag[a] antworten? 74 Denn wie lange hat doch der Höchste Langmut an denen geübt, die die Welt bewohnen, allerdings nicht um ihretwillen, sondern wegen der Zeiten, die er vorherbestimmt hatte[a].

75[a] Ich antwortete und sagte[b]: Wenn ich Gnade gefunden habe vor dir, Herr, zeige auch das deinem Knecht, ob wir nach dem Tod, wenn nun jeder von uns seine Seele zurückgeben muß, in Ruhe aufbewahrt bleiben, bis jene Zeiten kommen, in denen du beginnst, die Schöpfung zu erneuern[c]; oder ob wir sofort gepeinigt werden. 76 Er antwortete mir und sagte[a]: Ich will dir auch das zeigen. Du aber misch dich nicht unter die Verächter und zähle dich nicht zu denen, die gepeinigt werden. 77 Denn für dich[a] ist wirklich ein Schatz von Werken[b] beim Höchsten hinterlegt[c]; aber er wird dir nicht gezeigt bis zu den letzten Zeiten. 78[a] Über den Tod aber will ich dir sagen[b]: Wenn

lung von ›sensus‹, ›mandata‹ und ›lex‹ in V. 72b, so liegt es nahe, ›sensus‹ hier (im Gegensatz zu V. 64) mit dem *jeṣär ṭôb* zu identifizieren.« Das Problem, das die Hypothese sensus = jeṣär schafft, löst sich bei der Übersetzung »Verstand«.

b) Fraudaverunt Lat. Bensly: Missing Fragment, S. 63, vermutet ein ηθετησαν – Vgl. Apc Bar(syr) 15,5f.; 48,40.

73 a) Novissimis temporibus Lat Syr Äth; am letzten Tag Arm. Ar¹; am Tag des Gerichts Ar². Zum Zeitpunkt des Gerichts vgl. Volz: Eschatologie, S. 272ff.

74 a) Vgl. Apc Bar(syr) 12,4; 21,20; 24,2. – »Der ›Grundsatz der gültigen, an Strenge gebundenen Ordnung‹, der die Auffassung von der ›necessitas temporum‹ fundiert, dominiert also in 4 Esr derart, daß auch die Zeit der Geduld Gottes als eine von Anfang an determinierte Frist ausgelegt und in dem alles umfassenden, stereotypen Plan untergebracht wird«, Harnisch: Verhängnis, S. 317.

75 a) Der sechste Gesprächsgang - nach Brandenburger: Die Verborgenheit, der fünfte - umfaßt nach Harnisch: Der Prophet: VII 75–101: Informationsfrage (VII 75), Lehrstück (76–99), Informationsfrage (100), Lehrauskunft (101).

b) Sagte zu ihm Äth.

c) Vgl. Jes 65,17; 66,22; Apc Bar(syr) 32,6; Apc 21,1.

76 a) Sagte zu mir Syr Äth.

77 a) Tibi et similibus tuis Arm.

b) Guten Werken Ar¹ Arm.

c) VIII 32f.36; Apc Bar(syr) 14,12; 24,1; Mt 6,20; Lk 12,33; 1 Tim 6,18f.

78 a) Zu VII 78–101 bemerkt Billerbeck IV,2 1026ff.: »Dieses Schema des 4.Esra stellt einen Versuch dar, die in jener Zeit über das jenseitige Geschick der Seelen umlaufenden Meinungen untereinander auszugleichen u. in ein gewisses System zu bringen. Dem Unsterblichkeitsglauben kommt der 4.Esra mit der Annahme entgegen, daß die Gerechten unmittelbar nach dem Tode sieben Tage lang Seligkeitsfreuden im Himmel genießen. Dann aber lenkt er zur älteren Anschauung zurück, um der Scheol ihr Recht werden zu lassen: die Seelen der Frommen gehen nach der siebentägigen Freudenzeit im Himmel zu ihren Kammern in der Scheol ein, um hier unter dem Schutze von Engeln in Frieden auszuruhen bis zum Tag der Auferstehung. Die Seelen der Gottlosen erleiden Pein, wie man anzunehmen hat, gleichfalls in der Scheol ... Das Bemühen, der Scheol ihren selbständigen Charakter zu wahren, tritt auch in der Festsetzung ihres Verhältnisses zum Gehinnom hervor. Der letztere wird durchaus anerkannt, aber nur in seiner ursprünglichen Bedeutung als eschatologischer Strafort. Damit tritt der 4.Esra der zu seiner Zeit herrschenden Tendenz, die Scheol durch den Gehinnom zu verdrängen, auf das bestimmteste entgegen. Beide sollen selbständig neben-

der Urteilsspruch vom Höchsten ausgegangen ist, daß ein Mensch sterben soll, wenn sich der Geist vom Körper trennt, damit er wieder zu dem gesandt werde[c], der ihn gegeben hat[d], dann betet er[e] zuerst die Herrlichkeit des Höchsten an. 79 Wenn er nun einer der Verächter war, die den Weg des Höchsten nicht beachtet, sein Gesetz verachtet und die Gottesfürchtigen gehaßt haben[a] – 80 diese Seelen gehen nicht in die Kammern ein[a], sondern müssen sogleich unter Qualen umherschweifen, immer klagend und traurig auf sieben Arten[b]. 81 Die erste Art ist, daß sie das Gesetz[a] des Höchsten verachtet haben[b]; 82 die zweite Art, daß sie keine echte Umkehr vollziehen können[a], um zu leben; 83 die dritte Art, daß sie den Lohn sehen, der für jene bereitliegt, die dem Bund[a] des Höchsten geglaubt haben; 84 die vierte Art, daß sie die Pein erwägen, die ihnen für die letzte Zeit bereitet ist[a]; 85 die fünfte Art, daß sie sehen, wie die Kammern anderer (Seelen)[a] von Engeln in großer Ruhe behütet werden; 86 die sechste Art, daß sie sehen[a], wie sich die Pein über sie erstreckt[b]; 87 die siebte, die größer ist als alle voraus ge-

einander bestehen: die Scheol als Aufenthaltsort aller Verstorbenen in der Zwischenzeit u. der Gehinnom als definitiver Strafort in der Endzeit« (1027f.).

b) Wörtlich: ist dies die Rede Lat Syr Äth Geo.

c) Um zu dem zurückzukehren Äth Geo Ar[1].

d) Koh 12,7; Ps 104,29; Hi 34,14f.

e) Adorare Lat, das nach Bensly: Missing Fragment, S. 63, Violet II auf προσκυνεῖν statt προσκυνεῖ zurückgeht.

79 a) Und der Furcht vor ihm nicht gedacht haben Äth; und denen nicht geglichen hat, die ihn fürchten Ar[1] Geo. – Vgl. VII 17; Apc Bar(syr) 41,3.

80 a) IV 34f. 41f.; V 37; VII 32.75–101; Apc Bar(syr) 21,23; 30,2; siehe Billerbeck II 268.341f.

b) Wörtlich: durch (in) sieben Wege(n). Zu den Strafen und Strafmitteln des Gehinnom, siehe Billerbeck IV 1075–1083.

81 a) Vias Geo; vgl. Ar[1]: weil ihre Herzen sich nicht bequemt haben, zu wandeln auf den Wegen des Höchsten.

b) Apc Bar(syr) 51,4.

82 a) Non possunt reversionem bonam facere Lat; daß sie es nicht vermögen, umzukehren und Gutes zu tun Syr Geo; daß sie nun nicht umkehren können Äth; daß sie nicht mehr leben und umkehren können Ar[2]; quod noluerunt redire et poenitentiam agere, dum in hoc mundo erant Arm. Violet II tritt für Syr ein, weil der Satz zweiteilig sein müsse: Buße und gute Werke. Jedoch liegen »gute Werke« nicht im Duktus der Aufzählung; die Erfüllung oder Mißachtung der Thora entscheidet.

83 a) Testamentis Lat; der Satzung Äth; repromissis illis Geo; welche die Gebote … halten Ar[1]; Syr liest nur: die geglaubt haben.

84 a) Repositum Lat; bevorsteht Syr; das sie erwartet Äth; treffen soll Ar[1]; bestimmt ist Ar[2]. Syr fügt hinzu: wodurch die Seelen der Frevler ermahnt werden, weil sie, solange sie Zeit zur Errettung hatten, sich den Befehlen des Höchsten nicht unterworfen haben.

85 a) Seelen Syr Äth Geo Ar[1], eine sachlich richtige Ergänzung.

86 a) Daß man sie umherführt und ihnen zeigt Äth, der Violet II (»daß sie umhergeführt sehen«) folgt. Es handelt sich aber bei der sechsten Art nicht um ein Schauen der bevorstehenden Strafen (so die vierte Art), sondern bereits um den Anfang der Pein; vgl. Apc Bar(syr) 51,5.

b) Pertransientem cruciamentum Lat; die ihnen von nun an bereitete Pein Syr; welche Pein sie von nun an treffen wird Äth; nunc veniens illud cruciamentum Geo; daß sie die über sie

nannten Arten, daß sie in Scham vergehen, sich in Schande[a] verzehren und in Furcht erschlaffen[b], wenn sie die Herrlichkeit des Höchsten schauen, vor dem sie im Leben gesündigt haben, und vor dem sie in der Endzeit[c] gerichtet werden sollen. 88 Für die aber, die die Wege[a] des Höchsten beachtet haben, gilt diese Ordnung, wenn[b] sie sich von diesem vergänglichen Gefäß[c] trennen[d] sollen: 89 In jener Zeit, als sie noch darin verweilten, dienten sie unter Mühen dem Höchsten und nahmen in jeder Stunde Gefahren auf sich, um das Gesetz des Gesetzgebers vollkommen zu beachten. 90 Deshalb gilt ihnen diese Verheißung: 91 Zuerst schauen sie mit großem Jubel die Herrlichkeit dessen, der sie aufnimmt. Dann werden sie auf sieben Stufen zur Ruhe gelangen[a]. 92 Die erste Stufe[a] ist, daß sie unter vieler Mühe gekämpft haben, um den mit ihnen erschaffenen bösen Trieb[b] zu besiegen, damit er sie nicht vom Leben zum Tod verführe; 93 die zweite, daß sie die Wirrnis[a] sehen, in der die Seelen der Gottlosen umherirren, und die Strafe, die auf jene wartet[b]; 94 die dritte, daß sie das Zeugnis sehen, das ihnen ihr Schöpfer ausstellt, daß sie nämlich in ihrem Leben das Gesetz gehalten haben, das ihnen

kommende Verwirrung schauen Ar²; daß sie vergehen vor Herzeleid aus Furcht vor der Pein, der sie verfallen werden Ar¹.

87 a) Inhonoribus Lat.
   b) Marcescent Lat; brennen Syr; hinschwinden Äth; tabescunt Geo. – Vgl. Apc Bar(syr) 30,4; 51,5.
   c) In novissimis temporibus Lat; in novissimo illo tempore Geo; zuletzt Syr Ar¹.
88 a) Die Satzung Äth; die Gebote Ar²; mandata Arm.
   b) Wenn der Tag kommt, da Syr.
   c) Sterblichen Körper Äth Ar² Arm.
   d) Erlöst werden Syr; hinausgehen Äth (Ar²). – Violet II scheidet »gilt diese Ordnung« aus und nimmt V. 88f. zu einem Satz zusammen; doch dies ist unbegründet.
91 a) Und werden durch sieben Stufen geführt Äth; requiescent enim per septem ordines Lat; und ruhen aus und kommen durch sieben Wege (Arten) Syr. ordo ist hier bei der Beschreibung der siebenfältigen Freuden des Zwischenzustandes mit »Stufe« übersetzt, via bei der vorausgehenden Beschreibung der siebenfältigen Pein mit »Art«. Wahrscheinlicht steht hinter ordo $τάξις$ (Violet II, Box).
92 a) Ordo Lat Geo; Weg Syr Ar² Arm: so auch in den folgenden Versen.
   b) Cum eis plasmatum cogitamentum malum Lat; eos apud quos creata sunt cogitamenta mala Geo; die böse Gesinnung, die mit ihnen ausgebildet ist Syr; das böse Trachten, das in ihnen war Äth. Aus Syr und Äth wird nicht deutlich, ob der böse Trieb (*jeṣär hārāᶜ*) den Menschen anerschaffen ist. – zu V. 92 vgl. V. 127.
93 a) Complicationem Lat; die Umwälzung Syr. Box verweist für complicationem auf $συμπλοκήν$ (*ḥṣpjrh*).
   b) Quae in eis manet punitio Lat; und die ihnen aufbewahrte Pein Syr; und ihre Verdammnis, die ihrer wartet Äth.
94 a) Per fidem data Lat; im Vertrauen gegeben Äth; quod magna fide servavit Arm, die von der einzelnen Seele spricht. Violet I vermutet, daß der griechische Text lautete: $πιστευθέν$-$τα$; dies sei dann in Äth – bei Lat müßte es m.E. ebenso sein – in $πίστει$ $δοθέντα$ verlesen worden. Syr liest einfach »das anvertraute (Gesetz)«, Geo: servaverunt legem, cui credunt. Box übersetzt: they faithfully observed the Law which was given to them. Er meint, daß per fidem im ursprünglichen Text observed qualifiziert habe; siehe Arm.

anvertraut[a] war; 95 die vierte, daß sie die Ruhe erkennen, die sie jetzt, in ihren Kammern versammelt, in tiefer Stille, von den Engeln bewacht[a], genießen, und die Herrlichkeit, die am Ende auf sie wartet. 96 die fünfte, daß sie
jubeln darüber, daß[a] sie der Vergänglichkeit entflohen sind und das Künftige[b]
erben sollen, ferner, daß sie die mühevolle Enge sehen, von der sie befreit
sind, und die Weite, die sie genießen sollen[c] als Unsterbliche[d]; 97 die sechste, daß ihnen gezeigt wird, wie ihr Gesicht wie die Sonne leuchten soll und
wie sie dem Licht der Sterne gleichen sollen[a], von nun an nicht mehr[b] vergänglich; 98 die siebte, die größer ist als alle voraus genannten, daß sie mit
Zuversicht jubeln, ohne Verwirrung vertrauen und ohne Furcht sich freuen.
Denn sie eilen, das Angesicht dessen zu schauen[a], dem sie in ihrem Leben
dienten und von dem sie in der Herrlichkeit[b] Lohn empfangen sollen. 99
Dies ist die Ordnung für die Seelen der Gerechten, die jetzt verkündigt
wird[a]; und dies (sind)[b] die vorher genannten Stufen der Martern, die schon
jetzt die Verächter erleiden[c]. 100 Ich antwortete und sagte: Wird also den
Seelen, nachdem sie sich von den Körpern getrennt haben, Zeit gegeben, damit sie das sehen, was du mir verkündet hast? 101 Er sagte mir: Sieben Tage[a] erhalten sie Freiheit, um in den sieben Tagen das[b] zu sehen, was verkündet wurde. Danach werden sie in ihre Kammern versammelt[c].

95 a) »Von den Engeln bewacht« hält Violet für einen Zusatz, weil ihm der Satz zu lang erscheint, vgl. VII 85 – ein recht subjektives Argument.
96 a) Wörtlich: wie. Zugrunde liegt wohl ὡς (Violet I).
b) Incorruptibile Geo; lucem infinitam Arm.
c) Syr fügt hinzu: und die Wonnen, die sie empfangen werden.
d) Vgl. VII 3–14; Apc Bar(syr) 51,3. Violet II betrachtet »und das Künftige erben sollen«
sowie »und die Weite ... Unsterbliche« als alte Zusätze, weil diese Stufe »verglichen mit den
anderen, viel zu lang geschildert« ist; siehe Anm. 95a.
97 a) VII 125; Dan 12,3; Mt 13,43; Apc Bar(syr) 51,3.10; Hen(äth) 104,2.
b) Nicht mehr Syr Äth Arm; quomodo Lat^A, wohl aus amodo, so Bensly, Violet, unter Einfluß des vorausgehenden Textes verderbt.
98 a) Mt 5,8.
b) Gloriosi Lat, vgl. Ar¹: sie zu verherrlichen. Ein Äquivalent fehlt Syr Äth.
99 a) Adnuntiatur (mit Bensly, Violet, Box von R. Weber, Biblia Sacra, übernommen, statt ad-
nuntientur Hss.) Lat. Gunkel: »Das sind die Freuden der Seelen der Gerechten, die ihnen
schon für jetzt verheißen sind.«
b) Ergänzt mit Bensly: Missing Fragment, S. 71; vgl. Äth: und dies sind ihre Wege. Einen
erweiterten Text hat Syr: und die Stufen der Martern, die vorher genannt sind, werden die
Widerstrebenden schon jetzt empfangen. Diese Seelen steigen nicht in die Kammern, sondern werden schon jetzt durch die Marter gequält und seufzen und trauern in sieben Stufen.
c) Qui spreverunt iustitiam Geo.
101 a) Kaminka: Beiträge, S. 506, deutet auf die sieben Trauertage mit Hinweis auf Sir 22,12;
Jdt 16,25. Siehe Billerbeck IV 596.
b) Sermones Lat Geo. Gunkel, Violet verweisen mit Recht auf das hebr. *dābār*.
c) »Versammelt werden (zu seinem Volk)« umschreibt im AT das Sterben (Gen 25,8; Jdc
2,10); hier werden die Seelen in den Kammern versammelt.

102ᵃ Ich antwortete und sagteᵇ: Wenn ich Gnade vor deinen Augen gefunden habe, zeige mir, deinem Knecht noch, ob am Tag des Gerichts die Gerechten die Gottlosen entschuldigenᶜ oder für sie den Höchsten bitten könnenᵈ: 103 Väter für die Söhne, Kinder für die Eltern, Brüder für die Brüder, Verwandte für die Nahestehenden, Freunde für die Vertrauten. 104 Er antwortete mir und sagteᵃ: Weil du Gnade gefunden hast vor meinen Augen, werde ich dir auch dieses zeigen. Der Tag des Gerichtes ist strengᵇ und zeigt allen das Siegel der Wahrheitᶜ. Wie jetzt schon kein Vater den Sohn, kein Sohn den Vater, kein Herr den Knecht, kein Freund den Vertrauten entsenden kann, daß er für ihn krank seiᵈ, schlafe, esse oder geheilt werdeᵉ, 105 so wird auch dann niemand für einen anderen bittenᵃ; denn dann trägt jeder selbst seine Ungerechtigkeit oder Gerechtigkeitᵇ.

106ᵃ Ich antwortete und sagteᵇ: Wie aber finden wir jetztᶜ, daß zuerst Abraham für die Sodomiter beteteᵈ, Mose für die Väter, die in der Wüste gesün-

102 a) Der siebte Gesprächsgang – nach Brandenburger: Die Verborgenheit, umfaßt der sechste: VII 102–115 – umfaßt nach Harnisch: Der Prophet: VII 102–105: Frage (VII 102–103). Feststellung (104–105). O. Boyarin, Penitential Liturgy, verweist für VII 102–VIII 36 auf die liturgischen Zusammenhänge von VII 106–111, VII 132–140, VIII 31, VIII 23ff. mit den Seliḥot »Jewish Penitential Liturgy« (S. 30). »This analysis grows in cogency when it is remembered that these visions and prayers of Ezra's are all within the context of fasting – the original setting of course, for the Seliḥot« (S. 34).
b) Sagte zu ihm: o Herr Äth.
c) Steht nicht in Äth Geo Ar¹; cohibere Arm; (die Vergehen der Sünder) tilgen Ar².
d) Vgl. Apc Bar(syr) 85,2; AntBibl 33,5.
104 a) Sagte zu mir Syr Äth Geo.
b) Audax Lat (Violet I: griechisch: ἀπότολμος? εὔτολμος?); bestimmt Syr, wörtlich: abgeschnitten (Violet I: wohl aus τομός σύντομος, ἀπότομος?); decisus Geo; plötzlich Äth (Violet: vielleicht Übersetzung von συντόμως [-μος] oder ἀποτόμως [-μος]). Vgl. Apc Bar(syr) 13,8; 48,27; 59,6; 83,19.
c) Gunkel: »D.h. das Siegel des Richters, das die Wahrheit (des Urteils) bezeugt«.
d) Krank sei Syr Äth Geo Arm; intellegat Lat Ar², wobei wohl νοσέω und νοέω verwechselt worden sind (Bensly: Missing Fragment, S. 72). Es handelt sich um körperliche Vorgänge, wozu »intellegat« nicht paßt.
e) Glorificetur Geo, wohl in Übertragung auf die Situation des Gerichts.
105 a) Syr Äth lesen zusätzlich: und keiner auf den anderen (seine Last) abladen. Violet II nimmt diesen Satz in den Text auf. Geo fügt hinzu: neque quidam pro quopiam pati. Gunkel interpretiert »noch jemanden anklagen dürfen«. Aber es handelt sich nur um Fürbitte, nicht um Belastung eines anderen durch Anklage.
b) Daraus darf man wohl schließen, daß »nicht die Zugehörigkeit zum erwählten Volk, sondern allein die auf Grund des Gehorsams ... erworbene Gerechtigkeit die Bedingung für die Heilsteilnahme darstellt« (Harnisch: Verhängnis, S. 246). – Vgl. Apc Bar(syr) 85,12f.; Ez 18,20; Ps 38,5.
106 a) Der achte Gesprächsgang umfaßt nach Harnisch: Der Prophet: VII 106–115: Einwand (VII 106–111), Abweisung (112–115).
b) Sagte zu ihm Äth Ar¹.
c) Wahrscheinlich ist an das Finden in der Heiligen Schrift gedacht; vgl. Joh 5,39, so Violet II, Gunkel, Rießler: Wie finden wir aber jetzt geschrieben.
d) Quod Abraam rogavit Deum pro Lot et pro domo eius Arm. – Gen 18,23ff. »Zuerst«: primus Lat; im Anfang Syr. Man kann auch sinngemäß übersetzen: schon (Violet II).

digt haben[e], 107 Josua[a] nach ihm für Israel in den Tagen Achans[b], Samuel in den Tagen Sauls[c], 108 David wegen einer Plage[a], Salomon für die am Heiligtum[b], 109 Elias für jene, die den Regen erhielten[a], und für einen Toten, damit er lebe[b], 110 Ezechias für das Volk in den Tagen Sanheribs[a], und viele (andere) für viele? 111 Wenn also jetzt, da die Verderbnis gewachsen ist und die Ungerechtigkeit viel geworden ist, Gerechte für Sünder gebetet haben[a], warum soll es dann nicht auch ebenso sein? 112 Er antwortete mir und sagte: Die gegenwärtige Welt ist nicht das Ende[a]; ihre Herrlichkeit bleibt nicht[b] dauernd. Darum haben Starke für Schwache gebetet. 113 Der Tag des Gerichtes aber ist das Ende dieser Welt und der Anfang[a] der unsterblichen[b] kommenden Welt, in der die Vergänglichkeit vorüber ist[c], 114 die Zuchtlosigkeit[a] vertrieben, der Unglaube vertilgt, die Gerechtigkeit aber er-

e) Qui mortui sunt in diebus eius Arm. – Ex 32,11.

107 a) Josua, Sohn des Nun Syr Geo Ar².
b) Jos 7,7ff.
c) In den Tagen Sauls Syr Äth Geo Ar¹; fehlt in Lat (Ar² Arm). – 1 Sam 7,9; 12,23.

108 a) Pro confractione Lat; für den Zusammenbruch Syr; nach Volkmar, Gunkel, Violet I Übersetzung von ϑραύσις, mit dem die LXX 2 Sam 24,15 (u. ö.) maggēpāh wiedergibt; Pest Äth; pro exstirpatione populi Geo. Ar¹ fügt hinzu: welche das Volk traf. Ar² interpretiert: und David für seinen Stamm, als Gott ihnen zürnte wegen seiner Zählung der Kinder Israels.
b) Qui in sanctificationem Lat; für die im Tempel Syr, wobei wohl an die gedacht ist, die im Tempel beten (Gunkel); vgl. 1 Kön 8; für den Tempel Äth; für die Weihe des Hauses Ar¹; am Tage der Weihe des Tempels Ar²; pro sanctitate Arm; pro emundatione Geo.

109 a) Für den Regen Äth Geo; für den Regen des Himmels Ar¹; pro adventu pluviae Arm. – 1 Kön 18,42.
b) Pro illius heredis resurrectione Geo. – 1 Kön 17,20f. Arm denkt hier an Elischa, auf den auch Ar² in einem Zusatz verweist: für den Sohn der Witwe, welchen Elisa wiederbelebte im Hause, als er ihn von den Toten auferweckte.

110 a) 2 Kön 19,15ff. Arm fügt hinzu: et pro sua valetudine (bzw. sanitate): 2 Kön 20,3; Jes 38,9–20. Geo liest: pro civitate et pro populo.

111 a) Petierunt iusti pro impiis a deo et acceperunt Arm; ... und erhört worden sind Ar². Es geht hier aber nur um die Tatsache, daß gebetet worden ist, am Ende aber nicht mehr für jemand gebetet werden kann (V. 115).

112 a) Diese Welt hat ein Ende Syr; noch ist für diese Welt ihr Ende nicht (gewesen) Äth Geo. Deswegen ist jetzt noch Fürbitte möglich, am Ende nicht mehr.
b) Nach Syr Äth: und die Herrlichkeit Gottes bleibt nicht beständig in ihr Syr; und die Herrlichkeit Gottes ist in ihr nicht geoffenbart, welche auf die Dauer bleibt Äth; necdum aeterna gloria Dei exhibita est Geo; gloria in eo frequens manet Lat. Violet II macht darauf aufmerksam, daß »Herrlichkeit« »in bezug auf Gott hier nie ohne Begleitwort (deine, seine, des Höchsten) vorkommt« und meint, es sei, wenn der Text nicht verdorben ist, »die irdische Herrlichkeit« gemeint. So scheinen Ar¹·² die Stelle verstanden zu haben. Jedoch dürfte Esra dem gegenwärtigen Äon kaum eine eigene Herrlichkeit zugesprochen haben.

113 a) Der Anfang Syr Äth Geo Ar¹; et veniet Lat[ME].
b) Und das besteht, was nicht stirbt Äth; deren Leben nicht stirbt Ar¹; und das Leben zur Herrschaft kommt Ar². Violet II folgt Ar¹, weil es ihm in V. 113f. sechs Glieder zu sein scheinen.
c) Vgl. VI 27f.; VII 31.34; VIII 53f.; Apc Bar(syr) 59,8.

114 a) Intemperantia Lat; die Wollust Syr; die Schwäche Äth; das Böse Ar¹; falsum Geo. Nach Violet II steckt hinter »Wollust« ἀκρασία, hinter »Schwäche« ἀκρατία.

wachsen und die Wahrheit entstanden ist. 115 Daher kann sich dann niemand dessen erbarmen, der im Gericht unterlegen ist[a], noch den stürzen, der gewonnen hat.

116[a] Ich antwortete und sagte[b]: Dies ist mein erstes und letztes Wort: Es wäre besser gewesen, die Erde hätte Adam nicht hervorgebracht oder, nachdem sie ihn schon hervorgebracht hatte, sie hätte ihn zur Ordnung gewiesen, so daß er nicht sündigte[c]. 117 Denn was nützt es allen[a], gegenwärtig in Trauer zu leben und nach dem Tod die Strafe zu erwarten[b]. 118 Ach, Adam, was hast du getan? Als du gesündigt hast[a], gereichte es ja nicht nur zum Sturz[b] für dich allein, sondern auch für uns, die wir von dir stammen[c]. 119 Denn was nützt es uns, daß uns die unsterbliche Welt verheißen ist, wir aber sterbliche Werke[a] getan haben; 120 daß uns eine bleibende Hoffnung[a] versprochen ist[b], wir aber so übel zuschanden würden[c]; 121 daß uns Kammern voll Wohlbefinden und Sicherheit[a] bereitet sind, wir uns aber schlecht verhalten haben[b]; 122 daß die Herrlichkeit des Höchsten die beschützen soll, die rein gelebt haben[a], wir aber auf sehr bösen Wegen[b] gegangen sind; 123 daß das

---

115 a) Gunkel und Violet II verweisen auf ἡττᾶσθαι. Nach Wellhausen, GGA 158 (1896), S. 13, verwendet 4 Esra vincere und vinci für freigesprochen und verurteilt werden (zkh und ḥwb); siehe auch V. 128, wo allerdings das Bild des Kampfes verwendet ist.

116 a) Der neunte Gesprächsgang – nach Brandenburger: Die Verborgenheit, ist es der siebte – umfaßt nach Harnisch: Der Prophet: VII 116–131: Klage (VII 116–126), Abweisung (127–131). – Zu 116–126 vgl. Thompson: Responsibility, S. 323–328.
b) Ich antwortete und sagte zu ihm Äth. – Esra behält »die Rolle des Widerparts bei«, damit er »am Ende des Dialogteiles als Überwundener und Geläuterter dargestellt« werden kann, Brandenburger: Die Verborgenheit, 2.6 nach Anm. 99.
c) Oder ... ihn gelehrt, nicht zu sündigen Syr Äth. – Vgl. III 5; IV 12; VII 63; Apc Bar(syr) 48,46. Nach Box ist coercere Lat = κατέχειν, lehren = κατήχειν.

117 a) Hominibus Lat^MEc Ar² Arm (Sing.); allen, die gekommen sind Syr.
b) Vgl. VII 66f.; Apc Bar(syr) 17,3f.; 83,8.

118 a) Du allein hast gesündigt Ar¹ Arm.
b) Casus Lat; Übel Syr Äth; Verhängnis bzw. Tod Ar¹; Schaden Ar²; calamitas Arm. Violet II denkt an πτῶμα (πτῶσις) = mappälät als Vorlage.
c) Statt »als ... stammen« liest Äth: Denn wenn du nicht gesündigt hättest, so wäre über uns nicht dieses Übel gekommen. Vgl. Apc Bar(syr) 48,42; 54,15f.; Röm 5,12.

119 a) Vgl. Hebr. 6,1; digna morte opera Arm. Gunkel: Werke des Todes.

120 a) Vgl. 1 Petr 1,3.
b) Statt »daß ... ist« liest Arm: si iustis parata sint inenarrabilia bona.
c) Wir aber dem Bösen gefolgt sind Äth; nobis peccatoribus pudor Arm; kommen aber ins Unheil Ar²; während wir Eitles tun Ar¹.

121 a) Kammern ohne Sorge und Siechtum Syr; Kammern, wo nicht Krankheit ist noch Betrübnis Äth; Wohnungen, darinnen keine Mühsal ist Ar¹ (promptuaria) bonorum Arm.
b) Alle Übersetzungen außer Ar² heben auf einen schlechten, sündhaften Lebenswandel ab. Es ist also wohl nicht gemeint: »Wir sind in so traurigem Zustand« (Volkmar). Auch Gunkel: »Wenn wir im Elend dahingegangen sind« entspricht kaum dieser Aussageintention.

122 a) Die Gerechten, die gelitten haben Äth.
b) In unserer Sünde Äth; per arduam viam Arm.

Paradies gezeigt wird, dessen Früchte, die Sättigung und Heilung[a] geben, unverdorben bleiben, 124 wir aber nicht hineingehen werden, weil wir uns an schändlichen Orten aufgehalten haben[a]; 125 daß das Gesicht der Enthaltsamen[a] mehr als die Sterne strahlen wird[b], unser Gesicht aber dunkler ist als die Finsternis? 126 Denn wir haben im Leben, als wir sündigten, nicht daran gedacht, was wir nach dem Tod leiden sollten[a]. 127 Er antwortete und sagte[a]: Das ist der Sinn des Kampfes[b], den der Mensch kämpft[c], der auf Erden geboren ist, 128 daß er, wenn er unterliegt, das leiden muß, was du[a] gesagt hast, wenn er aber siegt, das empfängt, was ich gesagt habe[b]. 129 Denn das ist der Weg, von dem Mose gesprochen hat, als er (noch) lebte[a], indem er zum Volk sagte: Wähle dir das Leben[b], damit du lebst[c]. 130 Sie glaubten

123 a) Wonne und Heilung Syr; Wonne und Leben Äth; Wonne dauernder Erlösung Ar[1]; oblectatio et exsultatio infinita Arm. – Vgl. Ez 47,12; Apc 22,2.
124 a) Ingratis enim locis conversati sumus Lat; weil wir an bösen Orten gedient haben Syr; weil wir, wie (wo) wir nicht gelobt werden, gehandelt haben Äth; da wir uns mit bösen Taten abgegeben haben Ar[1]. Violet, Box meinen, in Lat Syr sei τρόποις zu τόποις verlesen. Bereits Volkmar hatte sich gegen die »Orte« gewandt und »operibus« (Ar[1]) zu lesen vorgeschlagen. Jedoch entsprechen sich die Gegensatzpaare in der Teilung dessen, was in Aussicht gestellt ist, und dessen, was in diesem Äon war. So wird man die »Orte« nicht als falsch bezeichnen können.
125 a) Der Enthaltsamen Lat Äth; der Heiligen Syr; iustorum Arm; der sich der Frömmigkeit Befleißigenden Ar[1]; welche Gutes getan haben Ar[2]. Vgl. 2 Petr 1,6.
b) Vgl. VII 97; Apc Bar(syr) 51,3.10; Dan 12,3; Mt 13,43.
126 a) Und siehe wir leben, ohne zu erkennen, was uns nach unserem Tod geschehen werde Äth. Doch gehört der Hinweis auf die Sünde, den auch Lat Syr Geo Ar[1.2] bieten, zum ursprünglichen Text.
127 a) Sagte zu mir Syr Äth Geo Ar[1.2]. Zu VII 127–131 vgl. Brandenburger: Adam, S. 32ff. 57f. 248 Anm. 2.
b) Dieser Welt Äth Geo Ar[1], vgl. Ar[2]: Diese Welt ist ein Kampfplatz.
c) Daß der Mensch kämpfe Äth; semper enim certabit Geo; daß der Mensch, wenn er auf ihr kämpft Ar[1]; daß er sich in ihr abmühe Ar[2]. – Vgl. Apc Bar(syr) 15,8. »Mensch« – das Wort fehlt in Geo – wird von Violet II als unnötig, von Harnisch: Verhängnis, S. 163 Anm. 4, als »kommentierende Glosse neben ›qui super terram natus est‹« betrachtet.
128 a) Ich Geo Arm, während es in Syr ich oder du heißen kann.
b) Gunkel bemerkt: »Esra redet im vorhergehenden beständig vom Schicksal der Sünder, der Engel dagegen von dem der Gerechten.« – Mit Recht weist Harnisch: Verhängnis, S. 165f., darauf hin, daß »der Verfasser der Esraapokalypse an dem Gedanken der persönlichen Freiheit und Verantwortlichkeit des Menschen festhält«, der den bösen Trieb (vgl. VII 92) bekämpfen und seinem Herrschaftsanspruch widerstehen kann.
129 a) »Als er lebte« wird nicht von Äth Arm bezeugt; usque dum viveret Geo; über das Leben des Volkes Ar[2]. Die Bemerkung »als er (noch) lebte« ist, wie Violet II bemerkt, tatsächlich eigenartig. Er vermutet eine Verlesung von ha‘idoti Dtn 30,19, das Apc Bar(syr) 19,1; 84,2 mitzitiert werde, in be‘ôdennû (ḥaj). – Vgl. XIV 3–8; Apc Bar(syr) 19,2; 84,1. Zur Wertschätzung Moses vgl. Volz: Eschatologie, bes. S. 194f.
b) Den Weg des Lebens Ar[1].
c) Vgl. Dtn 30,19; 31,27f.; Apc Bar(syr) 19,1; 46,3. – Siehe, ich habe heute vor euch Leben und Tod gegeben, Gutes und Böses; wählt euch also das Leben, damit ihr lebt, ihr und euer Same Syr; wählt euch das Leben und nicht den Tod, damit ihr nicht sterbt Ar[2]; vgl. den Text in Dtn 30,19.

aber weder ihm[a], noch den Propheten nach ihm, noch mir[b], der ich zu ihnen gesprochen habe[c]. 131 Darum wird[a] keine Trauer über ihren Untergang herrschen, wie Freude sein wird über die, welchen das Heil bestimmt ist[b].

132[a] Ich antwortete und sagte[b]: Ich weiß, Herr, daß der Höchste jetzt der Barmherzige[c] genannt wird, weil er sich derer erbarmt, die noch nicht in diese Welt gekommen sind[d], 133 der Gnädige, weil er denen gnädig ist[a], die sich zu seinem Gesetz bekehrt haben, 134 der Langmütige, weil er Langmut[a] denen als seinen Geschöpfen[b] erweist, die gesündigt haben, 135 der Freigebige[a], weil er lieber schenken als fordern will[b], 136 der Gnadenreiche, weil er

130 a) Sie glaubten aber weder ihm Lat Arm Geo; sie widerstrebten ihm und ließen sich nicht überzeugen Syr; sie verleugneten ihn Äth; sie hörten nicht auf ihn und gehorchten ihm nicht Ar[1]; hörten nicht auf ihn Ar[2].
b) Gott Arm.
c) Statt »Noch ... habe« liest Geo: nec missori prophetarum.

131 a) Wird Syr Äth Geo; esset Lat; non contristatus erit (siehe Anm. 130c) Geo; habe ich nicht getrauert Ar[1]; bin ich nicht betrübt Ar[2].
b) Über das Leben derer, die geglaubt haben Syr Äth; super vitam illam credentium ei Geo. Leben ist (siehe Lat) im Sinn von »Heil« zu nehmen. – »Was 4 Esr 7,127f. als Inhalt der prophetischen Mahnrede Moses und der späteren Propheten voraussstellt (...) ist eben die Botschaft, die Theologie des apokalyptischen Verfassers gegenüber der skeptischen Infragestellung der Verantwortlichkeit des Menschen aufgrund des Verhängnisgedankens und des Zweifels gegenüber der heilschaffenden Kraft des Gesetzes im Blick auf das eschatologische Ergehen«, Brandenburger: Die Verborgenheit, Kap. 2.3, Anm. 35.

132 a) Der zehnte Gesprächsgang – nach Brandenburger: Die Verborgenheit, ist es der achte – umfaßt nach Harnisch: Der Prophet: VII 132–VIII 3: Appell (VII 132–139), Feststellung (VIII 1–3). – In V. 132–139 ist nach Simonsen: Ein Midrasch, S. 270f., »ein Midrasch vorhanden zu« Ex 34,6.7, »der Nennung der ›13 göttlichen Eigenschaften‹. Zwar werden wir nicht alle 13 ›Middoth‹ gleichmäßig behandelt finden und werden damit nicht genau wissen, ob und wie der Autor diese gezählt hat, die Tatsache der Einzelbehandlung in agadischer Exegese steht deshalb doch fest.« – Vgl. Neh 9,17; Joel 2,13; Jona 4,2; Ps 86,15; 103,8. – In V. 132–139 wird der Höchste »als der Barmherzige gepriesen, weil er sich erbarmt (V. 132–136). Diese Bekenntnisaussagen werden wiederum verfremdet und im rationalen Schlußverfahren auf das Eschaton übertragen ... Esras skeptische Argumentation hat also folgenden Sinn: Wenn die traditionellen Bekenntnisaussagen über Gottes Erbarmen nicht für den Sünder im Endgericht gelten sollten, dann ist die ganze Äonenlehre sinnlos; denn kein oder fast kein Mensch könnte wegen der mit der Sünde gegebenen negativen Ergehensfolgen das verheißene Leben im Eschaton erlangen«, Brandenburger: Die Verborgenheit 5.3.3 vor und nach Anm. 93.
b) Sagte zu ihm Syr Ar[2]; ich antwortete ihm und sagte zu ihm Äth.
c) Der Erbarmer, der Starke Ar[2], was nach Simonsen 272 auf ʾl rḥwm zurückgeht.
d) Weil er den errettet, der die Welt nicht kennt Ar[2]. Diese Lesart zieht Simonsen 272 vor, weil der Autor wohl nicht an die ungeborenen Kinder denke, sondern darauf ziele, »dass Gott, trotz seines Vorauswissens, dem jetzt noch im Unschuldszustand Lebenden gütig ist, wenn er auch später ein Sünder sein wird«.

133 a) Vgl. Apc Bar(syr) 75,6.

134 a) Apc Bar(syr) 24,2; 85,8. Syr fügt »uns« hinzu: weil er Langmut übt mit uns, mit denen, die sündigen ...
b) Quasi suis operibus Lat Syr; wie an seinen Kindern Äth.

135 a) Munificus mit Lat[c] Bensly, Box, Violet, R. Weber, Biblia Sacra, statt muneribus Lat; der

so viel Gnaden gibt[a] den Gegenwärtigen, den Vergangenen und den Künftigen[b], 137 denn wenn er nicht so viele (Gnaden) gäbe, würde die Welt samt ihren Bewohnern niemals zum Leben gelangen[a], 138 der Gütige[a], denn wenn er nicht in seiner Güte gäbe, daß die Sünder von ihren Sünden entlastet werden, könnte nicht der zehntausendste Teil der Menschen [b] zum Leben gelangen, 139 der ›Verzeihende‹[a]; denn[b] wenn er denen nicht verzeihen würde, die durch sein Wort geschaffen sind, und die große Zahl der Übertre-

Geber Syr Äth; er gibt Ar[1]; largitor Arm. Simonsen, S. 272f., ist der Ansicht, *'rk 'pjm* sei V. 134f. in zwei Middoth (Eigenschaften Gottes) zerlegt, muß aber »fordern« als »einfordern der Sündenschuld« verstehen, um auf den zugrundeliegenden Begriff der göttlichen Langmut zu kommen. Dies jedoch ist nach den Übersetzungen nicht begründet.
b) Weil er lieber (mehr Syr) geben will als fordern Lat Syr; weil er denen gibt, die, wie ich dir gesagt habe, würdig sind um ihres Werkes willen Äth; (und er gibt) die Belohnung den Tätern des Guten, weil er umsonst denen gibt, die guten Vorsatz zeigen, und dieser wird den Taten gleich sein Ar[1]; etenim promptus est ad largiendum et ad remittenda delicta ... Arm.

136 a) Quoniam multiplicat magis misericordias Lat Syr Äth Ar[1] Geo.
b) Welche gewesen sind, und über die, welche nicht gehorcht haben, und über die, welche gelobt werden Äth; super terram ipsam et propter illos quoque qui pervicaces facti sunt et super eos quoque qui gratias egerunt Geo; welche seinen Willen tun, und denen Aufschub gewährt, welche sich nicht fügen ... Ar[1]. – Simonsen, S. 273f., ist der Auffassung, daß mit dem zweiten Teil des Verses das hebr. *w'mt* von Ex 34,6 interpretiert werde: »Die Liebe Gottes ist, nach ihm, nicht nur weit umfassend, sondern auch die treue und ungeänderte, die Jetztzeit, Vergangenheit und Zukunft gleichmäßig umfaßt.« – Vgl. auch Apc Bar(syr) 23,3; 84,11.

137 a) Statt »würde ... gelangen« liest Arm: non potest liberari homo. Allem Anschein nach ist an das ewige Leben gedacht (so auch Gunkel). Ar[2] allerdings versteht den V. von der Existenz der Welt: So lebte nicht einer, und die Welt mit ihren Bewohnern würde nicht bis heute bestehen. Brandenburger: Die Verborgenheit 5.3.3 vor Anm. 93, verweist mit Recht auf Gottes Erbarmen im Endgericht: »Nur daran kann gedacht sein, wie auch ›Leben‹ in diesem Zusammenhang nur das künftige, eschatologische Ergehen meinen kann« (Anm. 93). – Vgl. Apc Bar(syr) 23,5.

138 a) Et donator Lat Syr Äth Geo Ar[1], vgl. V. 135; aber er gewährt die Güter Ar[2]; et largitor Arm. Simonsen, S. 275, vermutet, »daß der Autor aus *nwṣr* gewissermaßen *'wṣr* herausgehört hat: Gott habe aus dem Schatze seiner Liebe den auf der Schwebe Stehenden etwas mitgeteilt, so daß die Verdienste jetzt die Sünden aufwiegen können«; vgl. Ex 34,7 *nṣr ḥsd*.
b) Nicht einer von zehntausend Menschen Syr, vgl. Ar[1]: die Myriaden Menschen; decem millia gentes hominum Geo; das gesamte Menschengeschlecht Äth; nullum corpus Arm. – Der Text bietet eine Steigerung von »tausend« *('alāpîm)* Ex 34,7 (Violet II; Simonsen, S. 275).

139 a) Et iudex Lat Syr Äth Geo Ar[1] Arm; der Vers fehlt in Ar[2]. »Der Verzeihende«: Konjektur, entsprechend dem Aufbau der Reihe. Oder soll man eher in »milder Richter« verbessern? Mit Recht weist Gunkel darauf hin, daß iudex wegen ignoverit nicht ursprünglich sein könne, und nimmt wie auch Box eine Verlesung von *šomeṭ* »der Erlassende« in *šopeṭ* an. Simonsen, S. 277, meint mit Verweis auf Ar[1] (der die Personen nicht ansieht): »Im Urtext hat wohl dann etwas gestanden wie: ›Und der gerechte Richter, der zwar kein Personenansehen kennt, aber doch den Geschöpfen seines Wirkens Sünden vergibt.‹« Ihm stimmt Thompson: Responsibility, S. 344 Anm. 11 zu. Myers z.St. bleibt bei »and the judge«.
b) Denn Syr Äth Ar[1] Arm; fehlt in Lat.

tungen^c nicht tilgen würde^d, so würden vielleicht von der unzählbaren Menge nur sehr wenige^e übrigbleiben^f. <u>VIII</u> 1 Er antwortete mir und sagte^a: Diese Welt hat der Höchste um der vielen willen erschaffen, die künftige aber nur wegen der wenigen^b. 2 Ich will dir nun ein Gleichnis vorlegen^a, Esra. Wenn du die Erde fragst, wird sie dir sagen^b, daß sie viel mehr Tonerde bietet, woraus man irdene Gefäße macht, aber wenig Staub, woraus Gold wird^c. So ist auch der Gang^d dieser Welt. 3 Viele sind zwar geschaffen, aber nur wenige werden gerettet^a.

4^a Ich antwortete und sagte^b: Saug^c, o Seele, Verstand, und trink o Herz^d, Vernunft^e! 5 Du bist ohne deinen Willen gekommen^a und gehst fort^b, ohne

c) Contemptionum Lat; Sünden Syr Ar[1] Geo. Nach Box geht contemptionum auf $\tau\omega\nu$ $\alpha\vartheta\varepsilon\tau\eta\mu\alpha\tau\omega\nu$, Sünden auf $\alpha\delta\iota\kappa\eta\mu\alpha\tau\omega\nu$ zurück.

d) Äth scheint vom Titel »Richter« auszugehen, wenn sie liest: denn, wenn er sein Werk, das er gemacht hat, nicht bewahrte, indem er vertilgte die Menge der Leugner. Aber auch Ar[1], die weitläufig, wie sie es so oft tut, umschreibt, hebt auf die »wohlwollende Nachsicht« ab.

e) Nec unus Geo.

f) Thompson: Responsibility, S. 301f.: »The seven attributes are all directly related in some way to God's activity towards man, but there are at least three different levels on which this relationship is established«: die erste, daß Gott denen, die umkehren, gnädig ist (VII 133); die zweite, daß Gott den Sündern gegenüber sich gütig oder freundlich verhält, ohne daß von Buße die Rede ist (VII 134.138.139); die dritte, daß Gott freundlich gegenüber dem Menschen handelt, ohne daß eine Beziehung zur Sünde ausgesagt wird (VII 132.135.136f.), wobei deutlich wird, daß Gott für die menschliche Existenz absolut notwendig ist.

VIII 1 a) Und er antwortete und sagte zu mir Syr Äth Geo.
  b) Vgl. VI 55.59; VII 10f.; VIII 44; Apc Bar(syr) 14,18; 15,7.
 2 a) Dicam Lat Arm; erklären Syr Äth Geo Ar[1]. Statt des ersten Satzes liest Ar[2]: so sinne nach und erkenne.
  b) Vgl. VII 54.
  c) Welchen Staub sie reichlicher gibt, den, wovon der Ton ist, oder den, wovon das Gold ist Syr; daß sie den Staub gibt, aus dem der Ton wird, und den Staub, der Gold wird Äth.
  d) Actus Lat; Werk Syr Äth; opera Geo; die Werke und Taten Ar[1]; so sind die Leute in dieser Welt Ar[2]. Box merkt an: actus = $\pi\varrho\alpha\xi\iota\varsigma$.
 3 a) Vgl. Mt 20,16; 22,14.
 4 a) Der elfte Gesprächsgang – nach Brandenburger: Die Verborgenheit, ist es der neunte – umfaßt nach Harnisch: Der Prophet: VIII 4–41: Einwand (VIII 4–36), Feststellung und Vergleich (37–41). In den »Einwand« ist das Gebet Esras (20–36) eingebaut. Offensichtlich antworten 37–41 auf Esras Rede (4–19).
  b) Sagte zu ihm Äth.
  c) Absolve (absorbe Lat^c, Bensly) Lat; es erfreue sich Äth; iucunda sit Geo; Box, Violet II, verweisen auf $\dot{\alpha}\pi\dot{\alpha}\lambda\alpha\upsilon\varepsilon$ (r^ewi).
  d) Mein Herz Syr; das Ohr Äth, aures mei Geo, was nach Violet auf ein aus $\nuο\tilde{\upsilon}\nu$ verlesenes $ο\tilde{\upsilon}\varsigma$ zurückgeht. Lat liest keinen zweiten Vokativ neben anima, sondern bietet: et devoret quod sapit.
  e) Nach Hilgenfeld stand im Griech. $\tau\grave{o}$ $\varphi\varrhoο\nuο\tilde{\upsilon}\nu$. Lat könnte etwa so verstanden werden: Laß also, Seele, den Verstand frei, und er verschlinge, was er schmeckt (bzw. was verständig ist). Auch diese Lesart ergibt einen befriedigenden Sinn. Kaminka: Beiträge, S. 352f., faßt V. 4.5, ausgehend von »absorbe«, das er im Sinn von »verschlucken, vernichten« deutet (siehe die Übersetzung der Vulgata für bl^e Dtn 11,6; 2 Sam 17,16; Jes 28,7; 49,19, sowie »für sonsti-

daß du es gewollt hast[c]. Denn (freie) Bahn[d] ist dir nur gegeben die kurze Lebenszeit[e]. 6 O Herr über uns[a], erlaube deinem Knecht[b], vor dir zu beten[c]. Gib Samen unserem Herz und Pflege dem Verstand[d], daß Frucht[e] entsteht, wodurch jeder Sterbliche zum Leben gelangen könnte, der Menschengestalt[f] getragen hat. 7 Denn du bist der Einzige, und wir sind *ein* Gebilde, das Werk[a] deiner Hände[b], wie du gesagt hast[c]. 8 Jetzt gibst du nämlich unserem Körper, den du im Mutterschoß bildest[a], das Leben und gibst (ihm) die Glie-

ges Vernichten«), und mit Blick auf Arm (et seda oder mitiga mentem, terra. Kaminka: erniedrige den Verstand, Erde) anders auf: »Laß fahren (vgl. Deut 15,2; oder: wirf nieder, vgl. *šimṭûhā* II Kön 9,33) deinen eigenen Sinn, zur Erde beuge den Verstand. Gehorsam ist deine Bestimmung. Ob du willig bist oder nicht, es ist dir keine Befreiung gewährt – außer durch ein Leben der Demut (oder: vom Schmerz des Lebens)«. Die Anfangsbuchstaben der sechs Verse aus je drei Wörtern des rekonstruierten hebr. Textes zeigen nach Kaminka den Namen Schealtiël. – Der Kontext jedoch (vgl. V. 6) ist wie auch die Übersetzungen in V. 4 dieser Interpretation nicht günstig, die »die ganze Strophe … als eine eingeschaltete Mahnung zur tiefen Demut, zum Verzicht auf die eigene menschliche Einsicht (Prov 3,5)« betrachten möchte.

5 a) Denn … gekommen Syr; convenisti (enim Hs.l) inobaudire Lat[AS] (non obedire Lat[CME]); denn gekommen ist das Ohr (Herz) zum Hören Äth; ut audias Arm. Hilgenfeld, Violet II schließen für die griech. Vorlage auf ἄκουσα, das in Äth Arm zu ἀκοῦσαι verlesen, in Lat wohl mit inobaudire (»ungehorsam sein«, vgl. Georges, HWs. v.: inobaudientia »Ungehorsam«) wiedergegeben ist, womit sich die Verbesserungsvorschläge enim obaudire Lat[c] (Bensly) und enim ob audire (Violet I) erübrigen. Kaminka: Beiträge, S. 507, meint: »Das Syrische ist vielleicht eine Erklärung des nicht mehr verstandenen Satzes.«
b) Profecta es Lat, woraus Hs. S prophetes, Hs. A prophetis, Lat[c] prophetare machen. Volkmar liest mit der Vulgata prophetare volens und übersetzt: denn zu hören bist du gekommen, auch indem du Prophet sein wolltest.
c) Apc Bar(syr) 14,11; 48,12.15. Perles: Notes critiques, S. 184, verweist auf Pirke Aboth IV, 20.
d) Spatium Lat; Vollmacht Syr; Teil Ar¹; tempus Arm.
e) Vgl. Apc Bar(syr) 16,1; 48,12.
6 a) O Herr, Herr Syr; o Herr Äth Geo; o mein Herr Ar¹·².
b) Wenn du deinem Knecht befehlen würdest Syr Ar¹; si praecipies servo tuo Geo.
c) Ut oremus coram te Lat; werde ich beten Syr, zu dir zu flehen Ar²; daß ich Gebet und Bitte vor dir verrichte Ar¹.
d) Samen und Pflege des neuen Herzens Syr; Verstand und Denken, wodurch wir säen und wo wir pflügen und ernten Äth; seminiferum cor et culturam mentis Geo; Frucht meinem Herzen Ar¹; semina fructuum Arm.
e) Fructum Lat (fructus Hss. CME und c); fructus Geo.
f) Locum hominis Lat; locus Arm; die Gestalt des Menschen Syr; der einen Körper trägt Ar¹, während die Welt den Menschen trägt Äth; (invenient) vitam hominis Geo. Hilgenfeld nimmt als Vorlage τύπος an, das in Lat (wohl auch in Arm) in τόπος verlesen wäre. Geht auch »Welt« in Äth auf τόπος, verlesen in κόσμος zurück, (vgl. Violet I)? Kaminka: Beiträge, S. 606, meint: »Qui portabit locum hominis (…) ist aus dem Hebr. *wîhî miqwäh lā'ādām*, daß dem Menschen, wenn er gesündigt, Hoffnung bleibe, gelesen *māqôm*« entstanden. Dagegen spricht jedoch Syr Ar¹ (Geo).
7 a) *Ein* Gebilde, das Werk Syr; das Werk Äth Ar² Arm; una plasmatio Lat.
b) Denn wir alle sind gleich wie das Werk deiner Hände Äth; denn wir alle sind eins und ein Werk deiner Hand Ar¹; und wir sind viele Geschöpfe und deiner Hände Werk Ar².
c) Jes 45,11; 60,21. Vgl. Apc Bar(syr) 48,24; 85,14.
8 a) Box ist der Meinung, daß nunc in matrice plasmatum corpus wahrscheinlich auf *hbṣr ṣ'th*

der[b]; in Feuer und Wasser wird dein Geschöpf erhalten[c], neun Monate trägt dein Gebilde dein Geschöpf, das in ihr geschaffen wurde[d]. 9 Das Verwahrende aber und das Verwahrte, beide werden durch deine Verwahrung verwahrt[a]. Und wenn der Mutterschoß herausgibt, was in ihm gewachsen ist, 10 hast du befohlen, aus den Gliedern selbst, das ist aus den Brüsten, Milch, das Erzeugnis der Brüste zu reichen[a], 11 damit dein Geschöpf eine gewisse Zeit lang genährt werde. Danach förderst[a] du es durch dein Erbarmen, 12 nährst es durch deine Gerechtigkeit, erziehst es durch dein Gesetz und belehrst es durch deine Weisheit. 13 Du tötest es als dein Geschöpf und gibst ihm Leben als deinem Werk[a]. 14 Wenn du also, was unter soviel Mühen[a] auf deinen Befehl gebildet wurde, durch eine leichthin getroffene Anordnung[b] zugrunde richtest, wozu ist es dann entstanden[c]? 15 Und jetzt will ich es aussprechen: Was alle Menschen betrifft[a] – du weißt das besser! Aber um dein Volk – darum leide ich[b]; 16 um dein Erbe – darum traure ich; um Israel – darum bin ich traurig; um die Nachkommen Jakobs[a] – darum bin ich erregt. 17 Deshalb will ich beginnen, vor dir für mich und für sie zu beten. Denn ich sehe unsere Fehltritte[a], die wir auf der Erde wohnen[b]; 18 doch

jwṣr bbṭn zurückgehe, wobei die beiden mittleren Wörter in šᶜth jṣwr verlesen worden seien. nunc wird auch von Syr Äth bezeugt.

b) Äth fügt hinzu: und gibst ihm ein Herz.

c) Volkmar interpretiert: das von dir geschaffene Erzeugnis, »das du so auch gegen Wasser und Feuer geschützt hast«; vgl. Geo: et conservas a calore et ab aqua tuam creaturam. Interpretationen sind auch: daß ein Teil aufbewahrt werde für das Feuer und das Wasser Ar[1]; und schufest das Wasser und das Feuer Ar[2]; itidem et dispensationem variorum seminum vino et oleo, igne et aqua Arm. Myers 243: »fire and water. Refers to the constituent elements of man. Cf. 4: 10.«

d) IV 40; V 46ff.; vgl. Hi 10,9–11; Weish 7,1f.

9 a) Äth liest statt »Das Verwahrende ... verwahrt« (Syr): und bewahrt wird er durch dein eigenes Wort. In Lat ist mit Bensly, Violet servati zu servatione tua zu ergänzen (»Schluß weggefallen!«: Violet I).

10 a) Praebere Lat (ut praebeat Hss. [C]ME); entstehe Syr Ar[1]; herausfließe Äth Ar[2].

11 a) Dispones Lat; leitest du Syr Ar[1]; lässest heranwachsen Äth; du hast sie angefangen (?) Ar[2].

13 a) Vgl. Dtn 32,39; 1 Sam 2,6.

14 a) Tagen Äth; nach Volkmar las Äth χρόνοις statt πόνοις.

b) Facili ordine Lat Arm (Plural); schnell und plötzlich Syr. Nach Box geht facili ordine auf κούφῃ τάξει zurück; Gunkel denkt an bᵉdābār qal; Violet II führt »schnell und plötzlich« (Syr) auf ταχὺ (καὶ?) κούφως (Wie Jes 5,26 LXX« = mᵉherah qal zurück; »daher τάξεσι(-ξει) κούφαις(-φῃ).«

c) Vgl. Ps 139,14–16; Hi 10,8. – Auf diesen »skeptischen Einwand (8,14)« läuft alles« in V. 4–14 zu, Brandenburger: Die Verborgenheit 5.3.3 vor Anm. 94.

15 a) Und jetzt habe ich (sprechend) gesprochen Syr Äth, über alle Menschen Syr.

b) Vgl. Apc Bar(syr) 3,1f.

16 a) Proli Abraami Arm.

17 a) Kaminka: Beiträge, S. 606, vermutet, im Hebr. habe gestanden, »daß wir wunderbar verschieden sind von allen Bewohnern der Erde« und verweist auf Ex 33,16. niplînû sei zu nāpalnû verlesen worden. Das entspricht nicht dem Gedankengang Esras; vgl. V. 26.

b) Video enim ego omnes habitatores terrae in lapsu Geo.

hörte ich auch von dem künftigen Urteilsspruch[a]. 19 Darum hör meine Stimme und vernimm meine Worte[a]! Laß mich vor dir reden[b]. 20[a] Anfang der Gebetsworte[b] Esras, bevor er entrückt wurde[c]. Er sagte: Herr, der du in Ewigkeit wohnst[d], dessen Höhen hoch erhoben[e] und dessen Söller in den Lüften ist, 21 dessen Thron unschätzbar[a] und dessen Herrlichkeit unfaßbar ist, vor dem das Heer der Engel[b] zitternd steht, 22 deren dienende Schar[a] sich in Wind und Feuer wandelt, dessen Wort wahr und dessen Rede beständig ist[b], 23 dessen Befehl mächtig und dessen Anordnung schrecklich[a] ist, dessen Blick die Tiefen austrocknet, dessen Zorn die Berge zergehen läßt

18 a) Celeritatem iudicii quod futurum est Lat; den Urteilsspruch, der bevorsteht Syr Ar²; das Gesetz der künftigen Welt Äth; a lege creationis Geo; inclementiam magnam quae in futuro (tempore) fiet Arm. Gunkel übersetzt mit Blick auf Arm: von dem Ernst des kommenden Gerichts. »Das rasche Verfahren des Gerichts« (Lat), das nach Violet II wohl auf »ἀποτομίαν κρίσεως (oder τόμον, wofür Äth νόμον las?)« zurückgeht, vgl. Box, ist im Kontext nicht begründet und dürfte einer Deutung von *gzr djn* entstammen. Welt (das Gesetz der künftigen Welt) Äth und Schöpfung (das Gebot über deine Schöpfung) Ar¹ Geo scheinen auf κτίσεως, das statt κρίσεως gelesen wurde, hinzudeuten (Violet II). Im Blick auf Äth ist in Ar¹ nicht mit Violet I in »Urteil« zu korrigieren. – Vgl. V 43.

19 a) Et intellege sermonum meorum Lat, für dessen Konstruktion Bensly: Missing Fragment, Violet II auf σύνες τῶν λόγων verweist, vgl. Ps 5,2; und vernimm die Worte meines Gebets Syr; und vernimm meine Bitte Äth; et aurem praebe sermonibus oris mei Geo.

b) Reden, Herr, mein Gott Syr. Zur Hinzufügung von »Gott« siehe Violet II 69f.

20 a) VIII 20–36 bilden, angeschlossen durch V. 19, die sogenannte oratio Esdrae, die als Canticum vielfach Verwendung gefunden hat und so auch getrennt vom Text des Buches überliefert ist. Sie ist in zwei Rezensionen erhalten: 1. in den Hss.ASC und Hss., die das Canticum bieten, vgl. Violet I; R. Weber: Biblia Sacra, S. 1951 (= Lat I); 2. in den Hss. CMl, die bei R. Weber, Biblia Sacra, nicht zitiert werden (= Lat II).

b) Verborum Lat I (Hss.AS, Hs.C, Bensly): + orationis; verbi orationis Lat II.

c) Diese Überschrift bieten Lat Syr Äth Geo.

d) Vgl. Ps 9,8; 102,13; Jes 57,15. Inhabitasti ab aeterno usque in aeternum Geo; der du warst vor den Zeiten der Ewigkeit Ar¹; du wohnst in den Welten der Welten Ar². Gunkel übersetzt unter der Gleichsetzung αἰών = Himmel kaum mit Recht: der du im Himmel wohnst.

e) Cuius oculi elati Lat I; cuius altissimi celi sunt Lat II; dessen Höhen erhaben sind Syr; der du schaust in die obersten Höhen Äth; qui super excelsum excelsorum versare Geo; der die Himmel prüfend erforscht Ar¹; cuius oculi cuncta manifeste vident et perscrutantur Arm. Violet II bemerkt: »Aus ›Höhen‹ (Aeth.Syr) wurde ›Himmel‹ (celi ... woraus ›oculi‹ verdorben ... oder ὄψεις aus ὕψη (Box)?« Wegen des parallelen »dessen Söller in den Lüften ist« dürfte »Höhen« die richtige Lesart sein. Myers übersetzt »eyes are lifted up« und sagt: »Original reference is to the stars«.

21 a) Nicht besiegt wird Äth; invincibilis Geo. Las Äth Geo ἀνίκητος (Volkmar) aus ἀτίμητος (Hilgenfeld)?

b) Exercitus angelorum Lat I; militiae Lat II Syr.

22 a) Quorum servatio Lat I; et dicto tuo Lat II Syr Äth; cuius verbum Arm; isti sermones Geo; deren Waffen Ar¹; sie Ar². Gunkel verweist auf *mišmār*, das in der Tat hinter servatio zu vermuten ist. Violet II, Kaminka: Beiträge, S. 135, treten für Lat II ein: auf dessen Spruch sie sich wandeln ... Nach Kaminka wäre *mšmr* aus *m'mr* verlesen. Nach Zimmermann: Underlying Documents, S. 112, wurden die beiden Bedeutungen von *pqd* verwechselt.

b) Zu 21f.: Apc Bar(syr) 21,6; 48,4.8a.10; vgl. 1 Kön 22,19; Dan 7,10; Jub 2,2; Gen R 78,1.

23 a) Timidum Lat II, eine falsche Wiedergabe von φοβερός (Violet II).

und dessen Wahrheit ewig bleibt[b] – 24 erhöre, (Herr)[a], das Gebet deines Knechtes und vernimm die Bitte deines Geschöpfes! Achte auf meine Worte[b]! 25 Denn solange ich lebe, muß ich reden, und solange ich denke, erwidern[a]. 26 Schau nicht auf die Sünden deines Volkes, sondern auf die, die dir in Wahrheit dienen. 27 Achte nicht auf die Machenschaften der Übeltäter[a], sondern auf die, die deine Bündnisse unter Leiden[b] hielten! 28 Denk nicht[a] an die, die trügerisch vor dir gewandelt sind, sondern gedenke derer, die aus freiem Willen darauf bedacht waren, dich zu fürchten[b]. 29 Wolle nicht die zugrunde richten[a], die sich wie das Vieh benommen haben, sondern schau auf die, die dein Gesetz deutlich gelehrt haben[b]. 30 Zürne nicht denen[a], die schlimmer als die Tiere zu erachten sind[b], sondern liebe die, die immer auf deine Herrlichkeit vertrauten. 31 Denn wir und unsere Väter haben in sterblichen Werken dahingelebt[a]. Du aber wirst wegen uns Sündern

b) Dessen Blick ... bleibt: Der Text ist in den Const. Apost. 8,7 zitiert: οὗ τὸ βλέμμα ξηϱαίνει ἄβυσσον καὶ ἡ ἀπειλὴ τήκει ὄϱη καὶ ἡ ἀλήϑεια μένει εἰς τὸν αἰῶνα. Damit stimmen die Übersetzungen im ganzen überein bis auf die letzten Worte. Hier lesen Lat I, II Syr Arm: und dessen Wahrheit Zeugnis gibt, Geo: cuius et veritas testificatur. Äth bietet: und dessen Zeugnis Gerechtigkeit ist; ähnlich Ar[1]: und dessen Recht und Wahrheit ihm bezeugt sind. Ar[2] dagegen liest: und dessen Gerechtigkeit unaufhörlich bleibt. Die Lesarten »bezeugt wird, bzw. Zeuge ist« und »bleibt in Ewigkeit« führen auf (*l*)[e]*ed* und [c]*omädät lä[c]ad* (Gunkel, Box) zurück. Nach Violet II wäre μαϱτυϱεῖ aus einem undeutlich gewordenen μένει ἀεί verlesen, was wenig wahrscheinlich ist. – Vgl. Dan 3,55; Mi 1,4; Ps 97,5; Sir 16,18f.

24 a) Herr Lat I Geo.
   b) Vgl. Apc Bar(syr) 48,11.

25 a) Orabo te Geo. Kaminka: Beiträge, S. 135, ist der Ansicht '[c]*nh*, das er wohl zu Recht in der Vorlage vermutet, bedeute »hier nicht erwidern, sondern laut den Schmerz hinausrufen«. Doch besteht kein Grund, den überlieferten Text zu ändern.

27 a) Die Torheiten der Ränke der Frevler Syr.
   b) Cum doloribus Lat I, vgl.: sondern das Leid derer, die deine Satzung bewahrt haben Äth; deinen Bund bewahrt haben, weil sie ja in Leiden sind Ar[1]; cum cruciatibus Lat II, vgl. in Drangsal und Not Ar[2]; unter Schande Syr; cum timore Arm; cum passione Geo.

28 a) Zürne nicht uns (der Leute wegen, die) Ar[1]; zürne nicht Äth, nach Volkmar Übersetzung von μὴ ὀϱγίζου statt μὴ λογίζου.
   b) Welche von ganzem Herzen auf dein Gesetz vertraut haben Äth, was wohl eher eine Interpretation als eine Übersetzung ist.

29 a) Vertilge uns nicht mit den Leuten, die ... Ar[1]; neque placeat tibi destruere illos Geo.
   b) Docuerunt Lat I; demonstraverunt Lat II; angenommen haben Syr; festgehalten haben Äth; erforscht haben Ar[1]. Volkmar verweist auf διαδέξαντες und διδάξαντες.

30 a) Und zürne uns nicht mit denen, die ... Ar[1].
   b) Und strafe die Tiere nicht für die Sünden der Menschen Ar[2]. Beide Lesarten sind eine Auslegung des Textes. – Zu erachten sind Lat I, II; gehandelt haben Syr; gewesen sind Äth; qui malarum bestiarum ora sunt Geo.

31 a) Haben Werke der Vergänglichkeit getan und gerast Syr; haben vergängliche Tat getan Äth; talibus moribus (morbis Lat[c]) egimus Lat I; corruptum locum (übersetzt τόπον statt τϱόπον, Violet II, Box) egimus Lat II; in corruptibilitatis forma mansimus Geo. Talibus Lat I wird von Bensly, Violet zu mortalibus ergänzt.

der Barmherzige genannt[b]. 32 Denn wenn du dich unser, die wir ja keine Werke der Gerechtigkeit[a] haben, erbarmen willst, wirst du der Erbarmer genannt. 33 Denn die Gerechten, denen viele Werke[a] bei dir hinterlegt sind, werden aus den eigenen Werken den Lohn empfangen[b]. 34 Was ist denn der Mensch, daß du ihm zürnst, oder das vergängliche Geschlecht, daß du auf es so erbittert bist[a]? 35 In Wahrheit gibt es nämlich niemand unter den Geborenen, der nicht böse gehandelt, und unter den Gewordenen[a], der nicht gesündigt hätte[b]. 36 Denn dadurch wird deine Gerechtigkeit[a] und deine Güte offenbar[b], Herr[c], daß du dich derer erbarmt hast, die keinen Bestand[d] an guten Werken haben. 37 Er antwortete mir und sagte[a]: Du hast einiges[b] richtig gesagt, und nach deinen Worten wird es so auch geschehen. 38 Denn ich denke wirklich nicht an das, was die Sünder sich bereitet haben[a], an Tod oder Gericht oder Verderben[b], 39 sondern ich will mich über das freu-

b) Du aber sei um unser und um derer willen, die gesündigt haben, barmherzig Äth; tu autem propter peccatores misericors es Geo.

32 a) Werke Syr; hoc opus Geo; opera iustitiae Lat I; facta bona Lat II Äth (Sing.) Ar² Arm.

33 a) Viele Werke Lat I, II; Werke Syr Geo; gute Werke Äth.
   b) Die können von ihren eigenen Werken nehmen Syr; wirst du dich wegen ihrer Werke erbarmen Äth. – Vgl. Apc Bar(syr) 14,12; 52,7; Mt 6,19f.; 19,21.

34 a) Amarisceris (de ipso) Lat I Geo; indigneris (eis) Lat II. Vgl. Apc Bar(syr) 48,14.17.29. Kaminka: Beiträge, S. 136, vermutet als ursprünglichen Text *kî mārāh bāk* »daß er sich gegen dich vergehen könnte«, das vom ersten Übersetzer als »Bitteres in dir« mißverstanden wurde. Gegen eine solche Annahme spricht der Parallelismus (1. Teil des Verses).

35 a) Confitentibus Lat I (Gunkel, Box: man lese »confientibus = συνεστηκότων«); qui increverunt Lat II; von denen, die geworden sind Syr; von den Lebenden Ar¹; Geschaffener Ar².
   b) Vgl. VII 46.48.

36 a) Deine Gerechtigkeit Lat I Ar²; die übrigen Übersetzungen bieten diese Worte nicht.
   b) Adnuntiabitur Lat I; ostendetur Lat II; wird erkannt Syr Äth Ar² Arm; zeigt sich Ar¹; revelabitur Geo.
   c) Herr, [mein] Herr Syr; ohne Anrede Äth Geo Arm.
   d) Keine (guten Werke) Äth; gar nichts Ar¹ non habent fortitudinem bzw. copiam (bonorum operum) Geo. – Vgl. Apc Bar(syr) 24,1; Sir 17,22.

37 a) Sagte zu mir Äth Arm Geo.
   b) Die Einschränkung findet sich nur in Lat Syr; cuncta Geo.

38 a) Plasma Lat Syr. Violet vermutet dahinter *j°ṣär* und übersetzt mit »Gesinnung«.
   b) Kaminka: Beiträge, S. 136f., ist der Ansicht, daß der Satz »wirklich will ich mich nicht kümmern um das, was die Sünder sich bereitet haben, um Tod, Gericht und Verderben« (Gunkel) »hier ganz unverständlich« ist. »Esra hatte flehentlich um Gnade für die schwachen Menschen gebeten, auch wenn sie keine guten Werke aufweisen. Gott gibt ihm darauf wenigstens teilweise recht, da kann er doch nicht hinzufügen, daß ihm Tod und Verderben der Sünder gleichgültig wären.« Kaminka verweist auf die Lesart der Vulgata (Clementina), die die bessere sei: ante mortem, ante iudicium, ante perditionem statt aut ... aut ... aut (so Lat Syr). Hinter ante stecke ein *qdm : ûľ haqdîm* »(ich werde nicht daran denken) ... zu beschleunigen«. Gott wolle die Sünden der Geschöpfe nicht beachten, um ihren Untergang nicht zu beschleunigen. – Dieser Theorie widerspricht nicht nur die Textüberlieferung, sondern auch der Zusammenhang; denn es geht nicht um Beschleunigung oder Verzögerung des Gerichts, sondern um die Ziele und Pläne Gottes. Er erreicht mit den Gerechten sein Ziel (V. 39). Eher scheint cogito Lat »ich denke an« im Sinne von »auf etwas bedacht sein, etwas beabsichtigen«

en, was die Gerechten sich erworben haben[a], über ihre Ankunft[b], ihre Rettung und ihren Lohnempfang. 40 Wie ich[a] also gesagt habe, so ist es. 41 Denn wie der Bauer viele Samen auf die Erde sät und viele Pflanzen pflanzt, aber nicht alles, was gesät wurde, zu (seiner) Zeit[a] bewahrt bleibt, und nicht alles, was gepflanzt wurde, Wurzeln schlägt, so werden auch die, die in die Welt gesät sind, nicht alle bewahrt bleiben[b].

42 [a] Ich antwortete und sagte[b]: Wenn ich Gnade vor dir gefunden habe[c], will ich vor dir[d] reden. 43 Der Same des Bauern geht, wenn er deinen Regen nicht zur rechten Zeit erhalten hat und nicht aufgegangen ist, oder wenn er durch zu viel Regen verdorben ist[a], 44 zugrunde[a]. Aber den Menschen, der von deinen Händen geschaffen ist und dein Ebenbild genannt wurde, weil er dir ähnlich gemacht ist[b], und um dessentwillen du alles geschaffen hast, stellst du dem Samen des Bauern gleich. 45 Nein, (unser) Herr[a], verschon dein

(Georges, HW I 1238) aufzufassen zu sein. Dafür spricht Äth: und wahrhaftig trachte ich nicht bei denen, die sündigen, nach Tod oder nach Gericht, noch nach Verderben.

39 a) Figmentum Lat; Gebilde Syr, was Violet wieder mit »Gesinnung« übersetzt, vgl. 38a; opus Geo.
b) Das Kommen Syr; ihr Zu-mir-Kommen Ar[1]; qui revertuntur Arm; peregrinationes Lat. Sicherlich müssen in diesem Vers im Vergleich zu V. 38 drei positive Gegebenheiten gemeint sein, was für peregrinationes nicht zutrifft. Violet II verweist auf παροικία (mâgûr), das statt παρουσία gelesen worden sei, und übersetzt wie Gunkel »Heimkehr«. – Vgl. Koh 12,7.

40 a) Du Äth Geo, das von Gunkel, Box, Rießler als die richtige Lesart angenommen wird. Violet II dagegen läßt die Entscheidung offen (»Was ist richtig?«). Der Satz hat die Funktion einer Bestätigung. Auch inhaltlich dürfte er nicht Esras Haltung decken wollen.

41 a) Zur Zeit der Frucht Ar[1]. Gunkel interpretiert: wo es aufsprießen sollte; so Geo[J]: tempore autem illo ascensionis non omne semen ascendit. Vgl. Apc Bar(syr) 22,5.
b) Salvabuntur Lat Geo, vgl.: werden entrinnen Ar[1]; werden leben Syr Äth.

42 a) Der zwölfte Gesprächsgang – nach Brandenburger: Die Verborgenheit: der zehnte – umfaßt nach Harnisch: der Prophet: VIII 42–62a: Einwand (VIII 42–45), Zurechtweisung (46–62a).
b) Sagte zu ihm Äth.
c) V 56; VII 102; XII 7; Apc Bar(syr) 3,2; 28,6.
d) Coram te Lat (Hss. CMEl), das zum Wenn-Satz oder zum Hauptsatz gezogen werden kann. Syr Äth Ar[2] bieten »vor dir« o.ä. zweimal.

43 a) »Oder ... ist« fehlt in Äth Geo Ar[2] Arm; oder aus vielen (anderen) Gründen Ar[1].

44 a) Wird verdorben Syr; kommt um Äth; hoc perit Lat (Konjektur Benslys; so liest auch R. Weber, Biblia Sacra; vgl. Lat[c]: sic perit et similiter). Die handschriftliche Überlieferung der Lat bietet: hic (sic) pater et filius, was sicher falsch ist. Kaminka: Beiträge, S. 137, verweist auf sic pat' (= patitur) in Hs.M und auf W hic pr̄ (= perit); beides wurde als pater aufgelöst und mit dem folgenden καὶ υἱός (ἀνθρώπου) (wbn'dm) zu pater et filius zusammengezogen.
b) Statt »und dein Ebenbild ... gemacht ist« liest Syr: und deinem Bild gleicht, Äth: und deinem Bild angeähnelt hast, weil er nun dein eigen Abbild ist, Ar[1]: und deinem Bild ähnlich gemacht hast, daß er dir gleiche. Violet I betrachtet Syr als den ursprünglichen Text und Lat als nachträglich erweitert. – Esra bittet hier darum, daß die Gleichsetzung von Schicksal des gesäten Samens, von dem naturgemäß ein Teil zugrunde geht, und Geschick des Menschen aufgehoben werde; vgl. Harnisch: Verhängnis, S. 238.

45 a) Non super nos Lat (pr. irasceris Lat[c], + irasceris Hss.ME), vgl. VIII 6; nein, ich bitte dich, Herr, Herr Syr; das sei fern von dir, Herr Äth; nein, o Herr Ar[1]; ne perdas (destruxeris, Domine Geo[o]) Geo.

Volk und erbarm dich deines Erbes; du erbarmst dich ja deiner Schöpfung. 46 Er antwortete mir und sagte[a]: Das Gegenwärtige den Gegenwärtigen und das Künftige den Künftigen[b]! 47 Denn es fehlt dir viel, daß du
meine Schöpfung mehr als ich lieben könntest[a]. Du jedoch hast dich selbst oft
den Sündern gleichgestellt. Niemals mehr[b]! 48 Aber gerade darin bist du
bewundernswert[a] vor dem Höchsten, 49 daß du dich gedemütigt hast, wie
es dir geziemt, und dich nicht unter die Gerechten gerechnet hast. So wirst
du noch mehr geehrt werden. 50 Denn viele Nöte machen die Weltbewohner in der letzten Zeit beklagenswert[a], weil sie in großem Hochmut gewandelt sind. 51 Du aber denk an dein eigenes Los[a] und frag nach der Herrlichkeit derer, die dir gleichen[b]. 52[a] Denn für euch ist das Paradies[b] geöffnet,
der Baum des Lebens gepflanzt[c], die kommende Welt bereitet[d], die Seligkeit[e]
vorbereitet, die Stadt erbaut[f], die Ruhe zugerüstet[g], die Güte vollkommen gemacht[h], die Weisheit vollendet[i]. 53 Die Wurzel (des Bösen)[a] ist vor euch

46 a) Sagte zu mir Äth.
   b) Das, was in dieser Welt ist, denen in dieser Welt [ihnen gleich ist es], das in jener Welt
   aber denen in jener Welt Äth, eine sinngemäße Interpretation.
47 a) Eher eine Zurückweisung der Einsprüche Esras als ein »wundervoller Trost« (Gunkel).
   b) Eine Zurückweisung ist auch der zweite Teil des Verses, nicht nur eine Feststellung, daß
   Esra kein Sünder ist: Während du kein Sünder bist Äth Ar[1]; stelle dich nicht auf solchen Platz
   Ar[2]. »Der Engel erkennt lobend an, daß der Seher die (gerade den Gerechten kennzeichnen-
   de) Haltung der ›humilitas‹ an den Tag legt, aber er untersagt ihm auch, sich weiterhin für
   die Frevler einzusetzen und ihr Geschick zum Gegenstand seiner Fragen zu machen«, Harnisch: Verhängnis, S. 174; vgl. V. 48f.
48 a) Mirabilis Lat Geo, vgl.: verwundert sich (der Höchste) Ar[1]; hast du bei mir Erstaunen erregt Ar[2]; geehrt Syr; gelobt Äth. – Esra hat »sich selbst erniedrigt«; vgl. Mt 23,12; Lk 18,13f.
50 a) Miserabiles efficientur Lat Geo; miseri fient Arm; werden erleiden Syr Äth.
51 a) (Intellege) pro te Lat Äth Geo; denk an dich Syr.
   b) Vgl. IV 36; VIII 62 u. ö.; Apc Bar(syr) 2,1; 21,24; 57,1; 59,1; 64,7.
52 a) Zu 52–54 vgl. VII 92–98.113f.; VIII 62; XIV 9; VI 26; VII 77.
   b) Paradisus verus Arm. M. Stone: Paradise, S. 88, verweist auf 4 Q Enoch XXXII.3 *prds
   qšʾ*: »This may be compared with παράδεισος τῆς δικαιοσύνης in the Greek version of the same verse.« Vgl. VII 36.123; IV 8; Apc Bar(syr) 4,7; 51,11.
   c) Vgl. Ez 47,12; Hen(äth) 25,4; Apc 2,7; 22,2; Apc Bar(syr) 57,2.
   d) Praeparatum est veniens regnum Geo; parata est vita Arm. Vgl. Apc Bar(syr) 14,13.
   e) Abundantia Lat; die Wonne Syr Äth; felicitas Geo.
   f) VII 26; X 44.54; Apc 21,2; siehe Billerbeck III, 795f.
   g) Probata Lat; zugerüstet Syr; praeparata Geo; disposita Arm; hingebreitet Äth. Nach Zimmermann, Underlying Documents 120, haben Lat und Syr *tajn* verschieden aufgefaßt. – Vgl.
   Hebr. 3,11ff.; 4,9; Ps 95,11.
   h) Perfecta Lat; vollendet Syr; (das Gute) hat sich hingestellt Äth; ornata est bonitas Arm;
   constituta est amoenitas Geo. Gunkel interpretiert: die guten Werke geschaffen; »dies ist der
   Sinn der Worte«.
   i) Vgl. VI 28; VII 33ff.; 1 Kor 2,7. Die Wurzel der Weisheit abgepflückt Äth; ascensum est
   lignum illud sapientiae Geo. »Wurzel« (so richtig Lat Syr Anfang V. 53) und »lignum« sind
   falsch bezogen und gehören zum folgenden Satz. »Es stießen hier zwei Subjekte zusammen:
   ἀνεκεφαλαιώθη (?) σοφία καὶ ῥίζα ἐσφραγίσθη. Daraus wurde σοφίας ῥίζα und das Verbum
   ἐσφραγίσθη wurde fälschlich zum folgenden Satze bezogen, wie von hier an alle Prädikate«

versiegelt, die Krankheit vor euch ausgetilgt[b], der Tod verborgen[c]; die Unterwelt ist entflohen[d], die Vergänglichkeit vergessen[e]. 54 Die Schmerzen sind vergangen[a], und erschienen ist am Ende der Schatz der Unsterblichkeit[b]. 55 Frag also nicht weiter[a] nach der Menge derer, die zugrunde gehen. 56 Denn auch sie[a] hatten die Freiheit empfangen, und sie haben den Höchsten verachtet, sein Gesetz nicht beachtet und seine Wege verlassen[b], 57 dazu noch aber auch seine Gerechten zertreten[a]. 58 Sie haben in ihrem Herzen gesprochen, es gebe keinen Gott[a], und zwar obwohl sie wußten, daß sie sterben müßten. 59 Wie deshalb[a] auch das Verheißene euch in Empfang nimmt[b], so jene Durst und Qualen[c], die vorbereitet sind[d]. Denn der Höchste wollte nicht, daß die Menschen verlorengehen, 60 vielmehr befleckten sie, die Geschaffenen[a], den Namen[b] dessen, der sie gemacht hat. Sie waren undankbar[c] gegen ihn, der ihnen doch das Leben bereitet hat[d]. 61 Deshalb naht mein Gericht bald heran[a]. 62 Dies habe ich nicht allen kundgetan, sondern nur dir und wenigen dir Gleichen.

Ich antwortete und sagte[a]: 63 Siehe, Herr, jetzt hast du mir eine Menge

(Violet I). Violet vermutet, »daß ›abgepflückt‹ *taqašēma* aus ›beendigt‹ *tafaṣṣama* entstanden ist.«

53 a) radix mali Lat[c]; vgl. III 22; Hen(äth) 91,8.   b) Apc Bar(syr) 73,2f.
    c) Vgl. 1 Kor 15,25f.55; Apc Bar(syr) 21,22; Jes 25,8; Apc 6,8; 21,4. Ein Wort für »Tod« fehlt in Lat, wird aber zu Recht von Bensly, Violet mit Blick auf Syr Äth Arm ergänzt; vgl. Volz: Eschatologie, S. 386.
    d) Vgl. Apc Bar(syr) 21,23.
    e) Zimmermann: Underlying Documents, S. 120, betrachtet als ursprüngliche Lesart in Lat: in (so die Hss.SCME; et in Lat[c]) infernum fugit corruptio in oblivione. Ein Leser habe *šjwl'* (infernum) mit *šlj* »err, forget« verwechselt. Doch gegen eine solche Auffassung des Textes sprechen Syr Äth: vergessen (erloschen Äth) ist die Vergänglichkeit; vgl. Geo: ... vobis mors ...
54 a) Von euch gewichen Syr.
    b) Des Lebens Syr Äth.
55 a) Noli ergo adicere *(l'twsjp)* inquirendo Lat, vgl. V 39; VI 10; IX 13.41; X 19.
56 a) Et ipsi Lat[c] Geo, während die Hss.ASME et si »obwohl« lesen, was einen Sinn ergibt, anscheinend von Äth gestützt und von Violet II als »ursprünglicher« angesehen wird.
    b) Abgeschafft Syr, destruxerunt Geo. Vgl. Apc Bar(syr) 15,5f.; 54,15ff.; 85,7.
57 a) V 29; X 21f.; vgl. Apc Bar(syr) 72,5.
58 a) Ps 14,1; wir kümmern uns nicht um Gott Äth.
59 a) Deshalb wie Syr Äth; sicut enim Lat.
    b) Vos suscipient, quae praedicta sunt Lat; auf euch wartet, was zuvor gesagt ist Syr; wie euch dies Gute Äth; sicut vobis manet dictum illud bonum Geo; vobis paratum est, quemadmodum superius dixi Arm, vgl. Apc Bar(syr) 42,2.
    c) Vgl. Lk 16,24.
    d) Ebenso nun ihnen jenes Verderben Äth. – Vgl. VII 78–101.
60 a) Qui signati sunt Geo.
    b) Das Haus Geo. Vgl. Ez 36,23; Apc Bar(syr) 60,2.
    c) Vgl. Apc Bar(syr) 48,29. Syr fügt hinzu: und erkannten mich nicht an. Sie setzt dann den folgenden Satzteil auch in die 1.Person.
    d) Der sie bereitet hat Äth; qui praeparavit illis bonum Geo.
61 a) Apc Bar(syr) 48,32.
62 a) Sagte zu ihm Äth. – Der dreizehnte Gesprächsgang – nach Brandenburger: Die Verbor-

von Zeichen kundgetan, die du in der letzten Zeit tun willst; aber du hast mir nicht kundgetan, zu welcher Zeit[a]. IX 1 Er antwortete mir und sagte[a]: Das mußt du in dir selber ermessen. Wenn du siehst, daß ein Teil der vorausgesagten Zeichen vorüber ist[b], 2 dann wirst du erkennen, daß dies die Zeit ist, in der der Höchste die Welt, die von ihm geschaffen ist, heimsuchen will. 3 Wenn in der Welt erscheinen Erschütterungen an (verschiedenen) Orten[a], Verwirrung unter den Völkern, Anschläge unter den Nationen, Unruhen unter den Führern, Verwirrung unter den Fürsten[b], 4 dann wirst du erkennen, daß der Höchste darüber gesprochen hat seit den Tagen, die zuvor im Anfang gewesen sind[a]. 5 Denn wie alles, was in der Welt geworden ist – der Anfang offenkundig[a] und das Ende geoffenbart –, 6 so sind auch die Zeiten[a] des Höchsten: Die Anfänge sind offenkundig[b] in Wundern und Kräften, das Ende in Tat und Zeichen. 7 Jeder aber, der gerettet worden ist[a] und der entrinnen kann durch seine Werke oder durch den Glauben, womit er geglaubt hat[b], der 8 wird von den angesagten Gefahren übriggelassen werden, und er wird mein Heil[a] sehen in meinem Land und in meinem Gebiet[b], das ich mir von Ewigkeit her geheiligt habe. 9 Dann werden die staunen[a], die jetzt

genheit, der elfte – umfaßt nach Harnisch: Der Prophet: VIII 62b–IX 13: Informationsfrage (VIII 62b–63), Lehrauskunft (IX 1–13).

63 a) IV 51f.; VI 18–28; VI 59; VII 26; Apc Bar(syr) 25,1.

IX 1 a) Sagte zu mir Äth Geo.
 b) Quod prope sint omnia ad consummationem Arm.
 3 a) Motio locorum Lat; Erschütterungen der Örter Syr; Erdbeben in den einzelnen Ländern Äth; motus locorum Geo; Erdbeben an verschiedenen Orten Ar².
 b) Sich bekriegen werden die Könige und erschüttert werden die Fürsten Äth. Vgl. V 5; Apc Bar(syr) 24,3; 27,7f.; 70,2–8.
 4 a) Gunkel verweist auf »die Apokalypsen, die man von Adam, Seth, Henoch, Noah u.a. Urahnherrn hatte«, ähnlich Box.
 5 a) Der Anfang im Wort Äth, von der sich Gunkel in seiner Übersetzung leiten läßt: Er denkt an den Anfang der Welt durch Gottes Schöpferwort. Nach Hilgenfeld, Volkmar, Violet II hat Äth statt ἐμφανῆ »offenkundig«, vgl. Syr (bekannt) Ar¹ (geoffenbart), ἐν φωνῇ gelesen. Lat ist schwierig in Lesart und Überlieferung: die Hss. haben initium per consummationem, Lat[c] hingegen liest initium habet pariter et consummationem (»Wie nämlich alles, was in der Welt geworden ist, einen Anfang hat und gleicherweise ein Ende ...«). Doch V. 6 spricht nicht für diese Auffassung, sondern für die durch Syr Ar¹ bezeugte Übersetzung. – Vgl. VI 1.
 6 a) Die Welt Äth; vielleicht wegen »im Wort« (siehe Anm. b) gewählt, wobei an die Schöpfung gedacht ist.
 b) Im Wort Äth; siehe Anm. 5a, was nach Hilgenfeld ἐν φωναῖς, nach Violet I ἐν φωνῇ voraussetzt.
 7 a) Der ... ist: nach Violet II ein Zusatz, der V. 7b sachlich vorwegnimmt.
 b) Vgl. VI 25; VII 27.77; XIII 23.
 8 a) Leben Äth. – Vgl. VI 25.
 b) Vgl. XII 34; XIII 48f.; Apc Bar(syr) 29,2; 40,2; 71,1. – Siehe auch Volz: Eschatologie, S. 108f. 343f.
 9 a) Gepeinigt werden Äth; nach Volkmar καταπληγήσονται statt καταπλαγήσονται. Anscheinend war ein bloßes Staunen der Äth ebenso zu wenig wie der Lat[c], die miserebuntur statt mirabuntur liest. – Vgl. VII 24.81–87; Apc Bar(syr) 25,3; 51,4.

371

meine Wege mißachten, und in Martern werden die bleiben[b], die sie verachtet[c] und verworfen haben[d]. 10 Denn alle, die mich in ihrem Leben nicht erkannt haben, als sie von mir Wohltaten empfingen[a], 11 und alle, die mein Gesetz verschmäht haben, als sie noch die Freiheit hatten[a], 12 und den Raum der Buße[a], als er für sie noch offen war, nicht wahrnahmen, sondern verachteten, die müssen nach dem Tod in der Marter[b] zur Erkenntnis kommen. 13 Du also forsche nicht weiter[a], wie die Frevler gepeinigt werden, sondern frag, wie die Gerechten gerettet werden[b], denen die Welt[c] gehört und wegen derer sie ist, und wann[d].

14 Ich antwortete und sagte[a]: 15 Einst[a] habe ich gesagt und ich sage es jetzt und werde es später sagen, daß die, die zugrunde gehen, mehr sind als die, die gerettet werden[b], 16 wie die Flut mehr ist als der Tropfen[a]. Er antwortete mir und sagte[b]: 17 Wie der Acker, so die Saat; wie die Blumen, so die Farben; wie die Arbeit, so das Werk[a]; wie der Bauer, so die Ernte[b]. Denn es gab eine Zeit der Welt, 18 als ich den Gegenwärtigen, bevor sie wurden, die Welt bereitete, in der sie wohnen sollten, damals hat mir niemand widersprochen; 19 denn niemand war vorhanden. Jetzt aber sind sie, geschaffen in dieser bereiteten Welt, an einem unerschöpflichen Tisch[a] und auf einer nie

b) Und gemartert werden im Gericht Äth, vgl. Arm: propterea stat et manet iis paratum iudicium pro eo. Will Äth die Bestrafung in den Akt des Gerichts verlegen?

c) Meine Satzung verschmäht Äth; die Furcht vor mir abgeworfen Ar[1], vgl. VIII 28.

d) Und mich verachtet haben Äth.

10 a) Als ich ihnen wohltat (half) Syr Äth.

11 a) Damit ihnen Freiheit zuteil werde Ar[1]. – Vgl. VII 79; VIII 56; Apc Bar(syr) 85,7.

12 a) Paenitentiae Lat Ar[1]; der (meiner) Langmut Syr Äth. Beides ist nach dem Zusammenhang gut möglich. Violet II vermutet, daß mit Blick auf Hebr 12,17 (Sap 12,10[20]); Clem Rom I 7,5) »Buße« statt »Langmut« eingesetzt wurde. Vgl. Apc Bar(syr) 12,4; 48,29.

b) In der Marter Lat Ar[1].

13 a) Adhuc noli curiosus esse Lat.

b) Leben werden Syr Äth, vgl. Ar[2] (sondern erstrebe das Leben eines Gerechten).

c) Die Welt, die kommt 1 äth. Hs; sachlich richtig hinzugefügt.

d) Gunkel übersetzt: »wem der Äon gehöre, um wessentwillen er sei und zu welcher Zeit«. Doch selbst, wenn Lat so verstanden werden könnte, die anderen Übersetzungen sprechen nicht dafür. Vgl. VIII 51.55; Sir 3,21f.; Apc Bar(syr) 48,48; 51,3; 14,18; 15,7.

14 a) Sagte zu ihm Äth. – Der vierzehnte Gesprächsgang umfaßt nach Harnisch: Der Prophet: IX 14–25: Vorhaltung (IX 14–16), Abweisung (17–25). Nach Brandenburger: Die Verborgenheit, umfaßt der zwölfte: IX 14–22.

15 a) Vgl. VII 47.

b) Die leben werden Syr Äth.

16 a) Vgl. IV 50.

b) Sagte zu mir Äth.

17 a) Wie das Werk, so das Gericht Äth Geo, vgl. Ar[1]; qua ratione opera sunt, eadem et mercedes Arm; wie das Werk, so auch die Düfte Syr. Ist in Syr rjhn' aus djn', vgl. Äth Ar[1,2], verdorben (so Violet I), das seinerseits κρίσις statt κτίσις voraussetzt (Myers) etwa unter dem Eindruck des Kontextes?

b) Vgl. VII 35; IV 30.32.35.39; VIII 41.

19 a) Tisch Syr Äth Ar[2]; Lat liest mense statt mensa.

›versagenden Weide‹ᵇ, verdorben in ihrem Verhaltenᶜ. 20 Da betrachtete ich meine Welt, und siehe, sie war verdorbenᵃ, und meine Erdeᵇ, und siehe, sie war in Gefahr wegen der Machenschaften derer, die in sie gekommen warenᶜ. 21 Ich sah esᵃ und verschonte ein klein wenigᵇ und rettete mir eine Beere von der Traube und einen Sproß von dem großen Waldᶜ. 22 So gehe denn die Menge zugrunde, die nutzlos geboren ist, und gerettet werde meine Beere und mein Sproß, denn ich habe sie mit viel Mühe zustande gebrachtᵃ. 23 Wenn du aber wieder sieben weitere Tage wartest – faste aber nicht mehr an ihnenᵃ, 24 sondern geh auf eine blumige Wieseᵃ, wo kein Haus gebaut ist, iß nur von den Blumen der Wieseᵇ, genieße kein Fleisch und trinke keinen

---

b) Lege investigabili Lat Äth Syr, die wohl νόμος statt νομός lasen (Volkmar). Nach Violet II geht auch das Adjektiv »unerforschlich« (Gunkel: geheimnisvoll) auf eine Textverderbnis zurück: »Hier ist einmal ein hebräischer Textfehler sicher, da alle Übersetzer auf ἀνεξιχνίαστος zurückführen«; dies weise nur auf *jn ḥqr* zurück, *ḥqr* aber sei verlesen aus *ḥsr* »Mangel«, vgl. Ps 23,1f. Nach Kaminka: Beiträge, S. 606, wurde *ḥwq* (wie Prv 30,8; 31,15 »tägliche Nahrung) als Gesetz mißverstanden. Die Folge war, daß aus *l' jḥsr* – investigabili, d.i. *l' jeḥāqer* wurde«.

c) Moribus eorum Lat; in ihren Taten Syr Äth: durch böse Werke Ar¹; vgl. VII 119; VIII 31.

20 a) Gen 6,11f.; vgl. Apc Bar(syr) 56,10f.

b) Orbem meum Lat; mein Weltall Syr; meine Welt Äth; samt der bewohnten (Erde) Ar¹.

c) Propter cogitationes, quae in eo advenerunt Lat; um ihres Werkes willen, das auf der Erde ausgesät war Äth; um der Werke willen, die in ihr waren Ar¹. Doch dürfte das Verhalten der Bewohner (so Syr: wegen des Gebarens ihrer Bewohner) gemeint sein. – Vielleicht liegt cogitationes das hebr. *mḥšbt* zugrunde (Myers).

21 a) Ich ging hin Äth.

b) Ein klein wenig Syr; ganz wenig Äth; eis vix valde Lat. Gunkel übersetzt »mit Müh und Not«, Myers: with great difficulty; doch nach dem Kontext ist wohl »ein klein wenig« gemeint; siehe aber V. 22.

c) Von dem großen Wald Syr Äth (Ar¹); vom Gehölz Ar²; de tribu multa Lat, die nach Hilgenfeld, Volkmar, Gunkel, Box, Violet I, Myers φύλης statt ὕλης gelesen habe. F. Zimmermann: Underlying Documents, S. 117, verweist auf *nṣr mmṭh gdwl* »a shoot from a great branch«.

22 a) Von der Terminologie (Beere von der Traube; Sproß von dem großen Wald) in V. 21 scheint auf die Erwählung Israels verwiesen zu werden. In V. 22 jedoch dürfte die Rettung weniger Menschen im Endgericht angesprochen sein. Harnisch: Verhängnis, S. 140, ist der Auffassung, es handle »sich in 4 Esr 9,21f. also nicht um eine Beschreibung der Erwählung Israels, sondern um die der Bestimmung eines eschatologischen Rests, der (im Gegensatz zu der übrigen Menschheit) unversehrt aus dem Endgericht hervorgeht. Der eschatologischen Errettung einer unscheinbar kleinen Anzahl von Gerechten wird die Vernichtung der überaus großen Menge aller übrigen entsprechen.«

23 a) Ar¹ ist gegenteiliger Meinung: Du aber, wenn du weitere sieben Tage fastend zubringst, ebenso Äth: wenn du aber wiederum sieben Tage betest und fastest. – Das Fasten aber wird Esra untersagt, weil »in den drei Visionen das Traurige abgemacht ist, jetzt die helle Seite folgt, die sichere Auferbauung der heil. Stadt (in der vierten Vision)« (Volkmar).

24 a) Feld Äth Ar¹.

b) Von den Blumen der Wiese Lat Syr Arm. Wahrscheinlich ist Pflanzenkost (Kräuter) gemeint, vgl. V. 26, so deuten Ar¹: von jenem Grünen und den duftigen, wohlriechenden Kräutern allein, und Ar²: die Blüte der Kräuter und Halme des Grases. Äth nimmt die Aussage noch allgemeiner: von der Frucht des Feldes allein.

Wein, sondern (iß) nur Pflanzen[c]   25 und flehe den Höchsten unablässig an
–, dann will ich kommen und mit dir reden.

26[a] So ging ich, wie er mir gesagt hatte, auf das Gefilde, das Ardat[b] genannt
wird, und setzte mich dort in die Blumen; von den Kräutern des Feldes aß
ich, und ich wurde von dieser Speise satt.   27 Als[a] ich nach sieben Tagen im
Gras lag, wurde mein Herz wiederum erregt wie früher.

28 Mein Mund tat sich auf, und ich begann vor dem Höchsten zu reden und
sagte: 29 O Herr[a], du hast dich unter uns sichtbar unseren Vätern in der
Wüste[b] geoffenbart, als sie aus Ägypten auszogen und in die unwegsame[c] und
unfruchtbare Wüste kamen. Da hast du gesagt: 30 Du, Israel, hör auf
mich! Same Jakobs, lausche meinen Worten[a]!   31 Denn seht, ich säe in euch
mein Gesetz[a]; es wird in euch Frucht[b] bringen, und ihr werdet dadurch Ruhm
erwerben in Ewigkeit[c].   32 So empfingen unsere Väter das Gesetz, hielten es
aber nicht, und die Satzungen, bewahrten[a] sie aber nicht. Die Frucht des Ge-

---

c) Flores Lat; Blumen Syr; Baumfrucht Äth; wohlriechende Kräuter Ar[1]. – Zur Bedeutung,
die die Veränderung der Situation hat, vgl. Brandenburger: Die Verborgenheit, Kap. 3.1.

26 a) Hier beginnt die vierte Vision: IX 26–X 59. Der erste Gesprächsgang umfaßt nach Harnisch: Der Prophet: IX 26–42a: Klage (IX 27–37), Erkundigungsfrage (40), Antwort (41),
Aufforderung (42a).
b) Arpad Syr Äth; Ardab Arm; Araab Ar[1]. Wie der Name ursprünglich lautete, und was er
bedeutete, ist bis heute nicht klar. Volkmar denkt an Arbah (ᶜrbh »Wüste«), was Violet II als
»sicher irrig« ansieht. Gunkel hält Ardaf (Lat[M]) für ursprünglich: »Ein Feld in der Nähe Babylons, oder vielleicht ein eschatologischer Geheimname: Name der Stätte, da das himmlische Jerusalem offenbar werden soll«. Violet II folgt Arm Ardab und verweist auf E. Preu-
schen: Ardaf IV Esra 9,26 und der Montanismus, ZNW 1 (1900), S. 265. Völter: Die Visionen des Hermas, S. 47, betrachtet Adar (Lat[S*]) als originäre Lesart unter Verweis auf ᵓdr Mi
4,8–10. Rendel Harris: Rest of the Words of Baruch, Cambridge 1889, S. 35, sieht ᵓrbᶜ (Kir-
jath) – Arba d. h. Hebron, hinter dem geheimnisvollen Namen stehen, vgl. Apc Bar(syr) 47,1.
Box weist nach Gry auf ᶜdr Jos 12,14 hin, und Hilgenfeld betrachtet Arpad mit Syr Äth (vgl. 2
Kön 18,34; Jes 26,19; 37,13; Jer 49,23) als die richtige Lesart. Gry folgt Ar[1] und sieht in
Araab eine Abkürzung für ᵓrᶜ ᵓlwhj ᵓbwtjnw »Land des Gottes unserer Väter«. Billerbeck, IV
812 Anm. 1, ist der Meinung, der Name des verborgenen Landes sei auf ᵓrṣ ḥdšh »Neuland«
zurückzuführen. Dem käme Ardat (Lat[CV] Ardas) nahe. Auch sachlich hat diese These vieles
für sich, da auf dem Feld noch kein Haus gebaut sein soll (V. 24), es also unberührtes Land
ist.
27 a) Wörtlich: Und es geschah (nach sieben Tagen).
29 a) O Herr, Herr Syr; o Herr, mein Herr Äth; o Herr, Gott Ar[1] Arm.
b) Wüste des Sinai Syr.
c) Die wasserlose Arm; was Violet II bevorzugt, der beide Lesarten auf ṣjjh zurückführt.
30 a) Dtn 5,1; 6,4; Jes 1,2; Ps 50,7; Apc Bar(syr) 31,3.
31 a) Vgl. Apc Bar(syr) 17,4; 46,4; 48,22–24. – Zur Idee von der göttlichen Pflanzung vgl. J.
Maier: Die Texte vom Toten Meer II 1960, S. 89ff.
b) Früchte der Gerechtigkeit Syr; Apc Bar(syr) 32,1.
c) Und ihr werdet euch seiner in Ewigkeit rühmen Syr Ar[1.2]; und ihr werdet dadurch auf
ewig geehrt werden Äth; glorificabor in vobis Arm. Beide Möglichkeiten (»sich rühmen« und
»Ruhm bzw. Herrlichkeit erwerben«) liegen auch in Lat: et glorificamini in eo per saeculum.
Vgl. 1 QH 3,4; 11,27; 13,6.
32 a) Taten Syr; bestanden (aber nicht in deiner Satzung) Äth. Wahrscheinlich steckt hinter dem
Verbum das hebr. šmr »beachten« (Violet II).

374

setzes ging zwar nicht verloren[b]; das konnte auch nicht (geschehen), denn es war dein[c]. 33 Sie aber, die es empfangen hatten, gingen verloren, da sie nicht bewahrten, was in ihnen gesät worden war[a]. 34 Siehe, nun gilt doch die Regel: Wenn die Erde Samen aufnimmt oder das Meer ein Schiff oder ein Gefäß[a] Speise oder Trank, und wenn dann zugrunde geht[b], 35 was gesät oder eingefüllt oder hineingetan wurde, wird dies zwar zugrunde gehen[a], die Behälter aber bleiben erhalten. Bei uns aber ist es nicht so geschehen. 36 Wir, die wir das Gesetz empfangen haben, gehen, wenn wir sündigen, zugrunde samt unserem Herzen, das es aufgenommen hat. 37 Das Gesetz[a] aber vergeht nicht, sondern bleibt in seiner Herrlichkeit[b]. 38 Als ich dies in meinem Herzen sprach und mit meinen Augen hinter mich blickte, sah ich auf der rechten Seite[a] eine Frau. Und siehe, diese klagte und weinte mit lauter Stimme und war in ihrer Seele sehr betrübt. Ihre Kleider waren zerrissen und Asche lag auf ihrem Kopf[b]. 39 Ich ließ die Gedanken fahren[a], in denen ich

b) Und es entstanden Früchte deines Gesetzes, unvergängliche Syr. Auch Lat kann in diesem Sinne verstanden werden. Doch der Kontext wie auch Äth (davon ging aber die Frucht deines Gesetzes nicht zugrunde), und Ar¹ (und die Frucht, die im Gesetz ist, ist nicht abgefallen), sprechen eher für die oben stehende Übersetzung; vgl. Volkmar, Gunkel, Rießler, Myers.

c) Da sie (die Frucht) von dir herrührt Ar¹. Gemeint ist aber doch wohl, daß das Gesetz von Gott stammt.

33 a) Ar² interpretiert im allgemeinen Sinn und Bezug: Und wer das Gebot empfing und es nicht hielt, kam um.

34 a) Vas aliud Lat; ein anderes Gefäß Syr geht sicherlich auf $k^e l \hat{i}$ '$\bar{a}h\bar{a}d$ zurück, wobei wohl '$aher$ gelesen wurde, vgl. Violet II.

b) Exterminetur Lat; zerstört werden Syr; untergeht Äth; verdirbt Ar¹; weggeworfen wird Ar².

35 a) Exterminentur Lat.

37 a) Dein Gesetz Syr Arm.

b) Apc Bar(syr) 77,15. – Auf dem »Kontrast zwischen der Unvergänglichkeit des dem Menschen eingegebenen Gesetzes und der zu erwartenden Vernichtung der Gesetzesempfänger basiert Esras spezieller Einwand in den Versen 34–37. Die Art seiner Argumentation ahmt dabei – ein interessanter Nebenzug – die weisheitliche Argumentation des Engels Uriel aus zahlreichen Gesprächsgängen in visio 1–3 nach. Esra macht also geltend: In der erfahrbaren Welt, und das heißt hier in der von Gottes Weisheit durchwalteten und geordneten Schöpfung, gilt eine ganz andere Regel, ein anderes Prinzip. Esra wendet also ein, nach der in der Schöpfung geltenden Ordnung Gottes dürfte das gegenwärtige Gottesvolk, auch wenn es durch Sünde gezeichnet ist, nicht ins Verderben gehen«, Brandenburger: Die Verborgenheit, 3.2 bei Anm. 12. Bis 9,37 verbleibt Esra, wie Brandenburger (z.B. 2.6 vor Anm. 99) richtig hervorhebt, bei seinem Widerstand; er behält »die Rolle des Widerparts bei«, ist also keineswegs ein Überwundener und Geläuterter. »Esra bleibt bohrend Fragender und Widerpart auch auf der Basis solcher Äußerungen, bei denen er sich in der Sache der Position des Engels nähert«, Brandenburger: Die Verborgenheit, 2.6, Anm. 91. Die Wandlung erfolgt erst in dem Gespräch mit der 9,38 erschienenen Frau, wo Esra plötzlich die Position des Engels vertritt. Jetzt ist er bereit und würdig, die apokalyptischen Geheimnisse zu empfangen (visio 5–7) und sie seinem Volk mitzuteilen (visio 7); vgl. Brandenburger: Die Verborgenheit, Kap. 3. Zu dieser Wandlung möchte der Verfasser von 4 Esra seine Leser führen.

38 a) Vgl. IV 47; Lk 1,11; Mk 16,5.

b) Vgl. die Zeichen der Trauer in 2 Sam 13,19; Judt 9,1.

mich aufgehalten hatte, wandte mich nach ihr um und sagte zu ihr: 40 Was
weinst du, und warum bist du so betrübt in deiner Seele? Sie sagte zu
mir: 41 Laß mich, mein Herr, über mich weinen und weiter[a] trauern; denn
mir ist bitter weh in der Seele, und ich bin tief gebeugt. 42 Ich sagte zu ihr:
Was ist dir zugestoßen? Sag es mir!

Sie sagte zu mir[a]: 43 Deine Magd war unfruchtbar[a] und hatte nicht geboren, obwohl ich dreißig Jahre mit meinem Mann lebte. 44 Ich betete aber
täglich und stündlich in diesen dreißig Jahren zum Höchsten bei Tag und bei
Nacht[a]. 45 Da erhörte nach dreißig Jahren Gott deine[a] Magd. Er sah meine
Erniedrigung, achtete auf meine Bedrängnis und gab mir einen Sohn. Ich
freute mich sehr über ihn samt meinem Mann und allen Nachbarn[b], und wir
gaben dem Gewaltigen[c] die Ehre[d]. 46 Und ich zog ihn mit vieler Mühe
auf[a]. 47 Als er herangewachsen war, ging ich daran, ihm eine Gemahlin zu
nehmen und bereitete den Hochzeitstag[a]. X 1 Als aber mein Sohn sein
Brautgemach betrat, fiel er um und war tot. 2 Da stießen wir alle die Lampen um[a], und alle meine Nachbarn standen auf, um mich zu trösten. Ich blieb
ruhig[b] bis zum nächsten Tag, bis zur Nacht. 3 Als aber alle aufgehört hat-

---

39 a) Und ich verharrte noch in meinen Gedanken Ar¹. Volkmar vermutet, daß damit ein
συνῆκα (statt ἀνῆκα, Violet II ἀφῆκα) gedeutet sei.

41 a) Zimmermann: Underlying Documents, S. 111, hält »weiter« (adiciam) für verdächtig wegen X 4 und vermutet, hier sei *swp* »destroy, come to an end« mit *jsp* »add« verwechselt worden. Die Vermutung ist m.E. unbegründet.

42 a) Sie antwortete und sagte zu mir Syr. – Der zweite Gesprächsgang umfaßt nach Harnisch:
Der Prophet: IX 42b–X 17a: Bericht (IX 42b–X 4), Zurechtweisung (X 5–17a).

43 a) Vgl. Gen 11,30; Jdc 13,2; 1 Sam 1,5.

44 a) Ar¹ (daß er meinem Leib Frucht schenke) fügt das Ziel, Ar² (weil mir kein Kind zuteil geworden war) den Grund der Bitte hinzu.

45 a) Die Stimme deiner Magd Syr; seine Magd Äth Ar¹. Siehe V. 43, wo Äth »ich« statt »ich,
deine Magd« liest.
  b) Omnes cives mei Lat Arm; alle Leute (Kinder Syr) meiner Stadt Syr Äth Ar¹·².
  c) Gott Äth Arm Ar¹.
  d) Honorificavimus Lat; wir priesen Syr Äth Ar¹·²; glorificavimus Arm.

46 a) Ar² fügt hinzu: und er gelangte zur Reife.

47 a) Diem epuli Lat; Tag des Mahles und einer großen Lustbarkeit Syr; ein Fest Äth; Tag der
Freude und Wonne Ar², diem laetitiae Arm; eines Tages ein Gelage Ar¹. Gemeint ist das
Hochzeitsmahl; vgl. Mt 22,2; Lk 14,16.

X 2 a) Da löschten wir unsere Lampen aus Äth; da stieß ich die Lampen um Syr, vgl. Apc 2,5;
und unsere Lampe kehrte zur Dunkelheit zurück, als sie erlosch Ar¹; und es ward das Licht
unserer Leuchte zur Trauer Ar²; et abstulimus lucem et surgere fecimus loco magnae laetitiae
luctum immensum Arm.
  b) Ich schwieg Äth Ar². Violet II denkt an *häh^a šîtî* »ich blieb untätig, wartete ab wie Richt.
18,9, wo LXX ἡσυχάζετε (aber A σιωπᾶτε), 1 Kön. 22,3, wo LXX irrig σιωπῶμεν bietet.
Aus dieser Undeutlichkeit entspringt die Unsicherheit« im folgenden Vers. F. Zimmermann:
Underlying Documents, S. 124, vermutet eine Verwechslung von *nāh* »be quiet« und *'nh*
»sigh, goan«.

ten, mich zu trösten, damit ich zur Ruhe käme[a], stand ich in der Nacht auf, floh und kam, wie du siehst, auf dieses Feld. 4 Ich gedenke, nicht mehr in die Stadt zurückzukehren, sondern hier zu bleiben. Ich werde nicht essen und nicht trinken, sondern unablässig klagen und fasten, bis ich sterbe. 5 Da ließ ich die Reden[a], mit denen ich bisher beschäftigt war, antwortete ihr voll Zorn und sagte: 6 Du törichtste von allen Frauen, siehst du nicht unsere Trauer und das, was uns zugestoßen ist? 7 Zion, unser aller Mutter[a], ist in tiefster Trauer, sie ist in äußerste Erniedrigung geraten[b]. 8 Jetzt ist es angebracht, heftig zu klagen[a], denn wir alle klagen, und traurig zu sein[b], denn wir alle sind in Trauer. Du aber trauerst allein um deinen Sohn[c]. 9 Frag doch die Erde, dann wird sie dir sagen, daß sie es ist, die über so viele klagen müßte, die auf ihr aufgewachsen[a] sind: 10 Aus ihr sind von Anfang an alle

3 a) Und nachdem sie alle eingeschlafen waren und glaubten, daß auch ich schliefe Syr; und darauf, als alle ruhten und abließen, mich zu ermahnen Äth; ich aber war bei mir von Traurigkeit umfangen Ar[1]; da glaubten die, welche bei mir waren, daß ich nicht mehr an sie dächte und eingeschlafen sei Ar[2]; et factum est, ut cessarent omnes a consolando me, tacui et ego Arm. Anscheinend bereitete das Verständnis und die Übersetzung der hinter ut quiescerem stehenden Vorlage Schwierigkeiten, für die Hilgenfeld ὡς ἂν ἡσυχάσαμι, Violet II καὶ ὡς ἡουχάσα[σα] vorschlägt, und führte zu verschiedenen Interpretationen.

5 a) Sermones Lat; verba mea Arm; meine Gedanken Syr Äth Ar[1]. Violet II verweist auf hebr. haddᵉbārîm »Angelegenheiten«; den gleichen Hinweis gibt Kaminka: Beiträge, S. 606.

7 a) Vgl. Apc Bar(syr) 3,1; Jes 50,1; Gal 4,26; Jer 50,12; Hos 4,5.
b) Äth interpretiert: Bezüglich Zions ... waren wir alle in Betrübnis und befanden uns sehr in Trübsal; vgl. Arm, die von der Trauer »über Zion« spricht und dann Jerusalem als Subjekt einfügt: super Sionem ... gemendo gemit Jerusalem et tristis et afflicta valde.

8 a) Die Textüberlieferung ist recht uneinheitlich, auch innerhalb Lat (lugere Hs. A, lugete S, luget CV, lugetque L, luge tu MN, et luget Lat[c]), scheint aber im ganzen ausdrücken zu wollen, daß die klagende Frau eigentlich über Zion Trauer empfinden müsse: Jetzt aber gilt es zu klagen Syr Ar[1]; und jetzt steht es dir wahrhaftig zu, trübe zu sein und zu trauern Äth; und wenn es nötig ist und du durchaus weinen mußt Ar[2]. Darum dürfte in Lat lugere (mit Hs. A, Violet I) vorzuziehen zu sein. Arm versteht die Aufforderung umgekehrt: Die Frau solle ihre (private) Klage aufgeben: et nunc non luges multo magis.
b) Und zu trauern Äth; tristes estis (sumus Lat[c]) Lat, wobei jedoch R. Weber, Biblia Sacra, aus Ambrosius, De excessu fratris I 66, tristes este übernimmt. Lat hat nach Hilgenfeld λυπεῖσθε statt λυπεῖσθαι gelesen. Lugete (siehe Anm. a) wäre dann eine Angleichung im Sinne der 2. Person Plural.
c) Syr fügt hinzu: wir aber, die ganze Welt, um unsere Mutter. Violet II ist der Auffassung, daß die Beifügung »sich als griech. Zusatz durch den Gebrauch von ›Welt‹ verrät«; sie sei durch die falsche Satzabtrennung – »Du ... Sohn« gehöre als Vordersatz zum folgenden – hervorgerufen worden; vgl. zum Inhalt V. 7.

9 a) Geboren Äth; welche auf ihr waren Syr Ar[1]; tantorum super eam germinantium Lat. R. Weber, Biblia Sacra, bietet: tantorum superstes germinantium mit der Bemerkung: »superstes legimus cum Ambrosio«. Lat[c] liest casum tantorum ..., was Hilgenfeld (τὸ πτῶμα) in den Text aufnimmt. Superstes bringt einen anderen Akzent in die Rede Esras; die Erde trauert nicht, weil sie am Ende allein übrigbleibt, sondern wegen der vielen, die ins Verderben gehen (V. 10). Kaminka: Beiträge, S. 606, deutet: die »aus ihr ausgewandert sind, da vom Schicksal Israels und nicht vom allgemeinen Leben und Sterben die Rede« sei. Doch dagegen spricht V. 10.

geborena, und andere werden kommen; doch siehe, fast alleb gehen in das Verderben, und ihre Menge wird vernichtet. 11 Wer also muß mehr klagen? Nicht sie, die eine so große Menge verloren hat? Oder etwa du, die du nur um einen klagst? Wenn du mir aber sagen wirst: 12 Mein Jammer gleicht nicht dem der Erde; denn ich habe die Frucht meines Leibes verloren, die ich unter Wehen geboren und mit Schmerzen zur Welt gebracht habea, 13 der Erde aber geht es nach dem Lauf der Erde: die Menge, die auf ihr da war, ist dahingegangen, wie sie auch gekommen ist, so sage ich dir: 14 Wie du mit Schmerzen geboren hast, so gab auch die Erde ihre Frucht, den Menschen, am Anfang dem, der sie gemacht hata. 15 Halte also nun deinen Schmerz bei dira selber zurück und trag das Unglück tapfer, das dir zustießb. 16 Wenn du nämlich dem Beschluß Gottesa recht gibstb, wirst du deinen Sohn zu seiner Zeit zurückerhaltenc und unter den Frauen gepriesen werdend. 17 Geh also in die Stadt zu deinem Mann.

Da sagte sie zu mira: 18 Das tue ich nicht. Ich will nicht in die Stadt gehena, sondern hier sterben. 19 Ich aber fuhr fort, zu ihr zu reden, und sag-

---

10 a) Gunkel: Aus ihr haben wir alle den Anfang genommen; vgl. Lat^A** initia sumimus (Violet I).

   b) Paene omnes Lat; alle Syr Äth. Auch Ar^1.2 machen keine Einschränkung. Violet II, der »alle« übersetzt, fragt: »Lat. schwächt absichtlich ab durch Zusatz von ›paene‹? ... oder will er ἅπαντες oder σύμπαντες wiedergeben? Oder ist ... ἀνὰ πάντες vorauszusetzen?« Doch auch VII 48 findet sich die Einschränkung, nach der nicht alle verloren sind. »Die genannten Aussagen lassen deutlich erkennen, daß die literarische Intention des Verfassers von 4 Esr darauf abzielt, die vom Seher vertretene Position im Verlauf des Dialogs ins Wanken zu bringen« (Harnisch: Verhängnis, S. 230). Vgl. Zur unterschiedlichen Stellungnahme der Versionen: Thompson: Responsibility, S. 303–310.

12 a) Großgezogen habe Syr. In Äth Ar^1.2 Arm steht »und zur Welt gebracht habe« nicht.

14 a) Statt »dem, der sie gemacht hat« liest Äth: um ihrer Frucht willen, die ihr Schöpfer ihr gegeben hat. Nach Ar² liegt der Vergleichspunkt in »Leid und Anstrengung«, mit denen die Frau ihren Sohn gebar und die Erde ihre Früchte hervorbringt. Jedoch scheint einfach die Geburt des Sohnes und die »Geburt« des Menschen aus der Erde gegenübergestellt zu sein: Wenn die Frau klagt, müßte ja auch die Erde klagen. Vgl. III 5; VII 116; Apc Bar(syr) 48,46; Gen 2,7.

15 a) In deinem Innern Syr; halte jetzt diesen deinen Kummer von dir fern Äth.

   b) Äth fügt hinzu: an Schmerz und Gericht. Die Frau soll sich anscheinend an der Erde ein Beispiel nehmen: Wie diese, soll auch sie nicht klagen.

16 a) Des Höchsten Syr. Dies betrachtet Violet II als ursprünglich, da der Apokalyptiker »Gott« vermeide.

   b) Der Satz wird verschieden aufgefaßt: Si enim iustificaveris terminum dei Lat; denn, wenn du das Urteil des Höchsten als gerecht erkennst Syr; denn, wenn du Gott für gerecht hältst, der dich sieht (bzw. dir hilft) Äth; denn, wenn du das Urteil Gottes hinnimmst Ar¹; denn du hast dich dem Herrn widersetzt Ar². Der Sinn ist, daß die Frau sich der Anordnung Gottes fügen soll. Vgl. PsSal 3,3; 4,9; 8,7.

   c) Arm interpretiert: nam et tuus filius surget tempore suo.

   d) Vgl. Gen 30,13; Jdc 5,24; Lk 1,42; Judt 13,18; Apc Bar(syr) 54,10.

17 a) Der dritte Gesprächsgang umfaßt nach Harnisch: Der Prophet: X 17b–24: Weigerung (X 17b–18), Zurechtweisung (19–24).

18 a) Gehen und nicht zu meinem Mann Syr Ar¹.

teᵃ: 20 Führ das nicht aus, was du gesagt hastᵃ, sondern laß dich gerne überreden durchᵇ Zions Unglückᶜ und dich trösten durch Jerusalems Schmerz. 21 Denn du siehst dochᵃ, daß unser Heiligtum verwüstet ist, unser Altar niedergerissen, unser Tempel zerstört, 22 unsere Harfen auf den Boden geworfenᵃ, unser Lobgesang verstummt, unser Jubel verschwunden, das Licht unseres Leuchters erloschen, die Lade unseres Bundesᵇ geraubt, unsere Heiligtümerᶜ entweiht, der Name, der über uns ausgerufen wurde, entehrtᵈ, unsere Edlen mißhandelt, unsere Priester verbranntᵉ, unsere Leviten in die Gefangenschaft geführt, unsere Jungfrauen beflecktᶠ, unsere Frauen vergewaltigt, unsere Gerechtenᵍ verschleppt, unsere Kinderʰ entführtⁱ, unsere jungen Männer zu Sklaven und unsere Helden schwachᵏ geworden sind. 23 Aber mehr als all das: Zion ›ist versunken‹ᵃ. Denn es ist jetzt seiner Herrlich-

---

19 a) Sagte: nein, Frau, nein, Frau Syr.

20 a) Noli facere sermonem hunc Lat. Im Blick auf *hdbr hzh* kann man auch übersetzen: Tu das nicht!, vgl. V. 5.

b) Wörtlich: wegen Lat^C(ME), Arm, Bensly.

c) Dieser erste Teil der Mahnung wird von den Übersetzungen verschieden aufgefaßt: sed consenti persuaderi propter (quid enim Hs. AS, vgl. Lat^c) casus Sion Lat; sondern überzeuge dich von dem Unglück Zions Syr, deren Auffassung Lat^AS nahekommen; stimme mir zu und schicke dich in das Gericht Zions Äth; sondern tröste dein Herz mit dem Unglück Zions Ar¹; sondern bedenke, was Zion zugestoßen ist Ar². Violet II korrigiert den Text: sondern jammere mit mir über das Unglück Zions und weine mit mir über das Leid Jerusalems. Doch besteht angesichts Lat Syr Äth Arm – auch Ar¹·² sprechen nicht für die vorgeschlagene Änderung – kein Anlaß, den zweiten Teil der Mahnung zu ändern. Ebenso ist die Korrektur des ersten Teils textlich ungesichert. Esra will die Frau mit dem Hinweis auf das viel größere Unglück Zions von ihrer Klage abbringen.

21 a) Zu V. 21.22 vgl. Thr 1,4f.; 1 Makk 1,39; 1,46; 2,7–12; Judt 4,12; Apc Bar(syr) 5,1.

22 a) Und unsere Liturgie (unser Psalmengesang Äth) abgeschafft Syr Äth.

b) Unseres Gesetzes Äth Ar².

c) Unsere Heiligen Syr, was nach F. Perles: Notes critiques, S. 184, *qᵉdošenû* statt *qᵒdāšenû* voraussetzt.

d) Paene profanatum Lat. Violet II verweist auf Fiebig, der an das rabbinische *kibjākōl* »sozusagen« = »sit venia verbo« denkt. Es ist der Name Gottes, nach dem sein Volk benannt ist: Volk Jahwes.

e) Lamentati sunt Arm, was auf κλαίοντες statt καίοντες zurückgeht, so Perles, a.a.O., der Arm für die richtige Lesart hält; vgl. Thr 1,4. Anscheinend ist auf den Brand des Tempels beim Fall Jerusalems angespielt (Gunkel). Das wird auch von Syr nahegelegt: im Feuer brennend. Kaminka: Beiträge, S. 607, vermutet, daß ursprünglich *lᵉḥärpāh* statt *liśrepah* stand: unsere Priester in Schmach.

f) Getötet Äth.

g) Seher Syr. Violet I, II vermutet wohl mit Recht, daß *ḥzjn* aus *ḥsjn* »unsere Frommen« (so auch Ar²), Übersetzung von *ḥsjdjm*, verderbt ist.

h) Schauenden Syr. Violet I, II denkt an eine Verderbnis des *wdjqjn* aus *wdqjqjn* (II: *wdqdqjn*) und »unsere Kleinen« bzw. aus *wzdjqjn* und »unsere Gerechten«. Letzteres wird von R.J. Bidawid als verbesserte Lesart in den Text aufgenommen.

i) Entführt Äth; geraubt Ar¹; proditi Lat.

k) Besiegt Arm. Box verweist auf ἀδυναμοῦνται.

23 a) So mit Zimmermann (s.u.); Lat Syr Ar¹ lasen »Siegel«. Signaculum Sion, quoniam resigna-

379

keit beraubt, und in die Hände derer ausgeliefert, die uns hassen[b]. 24 Daher
schüttle deine große Trauer ab und tu deine vielen Schmerzen ab, daß dir der
Gewaltige gnädig sei[a] und der Höchste dir Ruhe schenke, ein Ausruhen von
deinen Leiden.

25 Als ich so zu ihr sprach, siehe da erglänzte plötzlich ihr Gesicht sehr und
ihr Aussehen wurde wie das Leuchten des Blitzes[a], so daß ich große Angst
hatte, mich ihr zu nähern; mein Herz war sehr erschrocken[b], und ich über-
legte, was das bedeuten solle. 26 Und siehe, plötzlich schrie sie mit lauter,
Furcht einjagender Stimme, so daß die Erde von dem Schrei erbebte. Und als
ich hinsah, 27 siehe, da war die Frau für mich nicht mehr zu sehen, sondern
eine Stadt war erbaut[a], und es zeigte sich ein Ort mit gewaltigen Grundmau-
ern. Ich fürchtete mich, schrie mit lauter Stimme und sagte[b]: 28 Wo ist der
Engel Uriel[a], der am Anfang zu mir gekommen ist? Denn er hat mich in diesen großen Schrecken geraten lassen. Nun ist mein Ziel[b] zunichte gemacht,

ta est de gloria sua nunc Lat; in bezug auf das Siegel (Zeichen) Zions: daß das Zeichen ihrer
Herrlichkeit jetzt weggenommen ist Syr; Versiegelt ist Zion und ihre Ehre von ihr gewichen
Äth; daß sie das Siegel, welches in Zion war, zertreten und sie zu einer ruhmlosen gemacht
haben Ar[1]; und der Auflösung der Herrlichkeit Zions Ar[2]; contumelia affecta est Sion, sicut
vas inutile, et soluta est de gloria sua Arm. Text und Sinn dieses Versteiles sind unklar. Violet
II schlägt folgende Übersetzung vor: »(aber mehr als alles) die Versiegelung Zions! Denn versiegelt ist sie jetzt aus ihrer Herrlichkeit.« Das hinter signaculum σφραγίς stehende ḥtm sei irrig ḥotām gelesen worden, richtig sei ḥᵃtom = das Versiegeln. Er erklärt: »versiegelt = abgeschnitten von ihrer Herrlichkeit«. Für Violets Interpretation könnte Äth sprechen, falls nicht
im Blick auf 1 Sam 4,21f. der schwierige Text gedeutet wurde. F. Zimmermann: Underlying
Documents, S. 121, bemerkt: »Signaculum and the verb resignata are not in agreement ... I
would suggest that the text read ṭābᵉᶜat ṣjwn ›Zion has sunk low‹ ... The translator read ṭabba-
ᶜat ›seal‹.« Vgl. Gry z. St. Sicher ist, daß der zweite Teil des Verses von der Auslieferung in
die Hände der Feinde spricht. Was ausgeliefert wurde, wird verschieden bestimmt: das Zeichen der Herrlichkeit Syr; wir Äth Arm; die Herrlichkeit Ar[2]; das Siegel Ar[1] und nach Gunkel auch, trotz der Fem.-Endung, Lat: »Das femininum resignata-tradita ist abhängig von
σφραγίς (signaculum).« Eher dürften sich aber die beiden Verba auf Zion beziehen. resignare
bedeutet »entsiegeln, trennen, lösen«; vgl. Georges HW II 2344f. In diesem Sinn hat auch Syr
den Text verstanden, vgl. Arm.
    b) Vgl. Apc Bar(syr) 3,5; 6,9.
24 a) Vgl. Apc Bar(syr) 84,10.
25 a) Vgl. Dan 10,6;
    b) Mein Herz war sehr erschrocken Syr Äth Ar[1] Arm.
27 a) Eine gebaute Stadt Syr Äth Ar[1.2] Arm, während Lat »participium verbo finito reddidit«
(Hilgenfeld): civitas aedificabatur. Ar[1] interpretiert: Und sie erschien mir nicht mehr gleich einer Frau, sondern gleich einer gebauten gewaltigen Stadt. – Vgl. X 53; Apc 21,9–21; Hebr
11,10.
    b) Der vierte Gesprächsgang umfaßt nach Harnisch: Der Prophet: X 27b–33: Frage (X 27b–
28), Rückfrage (31), Auskunft (32), Lehreröffnung (33).
28 a) Vgl. IV 1; V 20; Hen(äth) 21,9; 27,2.
    b) Finis meus Lat; mein Ende Syr Äth Ar[1]. Violet I, II meint, es müsse ein Parallelwort zu
»Bitte« stehen und rät auf »mein Gebet«; vgl. Box. Kaminka: Beiträge, S. 138, denkt an ein
fehlerhaftes taklîtî für toḥaltî. Gry übersetzt »persuasion« und vermutet eine Vertauschung
von pjjsj und sjjpj. Die Lesart »finis, Ende« dürfte sich aus τέλος der Vorlage erklären (vgl.
Violet II).

und meine Bitte ist zuschanden geworden.　29 Als ich das sagte[a], siehe da kam der Engel zu mir, der am Anfang zu mir gekommen war. Er sah mich,　30 und siehe, ich lag wie tot da. Mein Verstand war entschwunden. Da faßte er mich an der rechten Hand, stärkte mich, stellte mich auf die Füße und sagte mir[a]:　31 Was fehlt dir? Warum bist du erregt, und weshalb ist dein Verstand[a] und der Sinn deines Herzens verwirrt? Ich sagte:　32 Weil du mich ganz verlassen hast. Ich habe nämlich nach deinen Worten gehandelt und bin auf das Feld hinausgegangen. Und siehe, ich sah und sehe, was ich nicht erklären kann. Er sagte zu mir:　33 Steh da wie ein Mann[a]! Dann will ich dich belehren.

Ich sagte:　34[a] Rede, Herr! Nur[b] verlaß mich nicht, damit ich nicht grundlos[c] sterbe.　35 Denn ich habe gesehen, was ich nicht kannte[a], und gehört, was ich nicht verstehe.　36 Oder täuschen sich[a] meine Sinne[b], und träumt meine Seele?　37 Nun also bitte ich dich, daß du deinem Knecht dieses Entsetzliche[a] erklärst. Er antwortete mir und sagte:[b]　38 Hör mir zu! Ich will dich belehren[a] und dir sagen, wovor du dich fürchtest; denn der Höchste hat dir große[b] Geheimnisse geoffenbart.　39 Er hat deine Rechtschaffenheit[a] gese-

---

29 a) Sagte, während ich wie tot auf der Erde lag Syr; siehe V. 30.
30 a) Vgl. V 14f.; VII 1f.; Dan 8,17f.; 10,9f.; Apc 1,17; Ez 2,1f.
31 a) Dein (der) Verstand Lat Syr Ar¹ Arm. Violet II hält diese Wendung für eine Randglosse, weil ein Verbum fehlt. Das kann kein hinreichender Grund sein.
33 a) Stell dich auf deine Füße Syr; vgl. V 15; VI 13.17; X 30.
34 a) Der fünfte Gesprächsgang umfaßt: X 34–57: Lehranforderung (X 34–37), Lehrauskunft (38–57); vgl. Harnisch: Der Prophet, der allerdings noch XIII 54–55 hinzunimmt, wozu jedoch kein Grund besteht.
    b) F. Zimmermann: Underlying Documents, S. 109, hält die Lesart der Vulgata »loquere, Domine meus, tu in me« *(dbr bj 'dwnj)* für besser. Jedoch ist tantum me (noli derelinquere) Lat auch von Syr Äth Arm (Ar¹·² »aber«) bezeugt.
    c) Frustra Lat Arm; vorzeitig Syr Ar¹·²; plötzlich Äth. Gunkel übersetzt »schuldlos« mit Verweis auf *ḥinnām*. Aber das ist wohl nicht der Sinn der Aussage, sondern die Tatsache, daß Esra die Vision nicht deuten kann und daher aus Enttäuschung oder, weil er sie nicht verkraften kann, stirbt.
35 a) Was ich (noch) nicht gesehen habe Äth Ar¹ Arm.
36 a) Ist verwirrt Äth Ar².
    b) Sensus meus Lat; mein Verstand Syr Äth Ar¹; mens mea Arm. Vgl. Apc Bar(syr) 55,4.
37 a) De excessu hoc Lat; diese fürchterliche Vision Syr; de his mirabilibus Arm; die Bedeutung dieser dunklen Rede Ar¹.
    b) Sagte zu mir Äth.
38 a) V 39; VII 49.
    b) Multa Lat Syr Arm; ein verborgenes (Geheimnis) Äth; gewaltige Ar¹. Wellhausen hat sicherlich mit Recht darauf hingewiesen, daß das als Vorlage vorauszusetzende rb(jm) hier mit »groß(e)«, nicht mit »viel(e)«, vgl. Ar¹, zu übersetzen ist: »Nach Wellhausens Meinung bedeutet rb hier ›groß‹; das ist wahrscheinlich« (Violet II). – Vgl. XII 36.38; XIV 5; Dan 2,28f. u.ö.; Hen(äth) 103,2
39 a) Rectam viam tuam Lat; deine Aufrichtigkeit Syr; deine Gerechtigkeit Äth; die Geradheit deines Herzens Ar¹; rectitudinem tuam Arm.

hen, daß du nämlich unablässig um dein Volk getrauert und sehr um Zion geklagt hast. 40 Das ist der Sinn der Vision[a]: Die Frau, die dir vor kurzem erschien, 41 die du trauern sahst und die du trösten wolltest 42 – jetzt aber sahst du nicht mehr die Gestalt einer Frau, sondern es erschien dir eine erbaute Stadt[a] – 43 und die[a] dir vom Unglück ihres Sohnes erzählte: dies ist die Deutung[b]: 44 Diese Frau, die du gesehen hast, ist Zion, das du jetzt als erbaute Stadt schaust. 45 Daß sie dir gesagt hat, sie sei dreißig Jahre lang unfruchtbar gewesen: Weil die Welt dreitausend Jahre[a] existierte, während in ihm (Zion) noch kein Opfer dargebracht wurde. 46 Aber nach dreitausend Jahren erbaute Salomon die Stadt und brachte Opfer dar[a]. Damals gebar die Unfruchtbare den Sohn. 47 Daß sie dir gesagt hat: »Ich habe ihn mit Mühe großgezogen« – das ist (die Zeit), als Jerusalem bewohnt war. 48 Daß sie dir gesagt hat: »Als mein Sohn sein Brautgemach betrat, ist er gestorben«, und, daß das Unglück sie getroffen habe – das ist die Zerstörung Jerusalems. 49 Siehe, du hast ihre Gestalt gesehen, wie sie um den Sohn klagte, und hast begonnen, sie über das zu trösten, was ihr zugestoßen war. Das war dir zu eröffnen[a].

50 Da nun der Höchste sah, daß du im Gemüt betrübt bist und von ganzem Herzen um sie Leid trägst, zeigte er dir den Glanz ihrer Herrlichkeit und die Schönheit ihrer Pracht[a]. 51 Darum nämlich sagte ich dir, du solltest auf dem Gefilde bleiben[a], wo noch kein Haus erbaut ist. 52 Denn ich wußte, daß der Höchste[a] dir dies[b] zeigen wollte. 53 Deshalb habe ich dir gesagt, du solltest auf das Feld[a] kommen, wo noch kein Fundament eines Gebäudes gelegt ist. 54 Denn es kann kein menschliches Bauwerk an dem Ort bestehen, wo die Stadt des Höchsten sich zeigen soll[a]. 55 Fürchte dich also nicht, und

40 a) Hiervon (dies Äth) also ist die Rede Syr Äth; hae res sunt Arm; das ist die Bedeutung Ar[1].
42 a) Vgl. VII 6; VIII 52.
43 a) Wörtlich: und daß sie.
    b) Violet II hält »dies ist die Deutung« für einen griechischen Zusatz.
45 a) Lat, ebenso V. 46 (in 45 außer Hs. A: tria milia): drei Jahre; multos annos (in V. 46 postea) Arm. Nach Violet II hat Lat das griechische Zahlenzeichen ,γ = 3000 mit γ = 3 verwechselt. – Vgl. AssMos 1,1f.
46 a) Vgl. Apc Bar(syr) 61,2; 1 Kön 6,1; 8,5.
49 a) Haec erant tibi aperienda Lat; und dies alles hat Gott dir gezeigt Ar[2]; fehlt in Syr Äth Ar[1] Arm. – Esra hat, wie der Engel in V. 49 sagt, »Zion gegenüber das prophetische Trostamt wahrgenommen«, Brandenburger: Die Verborgenheit, 3.6 vor Anm. 63. Es wird ihm bestätigt, daß er seine Rolle gewechselt hat.
50 a) Vgl. Ex 25,9.40; Hebr 11,10; Apc Bar(syr) 32,4; 59,4.
51 a) Mich erwarten Syr.
52 a) Gott Äth.
    b) (Dies) alles Syr Äth Ar[1] Arm.
53 a) An einen Ort Syr; auf dieses Land, an einen Ort Ar[1]; in hunc locum Arm; dahin Äth.
54 a) Wo der Höchste zeigen will Äth Ar[1] Arm. – Vgl. Hebr 11,10.

dein Herz erschrecke nicht, sondern geh hinein und schau die Pracht[a] und die Größe des Baus, soviel deine Augen zu fassen und zu sehen vermögen[b]. 56 Und danach hör, soviel deine Ohren zu fassen und zu hören vermögen. 57 Denn du bist selig vor vielen und wirst bei dem Höchsten mit Namen genannt[a] wie nur wenige[b]. 58 Bleib aber morgen Nacht (noch) hier. 59 Dann wird dir der Höchste in Traumgesichten zeigen, was der Höchste tun wird[a] an denen, die in den letzten Tagen[b] auf der Erde wohnen. 60 So schlief ich[a] jene Nacht und auch die folgende, wie er mir gesagt hatte.

XI 1 In der zweiten Nacht sah ich einen Traum[a]:
Siehe, aus dem Meer stieg ein Adler[b] auf, der zwölf Flügel und drei Köpfe hatte. 2 Ich sah, und siehe, er breitete[a] seine Flügel über die ganze Erde aus, und alle Winde des Himmels[b] wehten ihn an, und die Wolken sammelten sich bei ihm[c]. 3 Und ich sah, wie aus seinen Flügeln Gegenflügel[a] wuchsen; sie[b] wurden zu ganz kleinen und geringen Flügeln. 4 Die Köpfe aber ruhten;

---

55 a) Splendorem Lat; splendorem urbis Arm; das Licht der Herrlichkeit Syr; das Licht Ar²; ihr Licht Äth.
  b) Vgl., auch zu V. 55, 1 Kor 2,9; 2 Kor 12,4.
57 a) Vocatus Lat Syr Äth Ar¹; gratus fuisti Arm.
  b) Vgl. Apc Bar(syr) 66,6.
59 a) Was geschehen wird Arm.
  b) (Je) zu seiner Zeit Äth.
60 a) So schlief ich dort Syr; auch Ar¹·² fügen »dort« hinzu; et intravi in domum duabus noctibus Arm; vgl. dazu: X 2; Hen(äth) 89,50.54f.; 90,28f. und Violet II. – Hier beginnt die fünfte Vision: X 60–XII 49, die folgenden Aufbau zeigt: Einleitung (X 60), Vision (XI 1–14), Audition (XI 15–17), Vision (XI 18–36), Audition (XI 37–46), Vision (XII 1–3a), 1. Gesprächsgang (XII 3b–40a), 2. Gesprächsgang (XII 40b–49).

XI 1 a) Somnium Lat Äth; Vision Syr Ar¹; fehlt in Ar² Arm. – Zu V. 1.2 vgl. Dan 7,3ff.; Ez 17,3ff.; Gen 41,2; Apc 13,1; Jer 48,40; 49,22. – Wahrscheinlich hat der Verfasser von 4 Esra in Kap. XI und XII einen bereits vorgeformten Stoff übernommen. U. B. Müller: Messias, S. 95, denkt für die Adlervision an eine schriftliche Vorlage: »Die ursprüngliche Form der Vision umfaßte wohl 11,1b–23.25–35; 12,2a.3b« (S. 98).
  b) Ein großer Adler in seiner gewaltigen Größe Syr; vgl. Ez 17,3.7. – Die Adler-Vision (XI 1–XII 35) bietet das Traumgesicht Esras (XI 1–XII 3a), die Bitte um Erklärung (XII 3b–9) und die Deutung der Vision (XII 10–35).
2 a) Er flog Äth; et tollebat (alas suas) et volebat Arm. Vermutlich interpretiert Äth eher, vgl. V. 5, als daß sie ihre Vorlage verlesen hätte (so Violet II, der ein Mißverständnis von ἐξεπέτασεν, verändert in ἐξεπτησεν oder ἐξεπτήσατο, annimmt).
  b) Die Winde der Erde Ar².
  c) Die Wolken bei ihm: fehlt in Lat Arm.
3 a) Contrariae pennae Lat; Köpfe *('r'st)* oder Spitzen (so Violet II). In der Tat ist die Vorstellung schwierig, daß aus den Flügeln Köpfe sprossen Äth; kleine (Flügel) Syr Ar¹·²; ein anderer Flügel Arm. Die Bezeichnung dieser Art Flügel ist im Text nicht einheitlich. Sie werden in Lat zum Teil Flügelchen oder Nebenflügel (Unterflügel) genannt.
  b) Und jene Köpfe bzw. Spitzen Äth. Diese sind kleine und schmächtige Flügel, siehe Anm. a).
4 a) Größer und würdiger Ar².

der mittlere Kopf war größer[a] als die anderen Köpfe, aber auch dieser ruhte mit ihnen. 5 Ich sah, und siehe, der Adler flog[a] mit seinen Flügeln; er herrschte über die Erde und über die, welche sie bewohnten. 6 Ich sah, wie ihm alles, was unter dem Himmel ist, unterworfen war, und niemand widersprach[a] ihm, auch nicht eines von den Geschöpfen auf der Erde. 7 Ich sah, und siehe, der Adler richtete sich auf[a] seinen Krallen auf, schrie seine Flügel an und sagte[b]: 8 Wacht nicht alle gleichzeitig! Jeder schlafe an seinem Platz und wache zu seiner Zeit. 9 Die Köpfe aber sollen bis zum Ende warten[a]. 10 Ich sah, und siehe, die Stimme kam nicht aus seinen Köpfen hervor, sondern aus der Mitte seines Körpers. 11 Ich zählte seine Gegenflügel[a], und siehe, es waren acht. 12 Ich sah, und siehe[a], auf der rechten Seite erhob sich der eine Flügel und herrschte über die ganze Erde. 13 Als er aber geherrscht hatte[a], kam das Ende für ihn; er verschwand, so daß auch sein Platz nicht mehr zu sehen war[b]. Da erhob sich der zweite[c] und herrschte; dieser hielt[d] lange Zeit aus. 14 Als er aber geherrscht hatte[a], kam das Ende für ihn, so daß er nicht mehr zu sehen war wie der erste.

15 Und siehe, da erscholl eine Stimme, die zu ihm sagte: 16 Höre du, der du während dieser ganzen Zeit die Erde in der Gewalt hieltst[a]! Das verkünde ich dir, bevor du verschwinden wirst[b]: 17 Niemand nach dir wird deine Zeit behaupten, ja nicht einmal die Hälfte.

18 Dann[a] erhob sich der dritte und führte die Herrschaft wie die früheren[b]; doch auch er verschwand[c]. 19 So wurde es allen einzelnen Flügeln zuteil,

5 a) Volavit Lat Äth Ar¹; breitete aus Ar²; tollebat Arm; befahl Syr, wobei nach Hilgenfeld ἔφη statt ἔπτη gelesen wäre.

6 a) Contradicebat Lat Äth; widersetzte sich bzw. widerstand Syr Ar¹ Arm; vermochte zu streiten Ar². Violet II verweist auf *rîb*.

7 a) Auf und stand Äth Arm.
   b) Sagte zu ihnen: Geht und herrscht über die ganze Erde! Jetzt aber ruht Syr; vgl. V. 5.8. Syr erweitert den Text verschiedentlich interpretierend.

9 a) Wörtlich: aufbewahrt werden (serventur Lat).

11 a) Vgl. Anm. 3a). V. 11 dürfte bei der Überarbeitung der Vision eingeschoben worden sein, so u.a. Wellhausen: Skizzen, S. 243; Keulers: Eschatologische Lehre, S. 121. Nach U.B. Müller: Messias, S. 96, stand in V. 11 ursprünglich die Zahl 6. In der Vorlage seien es drei Häupter, 12 Flügel und 6 Nebenflügel gewesen.

12 a) Und ich sah und siehe: fehlt in Äth; und ich sah Ar² Arm.

13 a) Und ich sah, daß Syr; fehlt in Äth Ar² (Arm).
   b) So ... war: fehlt in Ar²; Syr fügt hinzu: und ich sah, und siehe.
   c) Sequens Lat.
   d) Und ... hielt Lat; und auch er regierte auf der ganzen Erde Syr; und er herrschte Ar^(1.)2.

14 a) Als er aber geherrscht hatte: fehlt in Äth Ar^1.2.

16 a) Violet II verweist auf ἐκράτησας.
   b) Bevor ... wirst: fehlt in Ar^1.2.

18 a) Und ich sah und siehe Syr.
   b) Wie seine früheren Genossen über die ganze Erde Syr; und die Regierung dieses anderen war wie die der zwei vorhergehenden Ar¹.
   c) Verschwand wie die früheren Syr.

die Herrschaft zu führen[a] und dann zu verschwinden[b]. 20[a] Ich sah, und siehe, zu ihrer Zeit richteten sich auch die folgenden Flügel[b] auf, und zwar auf der rechten Seite[c], um (ebenfalls) die Herrschaft zu führen[d]; unter ihnen gab es solche, die sie führten, doch sie verschwanden sofort wieder[e]. 21 Und von ihnen erhoben sich einige[a], führten aber nicht die Herrschaft. 22 Danach sah ich, und siehe[a], zwölf Flügel und zwei Flügelchen[b] waren verschwunden. 23 Und am Körper[a] des Adlers war nichts übrig außer den drei ruhenden Köpfen und sechs Flügelchen[b]. 24 Ich sah, und siehe[a], von den sechs Flügelchen[b] sonderten sich zwei ab, gingen hin[c] und blieben bei dem Kopf[d], der auf der rechten Seite war; die vier jedoch blieben an ihrem Platz. 25 Ich sah, und siehe[a], diese Nebenflügel[b] gedachten, sich zu erheben und die Herrschaft zu führen. 26 Ich sah, und siehe[a], der erste erhob sich, verschwand aber sofort; 27 so auch der zweite; er verschwand noch schneller als der erste. 28 Ich sah, und siehe[a], die zwei, die von ihnen noch übrig

19 a) Und so geschah es mit allen Flügeln, die ein jeder regierten Syr; und ebenso gingen alle seine Flügel heraus und herrschten einzeln Äth.
 b) Et iterum nusquam comparere Lat.
20 a) Nach Völter: Die Gesichte, S. 245, wurden V. 20–22, nach Keulers: Eschatologische Lehre, S. 121, V. 20–23 bei der Überarbeitung der Vision eingefügt.
 b) Die kleinen Flügel Syr. Demnach sind nun die Gegenflügel (so Volkmar, Violet II), wiederum beginnend mit der rechten Seite, an der Reihe.
 c) Ar[1.2] lesen »auf der rechten Seite« nicht; die Mehrzahl der äth. Hss. liest »auf der linken Seite«. Beides scheint aus der Überlegung zu kommen, daß nunmehr die Flügel der linken Seite auftreten müßten. Der gleichen Meinung ist Gunkel.
 d) Die Erde zu beherrschen Syr; die Herrschaft erhoffen Ar², ist eine Auslegung mit Blick auf den folgenden Text.
 e) Unter ... wieder Lat Syr; aber sie verschwanden schnell Äth Ar²; und es herrschte der eine und ging dann unter Ar¹.
21 a) Und es stand der andere auf Ar¹, vgl. Anm. 20e). Der Text läßt, abgesehen von Ar¹, die Zahl unbestimmt. Nach V. 22 waren zwei »Flügelchen« verschwunden. Darauf bezieht sich anscheinend Ar¹, dessen Interpretation Violet II in den Text aufnimmt.
22 a) Und ich sah nach diesem (und) Syr Ar¹ Arm; und nach diesem Äth; und ich sah auch Ar².
 b) Köpfe Äth, siehe Anm. 3a.
23 a) Vom Körper Syr.
 b) Und sechs Flügelchen: fehlt in Ar² Arm; Ar¹ fügt hinzu: die herauskamen von den zwölf Flügeln und erhoben waren. Und seine sechs Köpfe Äth, vgl. Anm. 3a. – Nach U.B. Müller: Messias, S. 96, stand in der Vorlage: 4 Nebenflügel.
24 a) Ich ... siehe Lat Syr; ich sah Ar[1.2]; fehlt in Äth. Arm. – Nach U.B. Müller: Messias, S. 96, stammt V. 24 von Pseudoesra.
 b) Köpfen Äth; vgl. Anm. 3a.
 c) Gingen hin Syr Arm.
 d) Erhoben sich unter dem Kopf Syr.
25 a) Ich sah und siehe Lat Syr. Et videbam Arm; fehlt in Äth Ar¹.
 b) Subalares Lat. Siehe zu Syr Äth Anm. 3a.
26 a) Ich sah und siehe Lat Syr Arm; ich sah Ar¹; fehlt in Äth.
28 a) Ich sah und siehe Lat Syr Arm; ich sah Ar[1.2]; fehlt in Äth.
 b) Apud semetipsas Lat.

waren, gedachten ebenfalls[b] zu herrschen.   29 Während sie aber daran dachten[a], siehe, da[b] erwachte[c] einer der ruhenden Köpfe; es war der mittlere, der
größer war als die beiden (anderen) Köpfe.   30 Ich sah[a], wie er die beiden
Köpfe mit sich verband.   31 Und siehe[a], der Kopf wandte sich mit denen
um, die bei ihm waren, und verschlang die zwei Nebenflügel[b], die zu herrschen gedachten.   32 Dieser Kopf hielt die ganze Erde in seiner Gewalt[a],
unterdrückte ihre Bewohner mit großer Bedrängnis und führte eine Gewaltherrschaft über den Erdkreis mehr als alle Flügel[b], die dagewesen waren.   33
Danach sah ich, und siehe[a], der mittlere[b] Kopf verschwand plötzlich[c] so wie
die Flügel.   34 Übrig blieben aber zwei Köpfe, die nun ebenfalls über die Erde und ihre Bewohner herrschten.   35 Ich sah, und siehe[a], der Kopf auf der
rechten Seite verschlang den auf der linken.

36 Da hörte ich eine Stimme, die mir sagte: Schau geradeaus[a] und betrachte,
was du siehst[b].   37 Ich sah, und siehe[a], es fuhr (etwas) wie ein Löwe[b] mit Gebrüll aus dem Wald[c] auf. Ich hörte, wie er Menschenstimme zum Adler hin
erschallen ließ und deutlich sagte[d]:   38 Höre du[a], ich rede zu dir. Der Höch-

29 a) Dachten, über die Erde zu herrschen Syr.
   b) Sah ich, und siehe Syr; fehlt in Ar² Arm.
   c) Schaute nach oben Ar¹; schrie Ar². Violet II vermutet, daß die Vorlage ἐγείρετο unleserlich
   war und gedeutet wurde.
30 a) Ich sah: fehlt in Äth Arm.
31 a) Und siehe: nur in Lat bezeugt.
   b) Vgl. Anm. 3a); 25b); die übrigen Flügel Ar² Arm.
32 a) Percontinuit Lat (perconterruit Lat[c]; perterruit Hss.ME).
   b) Kleinen Flügel Ar¹; Könige Ar²; letzteres ist eine verfrühte Deutung.
33 a) Danach sah ich und siehe Lat Syr; ich sah Ar[1.2] Arm; fehlt in Äth.
   b) Große Ar¹; größte Ar².
   c) Plötzlich Lat Syr, vgl. XII 2.
35 a) Ich sah und siehe Lat Syr; ich sah Ar[1.2]; fehlt in Äth.
36 a) Contra te Lat; gegenüber von dir, Esra Syr.
   b) Siehst das Ende *('jt šwlm')* Syr. Siehe V. 39.
37 a) Ich sah und siehe Lat Syr Ar¹ Arm Äth; und siehe Ar².
   b) Vgl. Dan 7,2.13; ein (der) Löwe Äth Ar² Arm.
   c) Feld Äth Ar¹.
   d) Dixit dicens Lat; redete und zu ihm sagte Syr; sagte zu ihm (Korr. statt »zu mir«) Ar¹.
38 a) Die Eigenart der Rede des Löwen bestätigt nach U.B. Müller: Messias, S. 98f., die These,
   »daß 11,36–46 nicht ursprünglich zur Adlervision gehört hat. Der offensichtliche parallelismus membrorum zeigt poetische Stilisierung. Diese entspricht der schriftstellerischen Art des
   Verfassers der ersten drei Hauptteile des Buches. Diese Stilform paßt überhaupt nicht in das
   knapp andeutende und monoton aufzählende Gesicht über die verschiedenen Häupter und
   Flügel des Adlers. Inhaltlich hat 11,38–46 seine Parallelen in 10,21ff., der Klage über die Zerstörung des Zion, ferner in allen Partien der ersten Hauptabschnitte, die sich mit dem Untergang Jerusalems beschäftigen.« Die Löwenrede »hat die Grundstruktur der prophetischen
   Gerichtsrede im AT. Auf die Einleitung mit der Aufforderung zum Hören folgt die Botenformel: ›Der Höchste spricht zu dir ...‹ Daran schließt sich die Anklage mit ihrer Entfaltung. Sie
   ist die Begründung der in V. 43 einsetzenden Gerichtsankündigung, die zunächst allgemein
   (V. 43f.) das Eingreifen Gottes ansagt, um in V. 45f. die Folge des Eingreifens zu schildern.

ste sagt dir[b]:   39 Bist du es nicht, der von den vier Tieren übriggeblieben ist, die ich gemacht hatte, damit sie in meiner Welt herrschten[a] und damit durch sie das Ende meiner Zeiten käme?   40 Als viertes bist du gekommen und hast alle vorangegangenen Tiere besiegt; du hast die Gewaltherrschaft geführt über die Welt mit großem Schrecken und über den ganzen Erdkreis mit schlimmer Drangsal; du hast so lange Zeit auf dem Erdkreis mit Hinterlist[a] gewohnt[b]   41 und nicht mit Wahrheit[a] die Erde gerichtet;   42 du hast die Sanften[a] gequält, die Ruhigen verletzt, die Wahrhaftigen gehaßt, die Lügner geliebt; du hast die Häuser[b] der Fruchtbringenden[c] zerstört und die Mauern derer, die dir nichts Böses taten, eingerissen.   43 Deine Schmährede stieg auf zum Höchsten und dein Hochmut zum Gewaltigen.   44 Und der Höchste sah seine Zeiten an, und siehe: sie waren zu Ende, und seine Welten: sie waren vollendet.   45 Darum mußt du ganz sicher verschwinden[a], du Adler, deine schrecklichen[b] Flügel, deine schlimmen Nebenflügel[c], deine bösen Köpfe, deine schlimmen Krallen und dein ganzer verruchter[d] Körper,   46 damit die ganze Erde sich erholt, befreit von deiner Gewalt zur Ruhe kommt[a] und auf das Gericht und das Erbarmen ihres Schöpfers wartet.

XII   1 Während der Löwe[a] diese Worte zum Adler sprach, sah ich[b],   2 und

V. 45 hat sogar noch das charakteristische *lkn* der prophetischen Gerichtsrede bewahrt.« – Vgl. Apc Bar(syr) 36,7–11. – Du Adler Syr. Vgl. Apc Bar(syr) 77,20.
b) Zur Rede des Löwenähnlichen vgl. Apc Bar(syr) 36,7–11.
39 a) Statt »damit sie in meiner Welt herrschten« liest Ar[1]: seit dem Anfang der Welt. Lat liest (ausgenommen Hs. A: saeculi mei) in saeculo meo. Syr Äth Ar[2] Arm lesen »über meine Welt«. Weber, Biblia Sacra, zieht die Lesart von Hs. A vor.
40 a) Mit Betrug und List Ar[1]; mit Heimtücke und Gewalttätigkeit Ar[2]; fraude Arm.
   b) Mit Syr Ar[1,2] Arm in der 2. Person übersetzt. Lat und Äth bieten hier in V. 40 die 3. Person (veniens ... devicit ... tenens ... inhabitabant Lat).
41 a) Mit Ungerechtigkeit Syr; nicht mit Gerechtigkeit Äth Ar[2].
42 a) Die Gebeugten und Wahrhaftigen Syr; die Gerechten Äth.
   b) Burgen Syr Ar[1,2]; Festungen Äth Arm.
   c) Qui fructificabant Lat; die Überfluß haben Syr; der Gerechten Äth; der Vollkommenen Ar[1]; der ruhigen Leute Ar[2]; opulentium Arm. – Nach E. Schürer: Geschichte III, S. 323, weisen die Aussagen »du hast die Häuser der Fruchtbringenden zerstört und die Mauern derer, die nichts Böses taten, eingerissen« auf die Zerstörung Jerusalems durch die Römer (70 n. Chr.) hin.
45 a) Non apparens non appareas Lat; die gleiche Stilfigur auch in Syr Äth Ar[1] Arm.
   b) Höchsten Syr; sündigen Äth.
   c) Köpfe Äth, vgl. Anm. 3a).
   d) Vanum Lat; verhaßter und böser Syr; ungerechter Äth Arm; lasterhafter Ar[1]; übler Ar[2].
46 a) Ut refrigeret omnis terra et revertetur (so Hss.AS; revertatur Lat[c]; releveur Hss.CL) Lat; auf daß zur Ruhe komme und erleichtert werde die ganze Erde Syr; daß sich ausruhe die Erde und sich erhole Äth; auf daß die Erde Ruhe und Leben und Erholung finde Ar[1]; sondern die Erde wird vor dir Ruhe finden Ar[2]; ut requiescat terra et avelletur omnis mundus Arm. – Vgl. Jes 14,7.

XII 1 a) Der Barmherzige Äth: Verwechslung von λέων mit ἐλεῶν (Hilgenfeld).
   b) Sah ich: fehlt in Äth Ar[1,2] Arm.

siehe[a], der übriggebliebene Kopf verschwand[b]. Die zwei Flügel aber, die sich zu ihm begeben hatten, erhoben sich, um zu herrschen; ihre Herrschaft war schwach[c] und voll von Wirren. 3 Ich sah, und siehe[a], auch sie verschwanden. Der ganze Körper des Adlers ging in Flammen auf, und die Erde erschrak[b] sehr.

Ich[c] aber erwachte vor vielem Entsetzen[d] und großer Furcht und sagte zu meinem Geist: 4 Siehe, das hast du mir verschafft, weil du nach den Wegen des Höchsten forschst.[a] 5 Siehe, nun ist meine Seele sehr müde, und in meinem Geist bin ich ganz schwach[a]; nicht einmal eine geringe Kraft ist in mir wegen der großen Furcht geblieben, die ich in dieser Nacht ausgestanden habe. 6 Jetzt aber will ich den Höchsten bitten, daß er mich stärkt bis zum Ende[a]. 7 Ich sagte: Herrscher, Herr, wenn ich vor deinen Augen Gnade gefunden habe, wenn ich bei dir vor vielen gerechtfertigt[a] bin und wenn mein Gebet wirklich vor dein Angesicht[b] gekommen ist, 8 stärke mich und zeig mir, deinem Knecht, die Deutung und Erklärung dieser schrecklichen Vision[a], damit du meine Seele vollkommen tröstest. 9 Denn du hast mich für würdig gehalten, mir das Ende der Tage[a] und den Schluß der Zeiten zu

2 a) Und siehe: fehlt in Äth Ar[1.2].
b) Verschwand plötzlich Syr Ar[2]; vgl. XI 33. In Lat Textverderbnis: comparuerunt quattuor, wobei δε zu δ' verlesen sein könnte.
c) Exile Lat; hatte ein Ende Syr; gelangte zum Untergang Ar[1]; war ein Verschwinden der Köpfe Ar[2].

3 a) Ich sah und siehe Lat; ich sah Syr Ar[1]; fehlt in Äth Ar[2] Arm.
b) Staunte Ar[2] Arm. U. B. Müller: Messias, S. 97, rekonstruiert für die Vorlage, die Pseudoesra übernommen und überarbeitet hat, das Ende der Adlervision so: Danach schaute ich und siehe, das rechte Haupt verschlang das linke. (Da) schaute ich, wie auch das letzte Haupt verschwand und der ganze Leib des Adlers in Flammen aufging; da staunte die Erde gewaltig; vgl. XI 35; XII 2.3. Die Vision vom Löwen (XI 36–46) ist nach Müller Zutat Pseudoesras.
c) Der erste Gesprächsgang umfaßt XII 3b–40a: Klage und Informationsbitte (XII 3b–9a), Lehrauskunft, Deutung (9b–40a).
d) Vor vieler Erregung Syr; infolge des vielen Forschens Äth; vor gewaltigem Schreck Ar[1]; a magna admiratione Arm; a tumultu excessu Lat. Nach Hilgenfeld hat Äth. ἐξέτασις und ἔκστασις verwechselt.

4 a) Vgl. III 31; IV 2.4. 10f. 23; V 34.40

5 a) Die beiden Sätze werden in den Übersetzungen unterschiedlich in der 1. oder 3. Person wiedergegeben (beide in der 1. Lat; beide in der 3. Äth Ar[1.2]; wechselnd Syr Arm). – Vgl. Apc Bar(syr) 55,6.

6 a) Immerdar Äth; auf die Dauer Ar[2]. Esra bittet um Stärkung bis zum Ende der Vision.

7 a) Iustificatus Lat, vgl. Lk 18,14; (und wenn mir wirklich bei dir) mehr Heil (beschert) ist Syr; begnadigt Äth; mir Rettung von dir (zuteil) Ar[2]; si beatus praedicatus sum Arm; wenn du mich mehr geehrt hast, als ich verdiene, und mich über mein Vermögen erhoben hast Ar[1]; vgl. zu V. 7–9: Apc Bar(syr) 38,1f.; 3,2.
b) Zu der Hoheit deines Angesichts Syr.

8 a) Dieses Gesichts, das ich gesehen habe Syr. Der Zusatz ist, da dḥjl' »fürchterlich« nicht im Text erscheint, vielleicht durch Verlesung in dḥzjt entstanden (Violet I). – Zur Bedeutung von V. 8 vgl. Brandenburger: Die Verborgenheit, Kap. 2 Anm. 55 u. 56.

9 a) Tage und Zeiten: Syr Ar[1] Arm haben verschiedene Ausdrücke, Lat beide Male temporum.

388

zeigen. Da sagte er zu mir[b]: 10 Das ist die Deutung der Vision[a], die du gesehen hast: 11 Der Adler, den du vom Meer aufsteigen sahst, das ist das vierte Reich, das in einem Gesicht[a] deinem Bruder Daniel[b] erschienen ist. 12 Es wurde ihm aber nicht gedeutet, wie ich es jetzt dir deute oder (bereits) gedeutet habe[a]. 13 Siehe, Tage kommen, da wird sich ein Reich auf der Erde erheben; es wird furchtbarer[a] sein als alle Reiche, die vor ihm gewesen sind. 14 In ihm werden zwölf Könige herrschen, einer nach dem anderen. 15 Aber der Zweite, der regiert, wird die längste Regierungszeit von den zwölf haben. 16 Das ist die Deutung der zwölf Flügel, die du gesehen hast. 17 Und wenn du die Stimme gehört[a] hast, die redete und nicht aus den Köpfen hervorkam, sondern mitten aus seinem Körper, 18 so ist dies die Erklärung[a]: Mitten in der Zeit[b] jenes Reiches werden nicht geringe Streitigkeiten

b) Violet II vermutet nach den Worten Esras eine Lücke im Text, weil »der Engel, der« XII 40 »weggeht, gar nicht eingeführt ist«. Ar[1,2] lesen: Und er erschien mir und sprach zu mir (bzw. so sprechend), bieten also eine entsprechende Einführung. – Und er antwortete und sprach zu mir Syr.

10 a) Des Traums Äth. – Die geschichtliche Deutung der Adler-Vision ist schwierig; die dabei vertretenen Hypothesen sind zahlreich. Meist wird – und dies wohl mit Recht – angenommen, »daß das Adlergesicht in seiner jetzigen Gestalt nicht am Ende des ersten christlichen Jahrhunderts geschrieben sein kann, sondern in späterer Zeit überarbeitet worden ist« (Keulers: Eschatologische Lehre, S. 118); siehe die Anm. zu XI 11.20. Keulers (S. 118) nimmt als »sehr wahrscheinlich« an, »daß diese Überarbeitung im Jahre 218 stattgefunden hat, ... weil nur in diesem Falle die zur Erklärung des Gesichtes erforderliche Zahl der Kaiser gefunden wird«. Es ist zweifellos schwierig – siehe den Überblick über die Forschungsgeschichte bei Keulers (S. 116–122) –, »die ursprüngliche Gestalt der Vision wiederherzustellen. Zwei Dinge sind jedoch sicher: Der zweite Flügel, der länger als alle andern regiert, ist Augustus, und die drei Häupter sind die drei Flavier«: Vespasian, Titus und Domitian (S. 121). Der Interpolator der Vision hat demnach in der folgenden Deutung die Worte »zwei von ihnen werden zugrunde gehen, wenn die Mitte der Zeit naht« (V. 20f.) »eingefügt; außerdem hat er in 11,1; 12,14.16 die Zahl 6 in 12 und 12,20 die Zahl 6 in 8 geändert« (S. 121). Unter diesen Voraussetzungen ergibt sich dieses Bild: »die sechs Flügel sind die sechs Julier, die drei Häupter die drei Flavier, die sechs Gegenflügel Galba, Otho, Vitellius, Civilis, Nerva und Trajan« (S. 122). Nach Myers, S. 299–302, der ebenfalls einen Forschungsüberblick bietet, ist es klar, daß mit dem Adler das Römische Reich, mit den 3 Häuptern die drei Flavier, mit dem lange Regierenden Augustus, mit den 12 Flügeln wohl die Kaiserreihe von Cäsar bis Domitian gemeint ist »The identity of the eight rival wings, or winglets or sub-wings, cannot be determined with any degree of certainty« (S. 301).

11 a) Daniel im Traum Äth.
   b) Dan 7,7f.23; vgl. Apc Bar(syr) 39,5.

12 a) Oder ... habe Lat Syr, nach Violet I eine alte Glosse.

13 a) Furchtbarer Syr Äth Ar[1] Arm; stärker an Schrecken Ar[2]; timoratio Lat[A], timor acrior Lat[Sc], timor Lat[CME]. Bensly, Violet verbessern: timoratior.

17 a) Gehört Lat Arm; gesehen Syr Äth Ar[1].

18 a) Interpretatio Lat Ar[1]; die Rede Syr Äth Arm, wobei Violet II auf λόγος (dābār) schließt und übersetzt: »So ist dies der Sinn«.
   b) Quoniam post tempus Lat; weil zwischen der Zeit Syr; aus der Mitte des Körpers Äth; siehe in der Zeit Ar[1]; quod in medio tempore Arm. Nach dem Zusammenhang ist »mitten in der Zeit« die richtige Lesart, so auch Schürer III 319, nach Hilgenfeld, Violet II griech. μεταξύ, wobei Lat μετά las.

entstehen, und es wird in Gefahr geraten, zu Fall zu kommen. Es wird dann aber nicht fallen, sondern wiederum in seiner Macht[c] gefestigt werden. 19 Und wenn du acht Nebenflügel gesehen hast, die aus seinen Flügeln[a] hervorgingen[b], 20 ist dies die Erklärung[a]: In ihm werden sich acht Könige erheben, deren Zeiten flüchtig sind und deren Jahre rasch vorübereilen. Zwei von ihnen werden zugrunde gehen, 21 wenn die Mitte der Zeit naht[a]. Vier aber werden für die Zeit aufbewahrt, wenn das Ende seiner[b] Zeit herannahen soll, zwei jedoch werden für das Ende aufbewahrt. 22 Und wenn du an ihm[a] drei ruhende Köpfe gesehen hast, 23 so ist dies die Erklärung[a]: In seinen letzten Tagen[b] wird der Höchste drei Könige[c] erwecken; sie[d] werden in ihm vieles erneuern und über die Erde 24 und ihre Bewohner mit großer Plage herrschen, mehr als alle, die vor diesen gewesen sind. Deswegen wurden sie Köpfe des Adlers genannt. 25 Denn sie werden es sein, die seinen Frevel[a] auf den Höhepunkt bringen[b] und sein Ende abschließen. 26 Und wenn du gesehen hast, daß der große Kopf verschwindet, so wird einer[a] von ihnen auf seinem Bett sterben, jedoch unter Qualen. 27 Die zwei übriggebliebenen aber wird das Schwert fressen. 28 Denn das Schwert des einen wird seinen Gefährten fressen; doch auch dieser wird in der letzten Zeit unter dem

c) Machtbereich Äth; ersten Macht Ar[1]; starker Kraft Ar[2]; prima potestate Arm. initium Lat; zum ersten Anfang Syr; wobei nach Volkmar ἀρχή »Macht« im Sinn von »Anfang« mißverstanden wurde.

19 a) Köpfen Äth; vgl. Anm. XI 3a.
b) Wachsen Syr; hervorgehen Äth; ähnlich Ar[1.2] Arm; cohaerentes Lat, wobei nach Violet II συμφυόμενα statt ἀναφυόμενα gelesen wurde, während Hilgenfeld für die Lesart der übrigen συμφυέντα annimmt.

20 a) Die Rede Syr Äth Arm, siehe Anm. 18a; die Bedeutung der Rede Ar[1].

21 a) Wenn die Mitte der Zeit naht Lat Syr; mitten in ihren Perioden Äth; »mitten« fehlt in Ar[1.2] Arm. Was mit »die Mitte der Zeit« gemeint ist, bleibt unklar: die Mitte des Reiches (Gunkel, Box), Zeit des mittleren Hauptes (Violet), das Interregnum (Schürer III 319)?
b) D.h. des Reiches, so Lat (tempus eius). Violet II merkt an: »Die ›Erklärung‹ des Gesichts ist viel kürzer und dunkler als das Gesicht selber. Die Erklärung wird durch das Gesicht erklärt, nicht umgekehrt.«

22 a) An ihm Syr Äth Arm; fehlt in Lat Ar[1.2].

23 a) Die Rede Syr Äth Arm; siehe Anm. 18a.
b) Am Ende der Zeiten Syr Ar[2]; in den letzten Tagen Äth. Gemeint ist jedoch das Ende des Adlers = Reiches.
c) Regna Lat; Könige Syr Äth Ar[1] Ar[2] Arm, was auch gemeint sein muß. Lat hat βασιλείας statt βασιλεῖς (nach Volkmar, Violet, Box) gelesen.
d) Renovabit Lat Syr Äth Ar[2] Arm lesen mit Recht den Plural.

25 a) »Seinen Frevel« Lat Syr; vgl. Ar[1]: aller Heuchelei, wird von Violet II als »Randglosse eines griech. Lesers« betrachtet.
b) Erneuern Syr. Hilgenfeld nimmt ἀνακεφαλαιοῦν als Vorlage für recapitulabunt Lat an, Volkmar verweist auf das Wortspiel mit κεφαλή. Nach Violet I hat Syr ἀνακαινώσουσιν gelesen. Doch Lat wird durch »denn sie sind die Häupter« Äth und »ii erunt caput« Arm bestätigt.

26 a) Nur einer Syr; einer von ihnen ist der einzige Äth. Myers, S. 293f., verweist auf Vespasian oder Trajan.

Schwert fallen. 29 Und wenn du zwei Nebenflügel zu dem Kopf auf der rechten Seite hast übergehen sehen, 30 so ist dies die Erklärung[a]: Das sind die, welche der Höchste für sein Ende[b] aufbewahrt hat; ihre Herrschaft wird[c] schwach und voll von Wirren sein, 31 wie du gesehen hast. Der Löwe aber, den du gesehen hast, wie er aus dem Wald mit Gebrüll auffuhr, zum Adler sprach und ihm seine ungerechten Taten vorhielt[a] durch[b] alle jene Worte, wie[c] du gehört hast, 32 das ist der Gesalbte[a], den der Höchste bis zum Ende der Tage aufbewahrt, der aus dem Samen Davids hervorgehen und kommen wird[b]. Er wird mit ihnen reden[c], sie schelten wegen ihrer Frevel, ihnen ihre ungerechten Taten vorhalten[d] und ihre Übertretungen[e] vor Augen führen[f]. 33 Zunächst wird er sie lebendig[a] vor das Gericht stellen. Und wenn er sie überführt hat, wird er sie vernichten[b]. 34 Mein übriggebliebenes Volk aber, diejenigen, die in meinem Land gerettet wurden, wird er gnädig befreien[a]. Er wird ihnen Freude bereiten[b], bis das Ende, der Tag des Gerichtes kommt, über den ich am Anfang mit dir gesprochen habe.

30 a) Die Rede Syr Äth Arm; siehe Anm. 18a.
   b) (Bis) zuletzt Äth Ar[1]. Gemeint ist wohl das Ende des Adlers (so Gunkel), kaum das Weltende (Violet II), was man mit Blick auf V. 32 vermuten könnte.
   c) Erat Lat; wird Syr Äth Ar[1.2]; erit Lat[ME]; »wird« entspricht dem Zusammenhang.
31 a) Vgl. Apc Bar(syr) 40,1. – »Die Tätigkeit des Messias gliedert sich nach 12,3ff. in zwei Hauptfunktionen: a) in das Messiasgericht, das aus der Zurechtweisung der Gottlosen und ihrer Vernichtung besteht, b) in die Schaffung der Heilszeit für den Rest Israels,« Müller: Messias, S. 100.
   b) Et Lat[CME] Syr Ar[1], vgl. Äth: diese ganze Rede; secundum (omnia verba) Arm.
   c) Die (du gehört hast) Äth Arm.
32 a) Unctus Lat Arm; der Messias Syr; der König Ar[2].
   b) Der aus dem Samen Davids hervorgehen und kommen wird Syr Äth Ar[1.2]; V. 32 lautet nach Arm: ille est unctus, quem mittet Altissimus temporibus finis e gente David; ille ipse orietur et veniet. – Anscheinend fehlt in Lat ein Teil des Verses. Volkmar jedoch betrachtet (mit Hilgenfeld) den Passus als einen christlichen Zusatz. Nach J. Bloch: Some Christological Interpolations, S. 93, ist der Passus eingefügt, um den transzendenten Messias (Dan 7,13.14) mit dem irdischen zu verbinden. U.B. Müller: Messias, S. 100, schlägt vor, den Text nach den orientalischen Übersetzungen, speziell dem Syrer, zu ergänzen. Lat ergibt allerdings auch einen guten Sinn: »den der Höchste bis zum Ende im Hinblick auf sie und ihre Gottlosigkeiten aufbewahrt.«
   c) Er wird mit ihnen (ihm) reden Syr Arm; er wird mit ihnen über ihre Sünde reden Äth Ar[1]; ad eos Lat.
   d) Vorhalten Syr; vgl. Arm: redarguet. Die übrigen Übersetzungen lesen dieses zweite Verbum nicht.
   e) Spretiones Lat; Übertretung Syr. – Vgl. zu V. 32: Ps 50,7f.21, zu V. 32–34: XIII 37f.; PsSal 17,25.29.36; Apc Bar(syr) 40,1f. (so U.B. Müller: Messias, S. 102–105).
   f) Infulciet Lat; vorrücken Syr; anhäufen Äth; ponet Arm.
33 a) Zimmermann: Underlying Documents, S. 118, vermutet, daß ḥjjm (vivos) aus ḥjbjm (die Schuldigen) verlesen sei.
   b) Vgl. Apc Bar(syr) 40,1. – »Der Messias ist somit Ankläger, Richter und Vollstrecker des Urteils in einer Person«, U.B. Müller: Messias, S. 101.
34 a) Apc Bar(syr) 40,2; 29,2.
   b) Apc Bar(syr) 29,6; 55,8; 73,1f.

35 Das ist das Traumgesicht[a], das du geschaut hast, und das ist seine Deutung. 36 Nur du allein bist würdig gewesen, dieses Geheimnis des Höchsten zu erfahren[a]. 37 Schreib also dies alles, was du gesehen hast, in ein Buch und leg es an einen verborgenen Ort[a]. 38 Lehre es die Weisen aus deinem Volk, von denen du weißt, daß ihre Herzen diese Geheimnisse fassen und bewahren können. 39 Du aber bleib hier noch weitere sieben Tage, damit dir gezeigt wird, was dem Höchsten beliebt, dir zu zeigen. 40 Dann ging er von mir weg.

Als[a] aber das ganze Volk gehört hatte[b], daß ich nach Ablauf der sieben Tage nicht in die Stadt zurückgekehrt war, versammelten sich alle vom Kleinsten bis zum Größten, kamen zu mir und sagten zu mir: 41 Worin haben wir gegen dich gesündigt und womit dir unrecht getan[a], daß du uns verlassen und dich an diesem Ort niedergelassen hast[b]. 42 Du bist uns ja allein von allen Propheten übriggeblieben wie eine Traube aus der Weinlese, wie eine Leuchte an einem dunklen Ort[a] und wie der Hafen für das aus dem Sturm gerettete Schiff[b]. 43 Oder genügen uns die Leiden nicht, die uns zugestoßen sind[a]? 44 Wenn nun aber auch du uns verläßt, wieviel besser wäre es dann für uns, wenn auch wir im Brand Zions verbrannt wären[a]! 45 Denn wir sind nicht besser als die, welche dort gestorben sind. Und sie weinten[a] laut[b]. Ich antwortete ihnen und sagte[c]: 46 Hab Mut, Israel, und sei nicht traurig, du Haus Jakob[a]! 47 Denn beim Höchsten wird euer gedacht; der Gewaltige

35 a) Somnium Lat Äth; das Gesicht Syr Ar[1].
36 a) Und dich allein hat der Höchste gemacht, damit du dieses Geheimnis erfährst Äth; oder darf man interpretieren: »würdig gemacht« (so Violet I)? – Vgl. VI 32; X 38f.; XII 9.
37 a) Vgl. XIV 6.26.46; Apc Bar(syr) 20,3; 77,1f.; Dan 8,26; 12,4.9; Hen(äth) 82,1; AssMos 1,16.
40 a) Der zweite Gesprächsgang umfaßt: XII 40b–49: Klage (40b–45), Lehrauskunft, Anweisung (46–49). Vgl. V 16–18.
   b) Gesehen hatte Syr. – Vgl. Apc Bar(syr) 77,1.
41 a) Vgl. Mi 6,3.
   b) Geblieben bist Äth Arm.
42 a) Vgl. Apc Bar(syr) 77,13f.15f.; 46,1f.
   b) Wie ein Hafen des Lebens für ein Schiff, das im Sturm steht Syr; wie ein Hafen des Schiffes aus hohem Meer Äth; wie ein Rettungshafen für das Schiff bei seiner Fahrt im Meer Ar[1]; ut portus unicus servationis Arm.
43 a) Am Versende fügen hinzu: außer, wenn auch du uns verlässest Syr; daß du uns auch verlässest Ar[2]. Violet II nimmt einen Ausfall dieses Satzes an durch Homoioteleuton mit dem Anfang von V. 44. Gry dagegen meint: »Double lecture des mots qui suivent«. Letzteres ist nach dem Zusammenhang wahrscheinlicher; der Satz ist am Ende von V. 43 eher als störend zu empfinden.
44 a) Vgl. Apc Bar(syr) 33,3; AssMos 11,4.
45 a) Ich weinte Syr Ar[1]. Violet I verweist auf die »doppeldeutige Form ἔκλαιον.«
   b) Voce magna Lat Syr Äth Arm; heftig Ar[2]; mit vielen Tränen und Seufzen Ar[1].
   c) Sagte zu ihnen Syr Äth.
46 a) Vgl. Bar 4,5. Nach Brandenburger: Die Verborgenheit, Kap. 4, Anm. 76, ist V. 46f. »als Vorwegnahme des Parakletenamtes zu verstehen«.

hat euch nicht für immer[a] vergessen. 48 Ich habe euch nicht verlassen und bin nicht von euch fortgegangen, sondern (nur) an diesen Ort gekommen, um wegen der Verwüstung Zions zu beten und Erbarmen wegen der Erniedrigung unseres Heiligtums[a] zu erflehen. 49 Jetzt aber soll jeder von euch in sein Haus gehen; ich werde nach diesen Tagen zu euch kommen. 50[a] Da ging das Volk, wie ich ihm gesagt hatte, in die Stadt. 51 Ich aber saß auf dem Feld sieben Tage, wie er mir aufgetragen hatte[a] und aß nur von den Blumen[b] des Feldes; meine Nahrung waren Kräuter in jenen Tagen[c]. XIII 1 Und es geschah nach den sieben Tagen, da träumte ich in der Nacht einen Traum[a].

2 Siehe, ein gewaltiger[a] Sturm erhob sich im Meer und erregte alle seine Wogen. 3 Ich sah, und siehe, der Sturm führte aus dem Herzen des Meeres etwas wie die Gestalt eines Menschen herauf[a]. Ich sah, und siehe[b], dieser Mensch flog[c] auf den Wolken des Himmels[d]. Wohin er sein Gesicht wendete

---

47 a) In Ewigkeit Syr; in contentione Lat ist eine Fehlübersetzung; nach Hilgenfeld hätte Lat εἰς ἀγῶνα statt εἰς αἰῶνα gelesen (so auch Gunkel, Violet I), nach F. Perles: Notes critiques, S. 184f., wäre im Hebr. *lnṣḥ* gestanden, das im Griech. mit εἰς νῖκος von Lat εἰς νεῖκος gelesen, wiedergegeben gewesen wäre. Syr »a consulté l'original et a bien rendu *lnṣḥ* par *Flm*«. Violet II erscheint diese Erklärung besser als die Hilgenfelds. Unwahrscheinlich ist die Erklärung, die Kaminka: Beiträge, S. 607, gibt: »in contentione, Vulg. tentatione, syr.: für ewig, ist testatione, *lᶜed* für *lāᶜad*«.

48 a) (Wegen des Leides) unserer Fröhlichkeit Äth, wobei nach Hilgenfeld ἀγαλλίαμα statt ἁγίασμα gelesen worden wäre.

50 a) Hier beginnt die sechste Vision: XII 50–XIII 56, die folgenden Aufbau zeigt: Einleitung (XII 50–XIII 1), Vision (XIII 2–13a), 1. Gesprächsgang (XIII 13b–50), 2. Gesprächsgang (XIII 51–56).

51 a) XII 39; V 13. u.ö.
   b) Von der Frucht Äth.
   c) IX 24.26.

XIII 1 a) Ich sah ein Gesicht Syr; vgl. Arm: videbam in visione. Zu den Versuchen, die Herkunft der einzelnen Züge und Motive der Vision zu erklären und ihren Sinn und Inhalt zu deuten, vgl. U.B. Müller: Messias, S. 107–134, und seine Verweise, vor allem auf Dan 7. Mit Recht wendet er sich m. E. gegen eine Ableitung der aus dem Meer aufsteigenden Gestalt des Menschen (vgl. V. 2f.) vom Sonnengott und sagt: »Der Apokalyptiker hat ein Visionsbild konstruiert, wobei er die einzelnen Züge des Bildes den verschiedensten, ursprünglich nicht zusammengehörenden Schrifttexten des AT entnommen hat« (S. 113). Wir müssen »für den ›Menschen‹, der aus dem Meere kommt, mit den Wolken des Himmels fliegt und seine Feinde wie Wachs zerschmelzen läßt, eine besondere Ausprägung der Messiasvorstellung in Anspruch nehmen, die Elemente der Menschensohntradition aufgenommen hat« (S. 122).

2 a) Gewaltiger Syr Äth Ar¹ Arm. Bei Lat steckt das Wort wohl sinngemäß in dem folgenden ut.

3 a) Der Satz fehlt in Lat durch Homoioteleuton. – Vgl. VI 1.
   b) Ich sah, und siehe Lat Syr.
   c) Flog Syr Äth Ar^{1,2} Arm; convalescebat Lat, was Bensly, Violet in convolabat verbessern.
   d) Dan 7,13ff.

und hinblickte[e], da zitterte alles, was er ansah. 4 Wohin die Stimme seines Mundes ging, zerschmolzen[a] alle, die seine Stimme hörten, wie das Wachs schmilzt[b], wenn es Feuer spürt[c]. 5 Danach sah ich, und siehe, eine Menschenmenge, die man nicht zählen konnte, versammelte sich von den vier Winden des Himmels, um den Menschen zu bekämpfen, der vom Meer[a] aufgestiegen war. 6 Ich sah, und siehe, er schlug sich einen großen Berg los[a] und flog auf ihm[b]. 7 Ich versuchte, die Gegend oder die Stelle zu sehen, wo der Berg losgeschlagen[a] wurde, vermochte es jedoch nicht. 8 Danach sah ich, und siehe, alle, die sich gegen ihn versammelt hatten, um ihn zu bekämpfen, gerieten sehr in Furcht, wagten aber doch den Kampf[a]. 9 Und siehe[a], als er den Ansturm der herankommenden Menge sah, erhob er seine Hand nicht und griff weder zum Schwert noch zu einer anderen Waffe, sondern ich sah nur, 10 wie er aus seinem Mund etwas wie Feuerwogen und von seinen Lippen einen Flammenhauch aussandte; von seiner Zunge sandte er einen Sturm von Funken[a] aus. Alle diese vermischten sich miteinander: die Feuerwogen, der Flammenhauch und der gewaltige Sturm. 11 Es fiel auf die anstürmende Menge, die zum Kampf bereit war[a], und setzte alle in Brand, so daß plötzlich von der unzählbaren Menge nichts mehr zu sehen war außer Aschenstaub und Rauchqualm. Ich sah es und war entsetzt. 12 Danach sah ich jenen Menschen vom Berg herabsteigen und eine andere, friedliche Menge zu sich rufen. 13 Da näherten sich ihm Gestalten[a] vieler

e) Um hinzublicken Lat Syr Äth. In Äth fehlt jedoch »was er ansah« (quae sub eo videbantur Lat; vor seinem Anblick Syr; jeder, der auf ihn blickte Ar[1]), und Arm liest nur: et ubi faciem suam vertebat, so daß Violet II fragt, ob nicht eine Dopplung vorliege.

4 a) Zerschmolzen Syr Äth Ar[1]; tabescebant et liquescebant Arm; ardescebant Lat, wo wohl ἐκάησαν statt ἐτάκησαν (Hilgenfeld) gelesen.wurde.

b) Wie Wachs zerschmilzt Syr Äth Ar[1] Arm (Ar[2]); quiescit (ardescit Hs.E) terra Lat, was sicherlich aus liquescit cera – so schlagen Bensly, Violet zu lesen vor – verderbt ist.

c) Wenn es dem Feuer naht Äth Arm. – Vgl. Ps 68,3; 97,3.5; Mi 1,4.

5 a) Aus dem Herzen des Meeres Ar[1]; siehe V. 3.

6 a) Er schlug los Lat Syr Arm; er errichtete Äth; er machte Ar[1]; er öffnete (Text verderbt?) Ar[2]. – Vgl. Dan 2,45.

b) Und flog und sich darauf stellte Syr; und auf ihn hinaufstieg Ar[1]; et intrabat in eum Arm.

7 a) Errichtet war Äth; er gemacht hatte Ar[1]; (auf dem sich der Berg) geöffnet hatte Ar[2]; siehe Anm. V. 6a).

8 a) Contendebant contendendo Arm; »die anderen: ›wagten zu kämpfen‹, griech. πολεμεῖν ἐπολέμουν, verlesen in ἐτόλμων« (Violet II). Es fragt sich jedoch, ob nicht eher Arm verlesen hat.

9 a) Et ecce Lat; und ich sah Ar[2].

10 a) Tempestates Lat[c], tempestatem Lat[ME]; Bensly, Violet lesen tempestatis, was von Weber, Biblia Sacra, übernommen wird. F. Zimmermann: Underlying Documents, S. 123, meint, der Übersetzer habe ziqîn »sparks« als zîqān »storms« mißverstanden. – Vgl. Jes 11,4; Ps 18,9.13; Apc Bar(syr) 21,6; Hen(äth) 62,2.

11 a) Die zum Kampf bereit war Lat Syr Ar[1] Arm; (die ihn bestürmten,) um ihn zu töten Äth, wohl eine absichtliche (christliche?) Deutung.

13 a) Vultus Lat, von Hilgenfeld, Gunkel, Violet II auf πρόσωπα (»Personen«) zurückgeführt;

Menschen, manche freudig, manche traurig, einige gefesselt, einige diejenigen heranbringend, die dargebracht werden (sollten)[b].
Da[c] erwachte ich vor großem Schrecken, betete zum Höchsten und sagte: 14 Du[a] hast am Anfang deinem Knecht diese Wunder gezeigt und mich
für würdig gehalten[b], mein Gebet anzunehmen. 15 Zeig mir jetzt noch die
Deutung dieses Traums[a]. 16 Denn wie ich denke in meinem Sinn[a]: Weh denen, die übrigbleiben in jenen Tagen[b], und viel mehr weh denen, die nicht
übrigbleiben[c]! 17 Denn die, welche nicht übrigbleiben, müssen traurig
sein, 18 weil sie erkennen, was für die letzte Zeit aufbewahrt ist, daß sie
aber nicht dazu gelangen. Doch weh auch denen, welche übrigbleiben, 19
weil sie große Gefahren und viele Nöte schauen müssen, wie diese Träume
zeigen[a]. 20 Dennoch ist es tunlicher[a], in Gefahr zu sein und dahin zu kommen, als von der Welt wie eine Wolke zu verschwinden[b] und nicht zu schau-
en, was sich in der Endzeit ereignen wird.
Er antwortete mir und sagte[c]: 21 Ich werde dir die Deutung der Vision[a] sagen, aber dir auch Aufschluß über das geben, was du gesprochen hast. 22
Wenn du über die gesprochen hast, die übrigbleiben, und über jene, die nicht
übrigbleiben[a], so ist das die Erklärung[b]: 23 Wer die Gefahr in jener Zeit
herbeiführt[a], der wird auch die bewahren, die in Gefahr geraten, wenn sie

davon leitet Violet II auch videndum Arm ab; Gestalten Syr Ar². F. Zimmermann: Underlying
Documents, S. 118, vermutet eine Verlesung von *bnj* in *pnj*: »It is clear that we should read
›And there came to him many men‹.«
b) Einige – diejenigen heranbringend, die dargebracht werden (sollten) Lat Syr; nach Gunkel, der auf Lupton verweist, eine Anspielung auf Jes 66,20; vgl. PsSal 17,34. – »Die Samm-
lung der friedlichen Schar in 4 Esr 13,12f. umfaßt« nach U.B. Müller: Messias, S. 118f., der
auf Gunkel verweist, »Juden und Heiden«.
c) Der erste Gesprächsgang umfaßt: (XIII 13b–50): Klage (XIII 13b–20a), Lehrauskunft,
Deutung (20b–50).
14 a) Du, Herr Ar¹ Arm.
b) Und obgleich ich nicht würdig bin, hast du mich (für würdig) erachtet Syr. Violet II hält
den Satz für »sonderbar, vermutlich fehlerhaft«.
15 a) Gesichts Syr Ar¹·²; vgl. Anm. XIII 1a).
16 a) In meinem Herzen Ar¹: *bᵉlibbî*. Vielleicht ist sinngemäß zu ergänzen »so sage ich es«, vgl.
und sage Ar¹; Ar² liest für »Denn wie ich denke in meinem Sinn«: und ich sagte.
b) Vgl. VII 45; IX 14f.; Apc Bar(syr) 28,3.
c) Vgl. V 41; VI 25; VII 27; IX 7f.; 1 Thess 4,15.
19 a) Wie diese Gesichte zeigen Syr; wie es in diesem Gesicht klar geworden ist Ar¹; wie ich in
diesem Traum gesehen habe Äth; vgl. XIII 1.
20 a) Facilius Lat; nützlicher Syr; utile Arm; besser Äth Ar².
b) Vgl. Hi 7,9; 30,15; Apc Bar(syr) 82,9.
c) Sagte zu mir Äth.
21 a) Deiner Vision Syr; dieses deines Traumes Äth.
22 a) Und über jene, die nicht übrig bleiben Syr Ar¹; und nicht sein werden Äth. Über diese aber
gibt es keine Erklärung, so daß dieser Satzteil vielleicht mit Recht in Lat Arm fehlt und ein
späterer Zusatz ist. Violet II setzt ihn in Klammern.
b) So ist davon die Rede Syr Äth Arm; vgl. Anm. XII 18a.
23 a) Wer die Gefahr in jener Zeit erduldet Syr; wobei nach Violet I ὑποίσων statt ἐποίσων ge-

Werke und Glauben an den Gewaltigen[b] haben. 24 Wisse also[a], daß die Übriggebliebenen weitaus seliger sind als die Gestorbenen[b]. 25 Die Deutung
der Vision[a] aber ist folgende: Daß du einen Mann aus dem Meer hast aufsteigen sehen: 26 Das ist jener, den der Höchste lange Zeit aufbewahrt, durch
den er seine Schöpfung[a] erlösen will; er wird die Übriggebliebenen ordnen[b]. 27 Wenn du gesehen hast, daß von seinem Mund (gleichsam)[a] Sturm,
Feuer und Unwetter ausgingen 28 und daß er weder ein Schwert noch eine
Waffe führte und doch den Ansturm jener Menge zunichte machte, die gekommen war, um ihn zu bekämpfen[a], so ist dies die Erklärung[b]. 29 Siehe,
Tage werden kommen, da der Höchste die erlösen will, welche auf der Erde
sind. 30 Dann wird Entsetzen[a] über die Erdenbewohner kommen. 31 Sie
werden danach trachten, Krieg gegeneinander zu führen, Stadt gegen Stadt,
Ort gegen Ort[a], Volk gegen Volk und Reich gegen Reich[b]. 32 Wenn dies

lesen worden wäre; wer in den Nöten jener Zeit sein wird, der bewahrt sich selbst in den
Schwierigkeiten Ar[1]; diejenigen, die jenes Leid sehen werden in jenen Tagen, wird er auch
selbst bewahren Äth; beatum sit iis, qui veniant illis diebus Arm, vgl. V. 24. Violet II ist der
Ansicht, daß V. 23 »gänzlich verdorben in allen Texten« ist, und liest im Anschluß an Arm:
Selig die, welche jene Zeit sehen werden. Jedoch ergibt der Text, wie Lat ihn bietet – er wird
im Grunde gegen Arm von den anderen Übersetzungen, auch von dem wohl verstümmelten
Ar[2] bestätigt –, einen guten Sinn. Volkmar denkt hier an den Messias.
  b) Den Höchsten und Gewaltigen Syr Äth; vor dem Starken, dem Höchsten Ar[1]; (welche
Glauben) an Gott (und Werke) bei dem Höchsten (haben) Ar[2].
24 a) Sieh also Syr.
  b) Vgl. IV 12; Apc Bar(syr) 10,6; 48,41.
25 a) Deiner Vision Syr; deines Traumes Äth; siehe Anm. V. 21a.
26 a) Seine Schöpfung Syr Ar[1]; creaturam suam Lat; creaturas suas Arm; die Welt Äth; wer ihm
gehört Ar[2]. Nach Zimmermann: Underlying Documents, S. 113, wäre $b^e rij'āh$ fälschlich als
»creature« statt als »creation« interpretiert worden.
  b) Disponet Lat; er wird hinüberführen Syr; reducet Arm; er wird ordnen Äth. er wird richten und urteilen Ar[1]; er wird erlösen Ar[2] (wohl vom vorhergehenden übernommen). Violet II
vermutet als Vorlage für Lat Äth διατάξει, woraus auch die Wiedergabe von Ar[1] sich erkläre,
für Syr Arm διάξαι. Sollte im Urtext pqd gestanden haben, das im Hi. und aram. auch »verwahren« bedeutet (Dalman: Aram.-neuhebr. Handwörterbuch, S. 343a; vgl. F. Zimmermann:
Underlying Documents, S. 112)? U.B. Müller: Messias, S. 133, vermutet hinter διατάξαι bzw.
(κατα)στῆσαι das Hi. von qûm oder auch kûn »wiederaufrichten«: »Nachdem die Schöpfung
von den sündigen Völkern befreit ist (1.Teil der Aussage in 13,26), kann der Messias sich den
Übriggebliebenen Israels zuwenden (2.Teil der Aussage).« Gunkel interpretiert: die neue
Ordnung schaffen. Volkmar faßt die Aussage in folgendem Sinn: »Er wird die erretteten Gerechten regieren«, und übersetzt auch »regieren«. – Vgl. VI 25; VII 28; IX 8; XIII 16.48; Apc
Bar(syr) 29,3.
27 a) Ut Lat.
28 a) Zu töten Äth; vgl. Anm. V. 11a.
  b) So ist davon die Rede Syr Äth Arm; siehe Anm. XII 18a.
30 a) Excessus mentis Lat; großer Schrecken Syr; Schrecken und Bestürzung Ar[1]; miratio Arm.
Nach Hilgenfeld erinnert Lat an ἔκστασις διανοίας Dtn 28,28. – Vgl. V 1; VI 18f.; Apc
Bar(syr) 70,1f.
31 a) Ort gegen Ort Lat Syr Äth Arm; Haus gegen Haus Ar[1].
  b) Mt 24,7; Jes 19,2. – Arm fügt hinzu: populi cum populis, duces cum ducibus, sacerdotes
cum sacerdotibus, et fides cultus seperabitur a singulis (suis) partibus.

396

geschieht und die Zeichen eintreten, die ich dir früher verkündet habe, dann wird mein Sohn[a] sich offenbaren, den du als den heraufsteigenden Mann gesehen hast[b]. 33 Wenn alle Völker seine Stimme hören, wird jedes sein Land und den Krieg, den sie gegeneinander haben, aufgeben 34 und sich zusammenscharen, eine unzählbare Menge[a], wie du gesehen hast, daß sie aus eigenem Antrieb kamen, um ihn zu bekämpfen[b]. 35 Er wird sich auf den Gipfel des Berges Zion stellen[a]. 36 Zion wird kommen und sich allen zeigen, hergerichtet und aufgebaut[a], wie du gesehen hast, daß ein Berg ohne Menschenhände losgehauen wurde[b]. 37 Er aber, mein Sohn[a], wird die Völker, die gekommen sind, und die dem Sturm gleichen[b], wegen ihrer Sünden zurechtweisen und ihnen ihre bösen Machenschaften[c] vorhalten und die Qualen, mit denen sie gequält werden sollen (, ankündigen); 38 diese gleichen der Flamme[a]. Und er wird sie mühelos vernichten durch das Gesetz[b], das dem Feuer gleicht. 39 Und wenn du gesehen hast, daß er eine andere, friedliche Menge rief und bei sich versammelte[a], 40 so sind das die zehn[a] Stämme, die ge-

---

32 a) Mein Sohn Lat Syr Sah; mein Knecht Ar² (*'abdî, παῖς*); mein Jüngling Ar¹, was sicherlich auf παῖς zurückgeht (Violet II); Altissimus Arm; fehlt in Äth; nach Volkmar absichtlich.
b) (Dann wird sich offenbaren) jener Mann, den du aus dem Meer hast aufsteigen sehen Äth; als einen aus dem Herzen des Meeres heraufsteigenden Menschen Ar¹; er ist der aus dem Meere aufsteigende Mann Ar²; der Mensch, den du hast kommen sehen aus dem Meere Sahilische Übersetzung (von ihr sind nur Bruchstücke aus XIII 29–46 erhalten); vir ille, quem vidisti apparentem de mari Arm. Auch Lat[L] liest: de corde maris. Wenn »filius meus« christliche Deutung ist (so Violet II; vgl. Volkmar), dann kann »aus dem (Herzen des) Meer(es)« in Lat Syr weggelassen sein, weil es nicht zum Leben Jesu paßte (so Volkmar).
34 a) Vgl. Ez 38; 39; Joel 4,12; Sach 14,2.
b) Um ihn zu töten Äth; vgl. V. 11.
35 a) Die christliche Deutung schlägt in Ar² durch: Und es wird ein Mensch auf den Golgatha, welches in Zion ist, steigen.
36 a) Vgl. VII 26; VIII 52; X 50; Apc Bar(syr) 4,2–7; Apc 21,2.10.   b) Dan 2,34.
37 a) Jener Jüngling (bzw. Sohn) Äth; mein Jüngling Ar¹˙²(παῖς); siehe Anm. V. 32a. – Zu V. 37f. vgl. XII 32–34; Apc Bar(syr) 40,1f.
b) Der zweite Relativsatz ist schwer einzuordnen und zu deuten. Unklar ist, worauf er bezogen werden muß, wohl kaum auf die Sünden (so anscheinend Gunkel?) oder »auf die Worte des Messias« (Violet II), sondern eher auf die Völker: Vom Kampf gegen den Messias ist V. 34 die Rede, und die Tradition vom Völkersturm steht hinter diesem Abschnitt. Syr liest: die dem Sturm gleichen, Äth: die wie das Unwetter sind. Lat hingegen bietet adpropiaverunt (Hs. A**), adpropriaverunt (AS), appropinquaverunt (c), so daß man zwischen »gleichen« und »sich nähern« schwanken könnte; doch Syr Äth entscheiden zugunsten der besten lat. Hss. AS (auch Violet I).
c) Mala cogitamenta eorum Lat; ihre bösen Taten Syr Äth Arm; ihre eitlen Werke Ar¹; ihre Werke Ar². Hilgenfeld schließt auf κακουργίας.
38 a) Darauf wird aber der, welcher der Flamme gleicht Syr. Von Syr werden die Flammen auf den Messias bezogen, von Lat Äth auf die Qualen.
b) Et (per c) legem Lat; durch das Gesetz Syr; mit ihrer Sünde Äth. Violet II, der in der Vorlage δι᾽ ἀνομίαν vermutet – Lat Syr lasen dann διὰ νόμου – und den letzten Teil des Verses für einen Zusatz hält, folgt Äth. Gunkel übersetzt: durch sein Geheiß.
39 a) Colligentem ad se aliam multitudinem pacificam Lat; wie bei ihm viele Friedliche versammelt waren Äth; ... rief und ... Syr Ar¹.

fangengenommen worden waren in ihrem Land in den Tagen des Königs Josia[b], die[c] Salmanassar, der König der Assyrer, gefangen wegführte; er führte sie über den Fluß[d], und sie wurden in ein anderes Land gebracht. 41 Sie selber aber faßten den Plan[a], die Menge der Völker[b] zu verlassen und in ein noch mehr im Inneren gelegenes Land[c] zu ziehen, wo bisher niemals das Menschengeschlecht gewohnt hatte, 42 um wenigstens[a] dort ihre Gesetze[b] zu halten, die sie in ihrem Land nicht gehalten hatten. 43 Sie zogen also durch die engen Furten des Eufratflusses hinein. 44 Der Höchste aber tat damals Wunder an ihnen und hielt für sie die Quellen des Flusses an, bis sie hinübergegangen waren[a]. 45 Zu jenem Land aber war es ein weiter Weg, eine Reise von eineinhalb Jahren; jenes Land heißt Arzaret[a]. 46 Dann wohnten sie dort bis zur letzten Zeit. Jetzt aber, da sie wiederkommen sollen[a], 47 hält der Höchste wiederum die Quellen des Flusses an, damit sie hinübergehen können. Deshalb hast du eine im Frieden versammelte Menge gesehen. 48 Aber es sind[a] auch die, welche von deinem Volk übriggeblieben sind, das sich in meinem heiligen Gebiet befindet. 49 Dann also, wenn er die Menge der versammelten Völker vertilgen wird[a], wird er das Volk, das

40 a) Decem Lat[S]; novem Lat[ACVL] Äth Ar²; neuneinhalb Syr Ar¹ Sah (Äth: 2 Hss.). Volkmar, Hilgenfeld, Box, Rießler, Gunkel, Myers und Billerbeck IV 903–906 lesen »zehn«, vgl. 1 Kön 11,35; 2 Kön 17,6, Violet »neuneinhalb«. Nach der jüdischen Tradition waren es zehn Stämme, die aus dem Reich Israel weggeführt wurden. Vgl. Apc Bar(syr) 1,2: zehn; 62,6; 77,19 und 78,1: neuneinhalb Stämme. Siehe auch die Anm. bei Myers, S. 311.
   b) Oseae Lat[Mc], was historisch zutreffend, aber wohl nachträgliche Korrektur ist. Siehe 2 Kön 17,1–6.
   c) Quem Lat ist wohl durch falsche Beziehung des Rel.-Pronomens entstanden.
   d) Gemeint ist der Eufrat; Syr fügt den Namen bei.
41 a) Denn sie erwogen bei sich und berieten diesen Rat Syr.
   b) Die Sippe ihres Volkes Äth.
   c) In ein (-en) noch mehr im Inneren gelegenes (-en) Land (Ort) Syr Ar¹ Sah; in ulteriorem regionem Lat.
42 a) Vel Lat; 'open Syr.
   b) Legitima Lat Ar¹; Gesetz Syr Äth.
44 a) Vgl. Jos 3,15f. – Syr fügt hinzu »damit sie aber auf dem Trockenen gingen«, wobei nach Ceriani, Hilgenfeld, Violet, R. J. Bidawid bjbš' statt bjš' zu lesen ist. Ar¹ hat den Zusatz: und das Wasser floß beständig zu dem Land, wohin sie kamen.
45 a) Arsaph Syr Ar²; Asaph Äth. Arzaret wird (siehe Gunkel, Violet II, Box, Schiller-Szinessy: Journal of Philology 3 [1871], p. 114) auf 'äräṣ 'aḥärät zurückgeführt; vgl. Dtn 29,27. F. Perles: Notes critiques, S. 185, verweist darauf, daß drei lat. Hss (CVL) arzar et lesen und sagt: »Le mot était sans doute 'rzp«; dies deutet er nach Violet II als Rest von 'äräṣ ṣäpôn »Nordland«. Billerbeck tritt für die Deutung »ein anderes Land« ein (IV 812). Eine bessere Erklärung – die von Gry gebotene, der »terre de Rescapés« ('rṣ š'r) vorschlägt, ist zu kompliziert und damit unwahrscheinlich – wurde bisher nicht gefunden. Syr fügt dem Namen Arsaph hinzu »am Ende der Welt«, könnte ihn demnach, vgl. 41.46, gedeutet haben als »Land des Endes« ('ar'o sawpo').
46 a) Coeperunt Lat, was nach Violet II auf μέλλουσιν (ἤμελλον?) zurückgeht.
48 a) In Lat fehlt das Verbum. Syr fügt sinngemäß ein: werden leben (bleiben). Vgl. IX 7f.; XII 34; XIII 26; Apc Bar(syr) 29,2; 40,2; 71,1.
49 a) Apc Bar(syr) 72,2. – Vgl. zu V. 49: V. 37f.; XII 32–34; Apc Bar(syr) 40,1f.

übriggeblieben ist, beschützen.   50 Er wird ihnen viele große Wunder zeigen[a].

51[a] Da sagte ich: Herrscher, Herr, zeig mir, weshalb ich gesehen habe, daß der Mann aus dem Herzen des Meeres heraufstieg. Er sagte mir[b]:   52 Wie niemand das erforschen oder wissen kann[a], was in der Tiefe des Meeres ist, so kann auch niemand auf Erden meinen Sohn sehen[b] oder jene, die mit ihm zusammen sind[c], es sei denn zur Zeit seines Tages[d].

53 Das ist die Deutung des Traumes[a], den du geschaut hast, und deshalb ist es dir allein geoffenbart[b].   54 Denn du hast das Deinige verlassen, dich dem Meinigen gewidmet und mein Gesetz erforscht.   55 Du hast dein Leben auf die Weisheit ausgerichtet und die Einsicht deine Mutter genannt[a].   56 Deshalb habe ich dir das gezeigt; es gibt einen Lohn beim Höchsten[a]. Nach weiteren drei Tagen[b], will ich über anderes zu dir sprechen und dir schwierige und wunderbare Dinge[c] erklären.

57[a] So ging ich weg und ging auf dem Feld umher, den Höchsten sehr rüh-

---

50 a) Vgl. Apc Bar(syr) 29,6.
51 a) Der zweite Gesprächsgang umfaßt XIII 51–56; Informationsbitte (XIII 51a), Lehrauskunft (51b–56).
   b) Er antwortete und sagte zu mir Syr.
52 a) Untersuchen und finden oder wissen kann Syr; wissen kann Äth; erfassen oder erforschen kann, um zu wissen Ar[1]; erforschen kann Ar[2]; potest videre aut investigare aut scire Arm.
   b) Meinen Sohn sehen Lat Syr; den Sohn kennen (vgl. Mt 11,27) Äth; das Geheimnis meines Jünglings sehen Ar[1]; wissen, was mein Knecht ist Ar[2]; scire cogitationes (bzw. mysteria) Altissimi Arm.
   c) J. Keulers: Eschatologische Lehre, S. 81, denkt an »entrückte Gerechte der Urzeit« und verweist auf Henoch, Elija, Baruch (Apc Bar [syr] 76,2). Myers, S. 313, denkt mit Gunkel und Oesterley an die Engelscharen.
   d) Nisi in tempore diei Lat; außer in jener Zeit an seinem Tag Syr; außer zur Zeit seiner Tage Ar[1]; außer wenn seine Zeit und sein Tag gekommen ist Äth; bis daß seine Zeit da ist Ar[2]; nisi in tempore gloriosae revelationis eius Arm. Die Angabe der messianischen Zeit (»zur Zeit seines Tages«) wird teilweise interpretierend wiedergegeben. In Lat ist wohl der Ausfall von eius anzunehmen. – Nach U.B. Müller: Messias, S. 149f., bedeutet der Satz (V. 52): »Der Messias tritt erst im Eschaton in Erscheinung« und: »Der Messias ist jetzt unzugänglich und unerreichbar.«
53 a) Des Gesichts Syr Ar[1] Arm; siehe Anm. XIII 1a.
   b) Geoffenbart Syr Arm; habe ich sehen lassen Äth; inluminatus es Lat, wobei Kaminka: Beiträge, S. 607, vermutet, daß nä'ᵃmar in nä'ôr verlesen wurde. Auch Ar[1.2] scheinen die Lesart von Lat zu kennen: darum ist Licht über dir, daß du allein dies verstehst Ar[1]; gewarnt mit Licht und Leuchten Ar[2]. – Vgl. Apc Bar(syr) 38,1.
55 a) Vgl. Prv 7,4; Apc Bar(syr) 51,3.7. – Reese: Geschichte, S. 143, meint: »Es liegt auf der Hand, daß der Vf. selbst als Weisheitslehrer gelten will und zu gelten hat.« Er verweist auf XII 38; XIV 13.19.40–46.50. U.B. Müller, Messias, hingegen betont das prophetische Element; vgl. Anm. XI 38a.
56 a) Denn bei dem Höchsten ist dein Lohn Äth. – Vgl. Apc Bar(syr) 52,7; 54,16.
   b) So komm nun nach einigen Tagen Äth.
   c) Gravia et mirabilia Lat; die letzten Wunder Syr Ar[1]; mirabilia Äth Arm; andere Dinge Ar[2]. Violet II betrachtet gravia wie »letzte« als Zusatz.
57 a) Hier beginnt die siebte Vision: XIII 57–XIV 47.

mend und preisend wegen der Wunder, die er zu seiner Zeit[b] tut[c], 58 daß er nämlich die Zeiten lenkt und was in den Zeiten geschieht. Und ich blieb drei Tage dort. XIV 1 Am dritten Tag aber[a], als ich unter einer Eiche saß[b], 2[a] siehe, da kam mir gegenüber eine Stimme aus einem Dornstrauch[b] und sagte: Esra, Esra! Ich sagte: Hier bin ich, Herr! Und ich stand auf[c]. Er sagte zu mir: 3 Sichtbar[a] habe ich mich über dem Dornstrauch geoffenbart und zu Mose gesprochen[b], als mein Volk in Ägypten Sklavendienst verrichtete. 4 Ich sandte ihn, führte[a] mein Volk aus Ägypten heraus und brachte es zum Berg Sinai. Ich behielt ihn[b] bei mir viele Tage lang, 5 teilte ihm viele wunderbare Dinge mit und zeigte ihm die Geheimnisse der Zeiten und das Ende der Zeiten[a]. Ich habe ihm befohlen und gesagt: 6 Diese Worte sollst du veröffentlichen und jene geheimhalten[a]. 7 Und jetzt sage ich dir[a]: 8 Die Zeichen, die ich dir gezeigt habe, die Traumgesichte, die du geschaut hast, und die Erklärungen, die du gehört hast, verwahre in deinem

b) Per tempus Lat Syr; zu seinen Zeiten Äth; zu allen Zeiten Ar[1].

c) Faciebat Lat Syr, wobei nach Volkmar ποεῖ in ἐποίει verlesen wurde; tut Äth Ar[1]. Durch den Lobpreis Esras wird »seine kritische Infragestellung des Weges Gottes aufgehoben.« Brandenburger: Die Verborgenheit, 2.5 nach Anm. 83. »Thema des 4 Esr ist insofern die Erkenntnis der Herrschaft Gottes«, Brandenburger: Die Verborgenheit 5.4 nach Anm. 102.

XIV 1 a) Et factum est tertio die (post tertium diem Arm) Lat Arm; und es geschah nach diesem Syr; und dann am dritten Tag Äth; und nach dem dritten Tag Ar[2]; und als der vierte Tag war Ar[1]. »Gemeint ist wohl der Abend des dritten Tages« (Violet II). – Vgl. XIII 56.

b) Vgl. Apc Bar(syr) 6,1; 77,18.

2 a) Der erste Gesprächsgang umfaßt: XIV 2–17: Anruf (XIV 2a), Antwort (2b), Gottesrede (2c–17). Nach Brandenburger: Die Verborgenheit, 4.5 nach Anm. 126, gliedert sich die siebte Vision in: 1.Eröffnung und beschließende Doppelanweisung (V. 1–26), 2.Abschiedsrede (V. 27–36), 3.Esra-Legende (V. 37–48).

b) Dornstrauch Lat Syr Ar[1] Arm; Baum Äth; unter ihr (der Eiche) Ar[2]. – Vgl. Ex 3,4; 1 Sam 3,10.

c) Auf und trat hin Äth. Wörtlich: ich erhob mich auf meine Füße Lat Syr Arm; ich stellte mich auf meine Füße Ar[1.2].

3 a) Wörtlich: Offenbarend (habe ich mich geoffenbart) Lat Syr Äth Arm.

b) Ich bin dem Mose erschienen auf dem Berg Sinai Ar[2], vgl. Ex 34,5; siehe V. 4.

4 a) Er führte Syr; daß er das Volk aus Ägypten herausführe Ar[1]; das Volk der Kinder Israel herauszuführen Ar[2]. Die Herausführung (nach Syr anscheinend auch der Wüstenzug zum Berg Sinai) wird hier von Mose ausgesagt; vgl. Ex 3,10.

b) Ihn Lat Syr; Mose vierzig Tage und vierzig Nächte Ar[2]; sie Äth Ar[1] Arm. Vgl. Ex 34,28.

5 a) Vgl. III 15; VI 12; XIII 57f.; Apc Bar(syr) 59,4; AssMos 10,11–13.

6 a) Gunkel verweist auf Dtn 5 und sagt: »Das Offenbarte ist nach dem Verf. die Tora, das Geheimgehaltene die apokalyptische Tradition.« Nach Kaminka: Beiträge, S. 510, hat der Auftrag »nichts mit der apokalyptischen Tradition zu tun, sondern mit einer von R. Jehuda b. Schalom tradierten Agada: Moses hatte gewünscht, daß auch die Mischna schriftlich überliefert werde, dies sei ihm aber verweigert worden, da der Herr voraussah, daß die Völker die hl. Schrift (...) ins Griechische übersetzen und sagen würden: ›Wir sind Israel!‹« – Hier aber erfolgt sicherlich eine Umdeutung in Ablehnung der Apokalyptik. – Vgl. XII 37; XIV 26.46; AssMos 1,16f.

7 a) Dir, Esra Syr.

Herzen[a]! 9 Du wirst von den Menschen hinweg entrückt werden und wirst fernerhin mit meinem Sohn[a] und mit deinesgleichen verweilen, bis die Zeiten zu Ende sind[b]. 10 Denn die Welt hat ihre Jugend verloren, und die Zeiten nähern sich dem Alter[a]. 11 Denn in zwölf Teile ist die Weltzeit geteilt, und davon sind schon zehn[a] und zwar die Hälfte des zehnten Teils vergangen[b]. 12 Übrig bleiben also noch zwei außer[a] der Hälfte des zehnten Teils[b]. 13 Daher ordne nun dein Haus, ermahne dein Volk, tröste seine Bedrängten, belehre seine Weisen[a], entsage jetzt dem vergänglichen Leben[b], 14 entferne von dir die sterblichen Gedanken, wirf von dir die menschlichen Lasten, ziehe schon die schwache Natur aus[a], leg die belästigenden Gedanken beiseite und beeile dich, aus diesen Zeiten hinüberzuwandern. 15 Denn noch schlimmere Übel, als du sie jetzt geschehen sahst, werden sich ereignen. 16 Je schwächer nämlich die Welt vom Alter wird[a], desto mehr werden die Übel, die ihre Bewohner treffen. 17 Die Wahrheit entfernt sich noch mehr, und die Lüge nähert sich[a]. Schon eilt der Adler[b] herbei, den du in der Vision gesehen hast.

8 a) Nach Violet II enthält dieser Vers »eine wichtige Inhaltsangabe für unsere Apokalypse. Sie zerfällt bisher nach dem eigenen Gefühl des Verfassers in zwei Teile ›Zeichen‹ *(σημεῖα 'otôt)* und ›Gesichte‹ *(ὁράσεις häzjonôt)*. Deshalb müssen Abschn. I–III als ›Zeichen‹ und Abschn. IV–VI als ›Gesichte‹ bezeichnet werden, während der Schlußabschnitt VII etwa ›Aufträge‹ genannt werden könnte.« – Vgl. Apc Bar(syr) 20,3; 50,1.

9 a) Mit meinem Sohn Lat Syr Äth; mit meinem Knecht Ar²; mit meinem Jüngling Ar¹; mecum Arm; siehe Anm. XIII 32a.
b) Vgl. IV 36; VIII 51–62; Hen(äth) 70,1f.; Apc Bar(syr) 13,3–5; 25,1.

10 a) Vgl. IV 45; V 49; Apc Bar(syr) 85,10. F. Zimmermann: Underlying Documents, S. 109, weist darauf hin, daß ein Wortspiel »Welt-Jugend«: *ᶜôlām* und *ᶜlwmjm* vorliegt.

11 a) Zehn Lat; Gunkel, Violet korrigieren in »neun«.
b) V. 11.12 fehlen in Syr Arm; denn auf zehn Teile ist die Welt eingerichtet und ist zu dem zehnten gekommen Äth; denn die Welt ist in zwölf Teile [und einen halben Teil] geteilt, und vorübergegangen sind schon davon zehn Teile und ein halber Teil Ar²; und das meiste ihrer Jahre ist bereits vorübergegangen Ar¹. Vgl. Apc Bar(syr) 53,6; 27,1. – Zur Einteilung dieses Äons vgl. Volz: Eschatologie, S. 141–145.

12 a) Lat ist uneinheitlich: praeter Hs. C, propter Hs. V, post c, prae rel.
b) Und übrig geblieben ist die Hälfte des zehnten Äth; und nur wenig ist übriggeblieben Ar¹. Stimmig in sich sind die Zahlen in Äth, während Lat in der handschriftlichen Bezeugung unklar ist. Jedoch kann auch V. 11 das bloße »et« die Bedeutung »und zwar« haben; vgl. Georges HW I 2470. Und in V. 12 folgt Violet I mit Recht der Hs. C (siehe oben Anm. 12a), »weil dies einen möglichen Sinn ergibt und aus der Abkürzung von praeter (p͞t) alle drei Abweichungen, nämlich die« Lesarten prae, post und propter »leicht zu erklären sind«. Gunkel vermutet, daß V. 11.12 vielleicht ein Zusatz sind und übersetzt: »gekommen ist sie bereits zum zehnten, zur Hälfte des zehnten«.

13 a) Belehre seine Weisen: fehlt in Lat, vielleicht durch Homoiotel. αὐτῶν 1°–2°.
b) Gemeint ist: Gib auf (so Syr), wirf ab von dir (Äth Ar¹) das vergängliche (sterbliche) Leben.

14 a) Statt »ziehe … aus« liest Äth: Und leg an, was nicht stirbt.

16 a) Siehe V. 10.

17 a) Vgl. Apc Bar(syr) 39,6.
b) Der Adler: fehlt in Lat. Kaminka: Beiträge, S. 607, meint: »Der Adler fehlt mit Recht in

18ᵃ Ich antwortete und sagteᵇ: Ich möchte vor dir, Herr, redenᶜ. 19 Denn
siehe, ich werde weggehen, wie du mir befohlen hast, und das gegenwärtige
Volk ermahnenᵃ. Aber die späterᵇ Geborenen, wer wird die unterwei-
senᶜ? 20 Denn die Welt liegt in Finsternis, und ihre Bewohner sind ohne
Lichtᵃ. 21 Weil dein Gesetz verbrannt istᵃ, weiß niemand, was von dir getan
wurde, noch welche Taten geschehen sollenᵇ. 22 Wenn ich also vor dir
Gnade gefunden habe, schicke in mich hineinᵃ den heiligen Geistᵇ. Dann will
ich alles, was in der Welt von Anfang an geschehen ist, was in deinem Gesetz
geschrieben war, niederschreiben, damit die Menschen den Wegᶜ finden können und die, welche leben wollen, in der Endzeit das Leben erlangenᵈ. 23
Er antwortete mir und sagteᵃ: Geh, versammle das Volk und sag zu ihnen, sie
sollen dich vierzig Tage lang nicht suchenᵇ. 24 Du aber mach dir viele
Schreibtafeln zurecht, nimm mit dir Sareja, Dabria, Selemja, Ethan und
Asielᵃ, diese fünf Männer, die auf schnellesᵇ Schreiben vorbereitet sind, 25
und komm hierher. Ich werde in deinem Herzen das Licht der Einsicht an-

der Vulg., er hat auch keinen Sinn, da die Vision vom Erlöser gemeint ist«, und vermutet, daß
nṣr statt *ᵃdšär* gelesen wurde. Sachlich muß es sich doch um die Adler-Vision handeln, in der
der Messias auftritt.
18 a) Der zweite Gesprächsgang umfaßt nach Harnisch: Der Prophet: XIV 18–36: Informationsfrage (XIV 18–22), Anweisung (23–26), Abschiedsrede Esras (27–36).
b) Ich antwortete ihm und sagte zu ihm Äth; ich sagte zu ihm Ar¹.
c) Ich möchte reden: fehlt in Lat, außer Hs. M.
19 a) Belehren Äth Ar¹·²; intellegere faciam Geo.
b) Wörtlich: noch Syr; iterum Lat Geo.
c) Commonebit Lat; ermahnen Syr Arm; belehren Äth; in Zucht nehmen Ar¹; intellegere fa-
ciet Geo; unterrichten in dem, was du mich gelehrt hast Ar².
20 a) Apc Bar(syr) 46,2; 59,2; 77,14; Jes 60,2.
21 a) Vgl. IV 23.
b) Vel quae incipient operae Lat; oder was du zu tun vorhast Syr; noch was du tun wirst Äth;
oder auch die, welche noch zu geschehen bestimmt sind Ar¹; neque praecepta tua, quae prae-
cepisti Arm; et propter hoc non scit eos qui usque nunc creati sunt aut postea eos qui creandi
sunt Geo. – Der Satz wird von Arm im Sinne der Taten, die die Menschen tun sollen nach
den Geboten Gottes aufgefaßt; vgl. V. 22. Geo deutet auf die Erschaffung der Menschen. Syr
Äth beziehen die Aussage eindeutig auf die göttlichen Taten, wozu Gunkel sagt: »Demnach
ist der Inhalt der heil. Schriften heilige Geschichte und Eschatologie.« – Vgl. Apc Bar(syr)
3,6; 77,15f.
22 a) Gieß in mich Syr, nach Violet II eine christliche Wendung.
b) Vgl. Ps 51,13; Jes 63,10f.; Sap 1,5; 9,17; 1QS 3,7; 4,21; 8,16; 9,3; 1QH 16,12; CD 2,12;
7,4.
c) Den Weg des Lebens Äth; den Weg des Heiles Arm; semitas tuas Geo.
d) Den Weg wissen Syr; exquaerant vias tuas Geo; in deinen Geboten wandeln Ar¹.
23 a) Sagte zu mir Äth.
b) Vgl. Ex 24,18; 34,28; Apc Bar(syr) 76,4.
24 a) So die Namen nach Lat. Statt Ethan nennen Syr Arm, vgl. Äth, Ekanan, (H)elkana. Dabria ist wohl hebr. Debarja (Violet II). Auch Baruch ruft fünf Männer zu sich: Apc Bar(syr)
5,5. Zu Seraja vgl. Esr 7,1, zu Selemja Esr 10,39; Neh 3,30; 13,13.
b) Schnelles (Schreiben) Lat Syr; kundig (im Schreiben) Äth; mit Eifer (schreiben) Ar¹.

zünden, das nicht erlöschen wird, bis zu Ende ist, was du schreiben sollst.   26 Wenn du fertig bist, sollst du einiges veröffentlichen, das andere aber verborgen den Weisen übergeben[a]. Morgen in dieser Stunde sollst du anfangen zu schreiben.   27 Ich ging hin, wie er[a] mir befohlen hatte, versammelte das ganze Volk und sagte: 28 Höre, Israel[a], diese Worte: 29[a] Als Fremde haben unsere Väter am Anfang in Ägypten gelebt; sie wurden daraus befreit.   30 Sie empfingen das Gesetz des Lebens, das sie nicht hielten[a] und das auch ihr nach ihnen übertreten habt[b].   31 Dann wurde euch das Land im Gebiet von Zion[a] zum Erbe gegeben. Aber ihr und eure Väter habt gesündigt und die Wege nicht beachtet, die der Höchste euch befohlen hatte.   32 Weil er ein gerechter Richter ist, nahm er euch zu seiner Zeit wieder, was er geschenkt hatte[a].   33 Und nun seid ihr hier[a], und eure Brüder sind noch weiter (im Lande)[b] drinnen.   34 Wenn ihr also euren Sinn beherrscht[a] und euer Herz in Zucht nehmt, werdet ihr am Leben erhalten werden und nach dem

26 a) Vgl. XII 37; XIV 7f.46; Apc Bar(syr) 20,3.
27 a) Dominus Arm Geo. Hier »wird die einleitend (3,4–27) in den deuteronomistischen Geschichtsüberblick eingestreute und vor allem in visio 3 entfaltete radikalisierte Skepsis am Ende des Werkes durch die Abschiedsrede (14,27–35) als Testament Esras aufgehoben. Dieses gültige Vermächtnis des Propheten Esra ist geradezu eine knapp gefaßte Summe der vom Verfasser vorgetragenen theologischen Lösung«, Brandenburger: Die Verborgenheit 5.4 nach Anm. 100.
28 a) Vgl. Dtn 5,1; 6,4; 9,1; 20,3.
29 a) Zu V. 29–33 vgl. Jdt 5,12–19. Es ist die letzte Mahnung Esras an das Volk; Volkmar, Gunkel weisen auf Dtn 27–31 hin.
30 a) Non potuerunt custodire Geo.
   b) Vgl. IX 32f.
31 a) Im (das) Land Zion Lat Syr Äth; et dedit vobis in haereditatem Sion Geo; fehlt Ar¹ Arm; und euch ward gegeben ein Anteil auf dem Berg Sinai Ar², gemeint ist hier in Ar² das Gesetz. Violet II vermutet eine Verderbnis von kn°n (Kanaan) zu ṣjwn (Zion). F. Zimmermann: Underlying Documents, S. 124: »Originally the Hebrew text had the phrase« (h)°jr ṣjwn. »The Hebrew was translated into Aramaic by an Eastern Aramaic or Galilean Jew (...) who rendered ›city of Zion‹ by« mdjnt ṣjwn. »The Latin (or his predecessor) in his text book« mdjnh »in the sense of ›land‹, hence his terra«. – Eine Textänderung ist bei der Übersetzung »im Gebiet von Zion« (so auch Gunkel) nicht notwendig. Übrigens findet sich im AT der Ausdruck »Stadt (°îr) Zion« nicht, so daß die These Zimmermanns und auch der Umweg über eine aramäische Übersetzung nicht als wahrscheinlich erscheinte.
32 a) Abstulit a vobis tempus illud donatum Geo; nahm er von euch weg die Zeiten der Huld und der Gnade Ar¹; entzog uns alles, was er euch an Schätzen gegeben hatte Ar²; abduxit a nobis donatum Arm. – Zimmermann: Underlying Documents, S. 110, verweist auf bammô°ed »at the appointed time«.
33 a) Hier in Bedrängnis Syr.
   b) In einem anderen Land Syr. Beides, siehe a und b, sind wohl erläuternde Zusätze. – Vgl. XIII 41; Apc Bar(syr) 77,5f.12.
34 a) Si liberabitis vos a mentibus vestris malis Geo.
   b) Und nach dem Tod wird Gnade über euch sein Syr; und nicht sterben Äth.
35 a) Et iustitiae nomen apparebit Geo; und es werden Gerechtigkeit und Wahrheit offenbart Ar².

Tod Erbarmen erlangen[b]. 35 Denn das Gericht wird nach dem Tod kommen, wenn wir wieder zum Leben gelangen. Dann werden die Namen der Gerechten offenbar[a] und die Taten der Sünder sichtbar werden. 36 Zu mir aber soll jetzt niemand kommen, und vierzig Tage lang soll man mich nicht suchen[a].

37[a] Dann nahm ich die fünf Männer mit, wie er mir befohlen hatte. Wir gingen auf das Feld und blieben dort[b]. 38 Am folgenden Tag[a], siehe, da rief mich eine Stimme und sagte: Esra[b], öffne deinen Mund und trinke, was ich dir zu trinken gebe. 39 Ich öffnete meinen Mund, und siehe, ein voller Becher wurde mir gereicht; er war wie mit Wasser gefüllt, dessen Farbe[a] aber war dem Feuer gleich. 40 Ich nahm ihn und trank. Als ich aber getrunken hatte, sprudelte mein Herz Verständnis hervor und meine Brust schwoll an[a] von Weisheit. Mein Geist aber bewahrte die Erinnerung[b]. 41 Mein Mund öffnete sich und schloß sich nicht wieder.

42 Der Höchste gab den fünf Männern Einsicht. So schrieben sie das Gesagte der Reihe nach[a] in Zeichen auf, die sie nicht kannten[b], und saßen[c] vierzig Tage lang da. Sie schrieben am Tag 43 und aßen in der Nacht[a] ihr Brot. Ich

36 a) Vgl. V. 23.
37 a) Der Schlußteil der siebten Vision (XIV 37–47) enthält neben zwei Anweisungen (38b und 45–47) den Bericht über die Ausführung (37.39–44 und die Bemerkung »und ich tat so« in V. 47).
   b) Dort, wie er mir gesagt hatte Syr; dort, wie der Höchste mir geboten hatte Ar², die im 1. Satz liest: die mir der Höchste beschrieben hatte. – Vgl. XIII 57.
38 a) Et factus sum in crastinum Lat.
   b) Esra, Esra Syr Äth: 2 Hss. Ar¹·² Arm. Zum doppelten Anruf vgl. Gen 22,11; Ex 3,4; 1 Sam 3,10.
39 a) Aussehen Syr. Farbe bzw. Aussehen sind sicherlich auf das Wasser zu beziehen, so auch Gunkel.
40 a) Increscebat Lat; spie aus Syr; wurde schwer Äth; repandebatur Geo; adiunxit Arm.
   b) Recordabatur et studebat Geo. – Vgl. VIII 4; XIV 47.
42 a) »Der Ausdruck kann sich ebensowohl auf das Geschriebene wie auf die Schreiber beziehen; letzteres in Arm: ›alternis‹«, Violet II.
   b) Kannten Syr Ar¹ Arm; verstanden Äth; noctis Lat, was aus notis (Hilgenfeld, Bensly, Violet) verderbt ist. Dann wären die Schriftzeichen neu und bis dahin und wohl auch den anderen unbekannt: »Und ihre Schrift war fremdartig, wie sie niemals jemand geschrieben hatte, weil der Höchste es ihnen eingab« Ar². Das verstärkt den geheimnisvollen Charakter der Offenbarung noch. Ar¹ scheint den Geheimnischarakter auf den Inhalt zu beziehen: nach der Ordnung der Zeichen der aufeinanderfolgenden Dinge, die sie nicht kannten. Hieronymus schreibt in seinem Prologus in libro Regum: »Certumque est Ezram scribam legisque doctorem post captam Hierosolymam et instaurationem templi sub Zorobabel alias litteras repperisse, quibus nunc utimur, cum ad illud usque tempus idem Samaritanorum et Hebraeorum caracteres fuerint.«
   c) Ich saß Syr Ar¹ Arm Geo; wir blieben Ar².
43 a) Am Abend Äth.

redete am Tag und schwieg nicht in der Nacht[b].   44 In den vierzig Tagen wurden vierundneunzig[a] Bücher geschrieben[b].

45 Als[a] die vierzig Tage zu Ende waren, redete der Höchste mit mir und sagte[b]: Die ersten[c] Bücher, die du geschrieben hast, leg offen hin. Würdige und Unwürdige mögen sie lesen[d].   46 Die letzten[a] siebzig aber sollst du verwahren[b], um sie den Weisen aus deinem Volk zu übergeben.   47 Denn in ihnen fließt die Quellader der Einsicht[a], die Quelle der Weisheit und der Strom des Wissens[b]. Und ich tat so[c] im siebten Jahr, in der sechsten Woche nach fünftausend Jahren der Schöpfung und drei Monaten und zwölf Tagen[d]. Damals wurde Esra entrückt und an den Ort derer geführt[e], die ihm gleichen[f], nachdem er alles dieses geschrieben hatte. Und er wurde Schreiber[g] der Erkenntnis des Höchsten genannt bis in die Ewigkeit der Ewigkeiten[h]. Zu Ende ist die erste Rede Esras[i].

b) Vgl. Dtn 9,18; Hen(slav) 23,6.

44 a) Nongenti quattuor Lat »beruht einfach auf der Verwechslung der griech. Zahlzeichen Koppa = 90 und Sampi = 900«, Violet II.
b) Scripsi Geo.

45 a) Wörtlich: Und es geschah, als ... Lat Syr Geo Arm.
b) Sagte zu mir Syr Äth.
c) (Diese) vierundzwanzig Syr Geo Ar¹ Frag. Syroarab. Vielleicht ist die Zahl, wie Violet II vermutet, »nur durch Subtraktion (94–70) richtig errechnet ... 24 ist die talmudische Berechnung des AT, eine andere christliche Berechnung ist 22.«
d) Lesen vom Volk Syr Frag. Syroarab.

46 a) Diese Syr; diese Äth, wobei die Zahl fehlt; siebzig Geo.
b) Vgl. XII 37; XIV 6; Apc Bar(syr) 20,3.

47 a) Ist die Leuchte des Lichts Äth; ignis intellectus Geo; ist der Sauerteig der Weisheit Ar¹. – Vgl. Apc Bar(syr) 59,7.
b) Des Wissens und des Lichts Frag. Syroarab.; das weite Meer der Erkenntnis Ar¹. – Vgl. V. 40; Apc Bar(syr) 44,14; 59,7; 77,13.15f.; Hen(äth) 48,1; 49,1.
c) Hier endet Lat mit dem explicit-Vermerk (in Hs. SA), vielleicht weil »der Text hier unmittelbar in das 6. Buch Esra übergeht«, so Brandenburger: Die Verborgenheit, Kap. 4 Anm. 128. Syr Äth Geo Ar¹ Arm enthalten den Schluß.
d) So die Datierung in Syr (Frag. Syroarab. läßt »der Schöpfung« aus, liest »22 Tagen«) Frag. Syroarab. Doch Äth Geo Ar¹ Arm weichen erheblich ab: Arm bietet 4. Jahr, 5000 Jahre und 2 Monate nach der Schöpfung; Ar¹: 76 Jahre nach 5025 Jahren der Schöpfung, im 3. Monat, am 22. Tag Äth: im 4. Jahr (in der 5. Jahrwoche) nach dem Jahr 5000 nach der Schöpfung, im 10. der Finsternis, im 3. Monat, am 22. Tag. Geo liest: in anno illo septimo. In quinto illo anno a creatione, quod est MMMMMXX et in quinto mense die tertio. – Vgl. die Datierung Apc Bar(syr) 77,18.
e) In das Land der Lebenden Ar¹. – Vgl. Apc Bar(syr) 46,7.
f) Hier schließt Geo mit dem Wunsch: gloria Deo.
g) Feststeller des Gesetzes und Ar¹.
h) Bis ... Ewigkeiten Syr Äth; cui gloria aeternum. Amen Arm; welchem der Ruhm und die Kraft in Ewigkeit. Amen Ar¹. – Vgl. IV 36; VI 25f.; VII 28; XIV 9–14; Apc Bar(syr) 43,2; 46,7. – Zum Titel Esras: Hen(äth) 12,4; 15,1; Hen(slav) 22,11.
i) So schließt Syr. Ar¹ fügt ein Gebet nach folgender Schlußbemerkung an: Ende der ersten Schrift vom Buch Esras, des Schreibers des Gesetzes; und ihm folgt das zweite.

Namenregister

Bibelstellen